西方传统 经典与解释
Classici et commentarii
HERMES

HERMES

在古希腊神话中,赫耳墨斯是宙斯和迈亚的儿子,奥林波斯神们的信使,道路与边界之神,睡眠与梦想之神,死者的向导,演说者、商人、小偷、旅者和牧人的保护神……

西方传统 经典与解释
Classici et commentarii

HERMES

柏拉图注疏集

刘小枫 甘阳 ● 主编

柏拉图的次好政制
——柏拉图《法义》发微

程志敏 方旭 ● 选编   刘宇 方旭等 ● 译

华东师范大学出版社

华东师范大学出版社六点分社　策划

"柏拉图注疏集"出版说明

"柏拉图九卷集"是有记载的柏拉图全集最早的编辑体例之一,相传由亚历山大时期的语文学家、数学家、星相家、皇帝的政治顾问忒拉绪洛斯(Θράσυλλος)编订,按古希腊悲剧的演出结构方式将柏拉图所有作品编成九卷,每卷四部(对话作品三十五种,书简集一种,共三十六种)。1513年,意大利出版家Aldus出版柏拉图全集,被看作印制柏拉图全集的开端,遵循的仍是忒拉绪洛斯的体例。

可是,到了18世纪,欧洲学界兴起疑古风,这个体例中的好些作品被判为伪作。随后,现代的所谓"全集"编本迭出,有31篇本或28篇本,甚至24篇本,作品前后顺序编排也见仁见智。

俱往矣!古典学界约在大半个世纪前已开始认识到,怀疑古人得不偿失,不如依从古人受益良多。回到古传的柏拉图"全集"体例在古典学界几乎已成共识(Les Belles Lettres自上世纪20年代陆续出版的希法对照带注释的 *Platon Œuvres complètes* 以及 Erich Loewenthal 在上世纪40年代编成的德译柏拉图全集均为36种 + 托名作品7种),当今权威的《柏拉图全集》英译本(John M. Cooper 主编,*Plato, Complete Works*, Hackett Publishing Company 1984,不断重印)即完全依照"九卷集"体例(附托名作品）。

"盛世必修典"——或者说，太平盛世得乘机抓紧时日修典。对于推进当今中国学术来说，修典的历史使命当不仅是续修中国古代典籍，同时得编修古代西方典籍。古典文明研究工作坊拟定计划，推动修译西方古代经典这一学术大业。我们主张，修译西典当秉承我国清代学人编修古代经典的精神和方法——精神即：敬重古代经典，并不以为今人对世事人生的见识比古人高明；方法即：翻译时从名家注疏入手掌握文本，考究版本，广采前人注疏成果。

"柏拉图注疏集"将提供足本汉译柏拉图全集（36种＋托名作品7种），篇序从忒拉绪洛斯的"九卷集"。尽管参与翻译的译者都修习过古希腊文，我们主张，翻译柏拉图作品等古典要籍，当采注经式译法（即凭靠西方古典学者的笺注和义疏本迻译），而非所谓"直接译自古希腊语原文"（如此注疏体柏拉图全集在欧美学界亦未见全功，德国古典语文学界于1994年开始着手"柏拉图全集：译本和注疏"，体例从忒拉绪洛斯，到2004年为止，仅出版不到8种；Brisson主持的法译注疏体全集，90年代初开工，迄今未完成一半）。

柏拉图作品的义疏汗牛充栋，而且往往篇幅颇大。这个注疏体汉译柏拉图全集以带注疏的柏拉图作品译本为主体，亦收义疏性质的专著或文集。编译者当紧密关注并积极吸取西方学界的相关成果，不急欲求成，务求踏实稳靠，裨益于端正教育风气，重新认识西学传统，促进我国文教事业的新生。

古典文明研究工作坊
西方典籍编译部甲组
2005年元月

柏拉图注疏九卷集篇目

卷一
1 游叙弗伦（顾丽玲译）
2 苏格拉底的申辩（吴飞译）
3 克力同（罗晓颖译）
4 斐多（刘小枫译）

卷二
1 克拉底鲁（刘振译）
2 泰阿泰德（贾冬阳译）
3 智术师（观溟译）
4 治邦者（张爽译）

卷三
1 帕默尼德（曹聪译）
2 斐勒布（李致远译）
3 会饮（刘小枫译）
4 斐德若（刘小枫译）

卷四
1 阿尔喀比亚德前篇（梁中和译）
2 阿尔喀比亚德后篇（梁中和译）
3 希普帕库斯（胡镓译）
4 情敌（吴明波译）

卷五
1 忒阿格斯（刘振译）
2 卡尔米德（彭磊译）
3 拉克斯（黄旭东译）
4 吕西斯（黄群译）

卷六
1 欧蒂德谟（万昊译）
2 普罗塔戈拉（刘小枫译）
3 高尔吉亚（李致远译）
4 美诺（郭振华译）

卷七
1 希琵阿斯前篇（王江涛译）
2 希琵阿斯后篇（王江涛译）
3 伊翁（王双洪译）
4 默涅克塞诺斯（魏朝勇译）

卷八
1 克利托普丰（张缨译）
2 王制（张文涛译）
3 蒂迈欧（叶然译）
4 克里提阿（叶然译）

卷九
1 米诺斯（林志猛译）
2 法义（林志猛译）
3 厄庇诺米斯（程志敏译）
4 书简（彭磊译）

杂篇（刘锋译）

（篇名译法以出版时为准）

目 录

编者前言 / 1

拉刻斯　《法义》之城在何种意义上为次好？（郑　凡译）/ 5
奥斯兰　柏拉图"次好"统治方式的修辞艺术（李中良　方　旭译）/ 16
梅旭　立法者在《法义》中的哲学修辞术（彭　逸译）/ 33
克利里　《法义》中的教化（刘　宇译）/ 41
莫拉夫奇克　柏拉图论诸善之善性（刘　宇译）/ 55
肖菲尔德　《法义》中的宗教与哲学（张　聪　方　旭译）/ 71
克利里　神学在《法义》中的地位（方　旭译）/ 92
斯科尔尼科夫　《法义》中的快乐与责任（刘　宇译）/ 115
格尔森　《法义》中的不能自制与灵魂的划分（刘　宇译）/ 125
罗宾逊　《法义》中的国家与个人：柏拉图的遗产（徐　健译）/ 136
哈腾　创造幸福（方　旭译）/ 148
桑德斯　公正：柏拉图与希腊人有争议的德性（崔　嵬译）/ 167

斯泰雷　《法义》中的正义（梁建东译）/ 210

薛普斯道　柏拉图的法义学（彭　逸译）/ 232

桑塔斯　《法义》和《王制》中的正义与性别（蒋海松译　梁建东校）/ 250

德雷克斯勒　作为法律与经济学基础的《法义》（刘　宇译）/ 261

梅耶尔　《法义》中劳动和商业的道德危险（刘　宇译）/ 272

卡尔弗特　《法义》中的死刑（李中良译）/ 286

编者前言

人们都跟着怀特海说西方思想不过是柏拉图哲学的注脚,但西方思想对柏拉图的注解却不够完整:比如柏拉图最重要的"绝唱"——《法义》,就几乎没有受到足够的关注。我们亦不妨进一步大胆推测:就算后来的西方思想继承和发展了柏拉图的哲学,但恐怕只是部分地甚至更可能由此而歪曲地接受了其中一些东西。眼下西方思想的各种病症,也许不是像海德格尔所认为的那样,来自于柏拉图本人,而是来自于后人对柏拉图片面和残缺的理解。

一个至今无法合理解释的思想史现象也与《法义》有关:在以基督教为主流的西方漫长的学术史上,柏拉图的《法义》很少受到关注——在拉斐尔著名的画作《雅典学园》中,柏拉图一只手指天,另一只手拿着的不是《法义》,也不是《王制》,而是讲述宇宙生成即"创世"的《蒂迈欧》。但就在中世纪基督教世界普遍关注《蒂迈欧》和《王制》以及亚里士多德《政治学》时,伊斯兰世界却有少数哲人在潜心研究《法义》。而且,《法义》在古代所受到的重视,也远远大于"知识大爆炸"的今天。为什么会这样?这是一个值得玩味的问题。

不过,这种多少有些"畸形"的注脚在 20 世纪得到了很大的改善。自从 E. B. England 出版了第一部《法义》的注疏以来,①《法义》逐渐为学界所看重。正如肖菲尔德所说,"在柏拉图的所有作品中,《法义》少有人知,且难获青睐。而事到如今,人们对这部作品的兴趣正日趋浓厚。尤其在过去十年中,柏拉图作品中最有趣且最有价值的成果都集中于这篇对话的研究"。②

《法义》的译本层出不穷,这为《法义》的研究提供了必要的读本,而且这些译本本身就是一些研究者的"副产品",也是他们深入研究的结果。其中特别值得一提的译本,便是 T. Saunders 的企鹅本(1970)和 T. Pangle 的硬译本(1988),当然,R. G. Bury 在 1926 年出版的 Loeb 希英对照本因方便也颇受好评。与英语世界常见 B. Jowett 的译本一样,德语世界至今仍通行施莱尔马赫的译本,而后来 O. Apelt 译本已有取而代之之势。法国的《法义》研究属后起之秀,当然也就有了后发的优势。柏拉图研究大家 Luc Brisson 与另一位专家 Jean-François Pradeau 合译的《法义》(Les Lois de Platon)算得上最新的译本(2007),定然有可取之处。

《法义》的研究文献也不断问世。专门以《法义》为对象的专著就有数十本,其中需要仔细研读的就有以下几种:G. Morrow 的大部头著作《克里特城邦》(Cretan City. Princeton,1960)从历史的角度阐释《法义》,L. Strauss 精炼的研究在平实中灌注了自己对柏拉图的毕生研究,③S. Benardete 艰涩难读却明显是在借

---

① E. B. England. *The Laws of Plato*. Manchester,1921.
② M. Schofield. Religion and philosophy in the *Laws*. S. Scolnicov and L. Brisson (eds.). *Plato's* Laws: *From Theory Into Practice*. Sankt Augustin: Academia Verlag,2003,p. 1. 张聪,方旭译文。
③ Leo Strauss. *The argument and the action of Plato's* Laws. The University of Chicago Press,1975(中文本见程志敏、方旭译《柏拉图"法义"的论辩与情节》,华夏出版社 2011 年)。

柏拉图的《法义》与海德格尔角力的《发现存在》,①等等。其余如 R. F. Stalley、布舒奇和 Bobonich 各自撰写的《法义》导读,可资入门,而 Saunders 和 Brisson 编的《法义》研究文献汇集,则为研究提供了方便。尤其可喜的是,R. Mayhew 对《法义》第十卷进行单独的研究,②表明《法义》的研究已开始走向细腻和深入。此外,学界从政治哲学、刑法学、宗教学等角度探讨《法义》的书籍和论文也不断出版,可谓煞是好看。

而最重要的进步还在于《法义》详注本的出版,因为详注是我们通向经典的正途:对于几乎所有经典来说,要是不以古人和高人的注疏(传、笺、释、解、学、微、引、章句、会通、义疏、正义等)为桥梁,大概是读不懂的。在动辄讲"创新"因而章法大乱至于莫名其妙的时代,不怕"琐屑饾饤"的讥讽,倒需谨防"破碎大道"的恶果。E. B. England 的《法义》注疏主要是从语文学的角度,对文辞和句法进行了初步的梳理。自 90 年代以来,德国出版了一套迄今最为详细的柏拉图著作译注本,已出十二种(十三本),其中 K. Shoepsdau 教授以一人之力穷半生之功疏解《法义》(《王制》的注疏则由三人合作完成,尚未刊行),目前还只完成了三卷本中的前两卷(1994,2003),据他说,第三卷也快付梓了。

以柏拉图为主旨的国际学术会议(Symposium Platonicum),至今已举办九届,去年八月在日本东京的议题是柏拉图的《王制》,2001 年第六届研讨会就是以《法义》为主题。1998 年在西班牙 Salamanca 举办的首届国际古代思想会议也主要以《法义》为讨论核心。本书从这两次会议的论文选取了部分文章,其他来自各种学刊。

---

① Seth Benardete. *Plato's* Laws: *the discovery of being*. The University of Chicago Press, 2000.
② R. Mayhew. *Plato: Laws 10*. Oxford: Clarendon Press, 2008.

在此需要说明的是，本书译者都不是专门从事柏拉图《法义》的研究（我国目前还急缺这方面的人才），因此，尽管编者尽力统稿（感谢方旭在组、编、校等方面的辛劳，也感谢怀化学院崔嵬的支持），错误必定不少，敬请指正。

程志敏

2011年2月22日于

西南政法大学政治学院

古典学研究中心

《法义》之城在何种意义上为次好?

拉刻斯(Andre Laks)

郑 凡 译

柏拉图在《法义》中设立的政治秩序,其显著特征是它第二等的地位。在两段著名的段落中,这座新城,或者说它政制方面的某些内容,被认为属于"第二位":

设立法律的下一步,就像象棋中从圣线(sacred line)撤回一样不同寻常,乍听之下也会令人惊讶。但基于反思与经验,我们城邦的组织较之最好的处于第二位,这会变得明晰起来……得以继续下去的最为可取的方式,是谈谈什么是最好的政制,然后是次好,继而是第三,之后将选择留给负责建城的人……在古谚语"朋友们的财产真诚分享"被尽可能广泛地实践,贯彻整个城邦的地方,你们将发现头一种城邦与政制,以及最好的法典。事实上这种情况——共有妻子、孩子以及所有财产——现在是否在哪里存在,或者曾经存在与否……我们无须上别处寻找政制的范本,而必须黏住它并努力找到同它最为相似的那个。这是我们已经着手做的,而如果它以某种方式被实现了,它将最为接近不朽,并作为第二的同最好的相和谐。(V, 739a1-e4,有所省略)。

> 如果，出于某种神圣的赐与，某人的天性(nature)胜任承担这种(绝对的)权力，他将无需法律来支配他。任何法律或规定都无法超越知识；理性(reason)……**应该拥有普遍的权力**；它应被其他什么掌控，那是不正当的，好像它是某种奴隶似的。然而实际上，这样的品性无处可寻，除了它的点滴散落各处。这就是为什么我们得作出第二种选择，即法律与规定，它们将普遍的原则具体化，但无法对每个个例作出规定。① (IX, 875c3 – d5)

然而，《法义》主张的城邦的第二位性，是个有疑问的概念。下述评论的目标是要表明它的复杂性。

首先，《法义》之城，尽管它为次好，也有些理由宣称是一个理想城邦。在两层含义上确实如此，其一相当琐碎，其二更为有趣。

在琐碎的含义上，它自身也发挥原型(model)的作用，一个多少可被切实践行的原型。其他城邦，无论真实的还是理论上的，同《法义》中第二位的城邦间的关系，如同后者与绝对理想城邦的关系。这一点由一个段落(V, 746b5 – c4)中的许多字词表述出来，在这段中《法义》之城理论上的政制被称为原型(paradeigma)，并同实践上落实它可能遇到的困难形成对照。这也由雅典人不经意的强调(比如前文引用过的卷 V 中的段落)所暗示，他强调说他的提议只是建议，负责[立法]的立法者们得从中作出抉择，而且他们将不得不作出变通。更为泛泛地说，这解释了神秘的——或许不是那么神秘——对"第三种城邦"的暗示——众所周知，这是个《法义》将永远不会论及的城邦。

更为有趣的一点如下。《法义》之次好的城邦，除了将它与绝

---

① T. Saunders 译文,1975,第二段稍经修正,第一段更为严谨。强调由笔者作出。

对理想的第一种城邦相对照;《法义》还时常将它的组织构建表现为世人所命定,同其他可能适于诸神或神一般的造物[的组织构建]相对照(V, 732e; IX, 853c3-7, 874e-975d; 参见 III, 691e-692a, 以及 IV, 713e-714a)。这样一来,这两对,一方面是最好与次好,另一方面是神圣与人类,在作用上相对等。这会对"次好"这表述在语义上带来些许后果。如果最好与次好的城邦,代表原则上犹如人与诸神般剧烈差异的两种秩序,那岂不是暗示:绝对地说是次好的城邦,相对来说也就是最好的——对世人来说最好?诚然,这个问题被"人性"与"神性"间关系的一些不确定性弄得颇为复杂。《法义》中有些段落,暗示这两种秩序间的鸿沟,并非在特定例外的条件下也始终无法跨越,或者说,或许在仍可被描述为人类历史的另一时期将有所缓和。这些段落很典型地,与结合知识与权力的可能性相关联。在前文引用过的卷 IX 的摘要中,看起来为人类羸弱尚有例外这一意愿留有余地("除了它的点滴散落各处"),而卷 IV 走得如此之远,以致思索一位新涅斯托尔(Nestor,在语境中是立法者—王者的化身)"正在我们当中"的可能性(IV, 711e5)。然而总的来说,认为《法义》之城对人们的现状来说,是所能构想出的最好的一个,这种说法仍旧是对的。

我的第二个评论,设法解决的是最好的本性,次好正是相对于它被称为第二的。我们能列举出《法义》之城在卓越方面与之接近的最好的城邦的独特特征么?

这问题来得唐突。绝对最好的城邦不正是《王制》之城么?答案看起来显而易见,因为前文引用过的卷 V 中的段落,明白无误地让人回想《王制》。共有财产和家庭,还有观念的统一(这在上下文中得到强调,尽管我没有重复该段落),这些都足够有特色,让这认定经得起任何质疑。

尽管如此，小心谨慎也是适宜的。该段落指涉《王制》中描绘的城邦，这当然没错，但它与《法义》中的头等城邦相等同的倾向则远没那么明显。众所周知，共产主义的组织构建在《王制》中被限制在城邦的一小部分，即护卫者之间。这并非《法义》之头等城邦的情况。柏拉图说，后者有所扩展，"朋友们的财产真诚分享"这一原则无所不及，"尽可能地贯彻整个城邦"（V，739c1f）。诚然这个构想涵括了有所限制地适用共产原则。"尽可能广泛"暗示这并非全然可能，而且不可能的程度，可以在理论上回应这原则在《王制》中受到的限制。但是，尽管这样的解读是可取的，它确实不是最为自然的一个。因为把共产主义组织建构限制在护卫者当中，《王制》并没有将此表现为对一个会是普遍的原则迫不得已的限制，而是表现为护卫这一功能的结果。如果我们接受"尽可能贯彻整个城邦"这一表述在字面上的暗示，将致使我们在此处假设柏拉图为了照顾《法义》，在引用《王制》最为显著的特征之一时，重写了《王制》中的理想（ideal）。那么，我们得区分作为柏拉图作品的《王制》，以及作为其代表的"共和国"（Republic）。

两者间的距离可能并不醒目，但仍旧是距离。一旦认识到这点，它会被其他段落强化。就说《法义》中其他两个政治体制上显著的特征，即法治与混合政制。这两项补充的要求，离将其解读为放弃一些《王制》的核心主张有多远？一般而言，阐释者们假设法治与混合政制是哲人王统治的替代物。但是就像前文我已勾勒出的对共产组织的解读，这里可以做出近似的处理，只是附带的材料更为复杂。

首先，在《王制》与《法义》两者当中，我们不该不区分这两个不同的问题，就问《王制》之哲人王统治与《法义》之法治间的关系：组织结构上的问题是该政制本身像是什么，而手段上的问题关乎其强制力。这样的区分，柏拉图在《王制》中就清晰地意识到了,只是他从未如此来讨论①,由此一道还带来了《法义》与《王制》对照的相对性。

一方面,有证据认为《法义》需要一位与哲人王类似的人物来开启法治,就像一位顶尖立法者同"温和的僭主"相遇之可能性的段插曲所表明的(IV, 710d6 - 711a3)。另一方面,也更为重要的是,远不清楚在哪种意义上哲人王们(复数)依据《王制》的统治正是所需的,如若法治在《法义》中被建立像是对它的放弃。因为根据《王制》中的政治体制,不光哲人王们要轮换,而且他们的统治每次都是一组官员,而非一个人。相反,这是个开放的问题,《法义》是否不允许哲人们在"夜间会议"的外衣之下继续统治(在"统治"一词的某些含义上)。

对于当前的目标,我们无需在这组问题上继续对《王制》与《法义》作细致的比较。重要的是,要认识到最好的[城邦]背离混合政体的合法秩序,这更多、也更直接地归功于《治邦者》,而不是《王制》。因为在《治邦者》中,柏拉图推演出一个绝对君主制的范本(参见 301a1 以下),与之相对,法治作为次好的设置才最能讲得通。就对《法义》中第一种城邦所作贡献而言,《治邦者》的重要性至少与《王制》相匹敌,这一事实当然是强化了这一点:建构《法义》之次好城邦以对法律的分析为前提,这种分析在《治邦者》中有所发展——《王制》当中引人注目地缺少这个论题。

至此,我已表明《法义》提到的绝对最好的城邦,不是在《王制》或《治邦者》所找到的那样,而是由一些分别源自两者的特征所组成。

而有的人可以进一步论证说,理想城邦——相对与它《法义》

---

① 关于这点,参见 A. Lakes, "Raison et plaisir: pour une caractérisation des Lois de Platon", in J. F. Mattéi (ecl.), *La naissance de la raison en Grèce*, Actes du congrès de Nice [Mai 1987] Paris 1990a, 215.

之城是第二等的——它的一些基本特征,并不源自《王制》或《治邦者》,而出自一个为《法义》自身所特有的疑难问题①。这将是我的第三点。

《法义》一个值得注意的特征,是它借由一个法律观念来运转,根据该观念,法律是"暴力的"。有的人会将之标为法律在司法上的观念,因为在绝大多数情况下,《法义》中法律之"暴力",与提及将会施加的惩罚——如果法律中包含的命令未被遵守——相关联。然而至少在一处,暴力被归结于命令本身的诫命形式(imperative form),独立于可能附加于它的刑法威胁。有的人甚至可以提议说,命令在某些方面甚至比起刑罚暴力更是"暴力的"。因为威胁只是相对而言是暴力的。它在定义上不同于惩罚,而且它可被视作劝诫(persuasion)的一种特殊形式,即劝阻(dissuasion)。相反,命令到了不伴有任何理性(甚至劝阻性质的)的程度,是赤裸裸的暴力:正因为此,柏拉图将"法律"称作"僭主式的命令"(IV,722c7 – 723a2)。

《法义》中柏拉图的政治体制的一个重要方面,是要剥除法律内在的暴力。有的人甚至能够宣称这是整个计划最为重要的方面。因为柏拉图的一个基本假设,在《法义》中较之在《王制》或《治邦者》中更为清晰地凸显出来,即,这种暴力与真正的政治秩序不相容。柏拉图本人将他立法中伟大的新颖之处,既没有放在许可私有财产,也没有放在法治之中;而是将之置于克服法律带有的暴力,也就是说放在劝说性的序言之中,序言则必然先于立法的诫命,先于提及对触犯法律施加的惩罚。如果序言获得成

---

① 我从 A. Laks, "Socartes and plato. An introduction", in C. Rowe, and M. Schofield (edd.) in association with S. Harrison and M. Lane, *The Cambridge History of Greek and Roman Political Thought*, Cambridge (Cambridge Univ. Press) 2000,288 以下那里采纳了一些评论。

功,刑罚的威胁将成为多余,法定的诫命将转化成一种言说,柏拉图虽没有赋予这种言说以特有的名称,但它明显将会失去它的僭主特性。

非暴力的法律是个自相矛盾的措辞么?是,也不是。这取决于人们是采纳法律的严格意义,即司法上的含义,坚持认为法律是一种特定的形式;还是承认一种更为抽象的意义,即哲学上的含义,在这种意义上,法律仅由它的内容定义——其内容会被假设为是纯粹理性的。在《法义》中,柏拉图在这两面之间摇摆——这种摇摆反应出法律的两面性:法律是由特定的形式表达的特定内容。只考虑到内容,《法义》全心全意地主张法治,这一点几乎确定无疑。而考虑到其形式,则并非如此。《法义》得被解读作某种反对法律主义(antinomianism)的尝试——我建议称为形式上的反对法律主义(formal antinomianism)。

这种形式上的反对法律主义将把我们领至何处?这取决于这些立法序言具有多少说服力,要不然就是它们传递何种劝说。关于这些序言意在推进理性的还是非理性的劝说,当下有一场进行多时的争论。[1] 产生这场讨论的原因,是《法义》自身给出矛盾的信号。具体而言,在据称(*ex professo*)是处理序言是什么的两个段落,与《法义》里可寻的不同序言中对这项计划的具体实施之间,存在着一种张力。

柏拉图没有适当地定义一篇立法序言是什么。争论所依凭的,必定由医疗职业推演而来,柏拉图在两个相关联的段落中以类比的方式解释它,即卷 IV(719e - 720e5)以及卷 IX(857c4 - e6)中。在前一个段落中,他区分了两类医生。辅助的医生们行

---

[1] G. R. Morrow, 1953;Bobonich, "persuasion, compulsion and freedom in plato's Laws", Classical Quarterly 41 (1991);R. F. Stalley,《柏拉图中的惩罚》(Punishment in Plato's Laws),见 *History of Political Thought* 15 (1995)。

医但并不懂得这门技艺,仅基于经验知道怎么做。因为他们执行他们的主人吩咐做的事,而未经适当的训练,这些医生可以合理地(legitimately)被称为"奴隶"。因为他们在此意义上是奴隶,所以辅助者们对他们病人的行为犹如僭主,这首先意味着他们开药方,而不向他们的病人作出能够证明他们正确的解释。同样,他们也不就病人所患的疾病提问("他们既不给出说明……也不向别人听取",此刻用了典型的"苏格拉底式"的惯用语,IV,720c3-5)。然而,他们的漠不关心不仅是缺乏训练的后果。他们有太多顾客,因为他们的角色是减轻他们主人[的工作]。相反,自由医生花时间(他有时间)来询问病情,不仅与病人交谈,还与其家人交谈。他还向他的病人解释他的药方。他不得不这样做,既是为了适当地锻炼他的技术,也是为了将他的病人作为自由人对待。

在本段中,我将论证自由医生的做法,是由可被称为现实主义的方式来描写的。无疑,由他的举止反应出的医疗伦理,并非该职业的所有成员都具备,但是我们拥有足够多真实的希波克拉底式的(Hippocratic)材料,来证明如果柏拉图在那里沉湎于理想主义,那么这是种温和的理想主义。无疑有从病人和他的家属收集信息的工作,以及向他解释他需要知晓的,这些是启蒙了的希波克拉底式作法的独特特征,正如柏拉图可能已知晓的那样。具有说服功效的是医生的总体态度,而不是具体的理由。比如,他就病人患病的环境询问其家人,这点很重要。确实,这位医生被说成要指导(*didaskei*)他的病人"至他能力所及"(IV,720d5)。但当这明确地暗示多于"至必要[的程度]",它也暗示病人永远不会全然理解医生所开药方的原因。这是因为,有的人可能会认为,他自己并不掌握这门技艺,也无须去掌握。

从卷九中后一段落浮现出的画面,我认为有着不同的含义,它越是明确地指涉第一个段落越是如此。在这里,医生与他的病人间的讨论,颇具特色地以柏拉图式对话的方式描写。问与答并不朝着更多地了解病情,甚至也不朝着发现病因,而是朝着找到"身体在它各方面的自然"(IX,857d3)。正因为此,这段讨论可以被认为是"近于从事哲学"——《法义》中两处指涉"哲学"的地方之一(参见 XII,967c8)。

这当然是个强有力的材料。我认为,人们还没有注意到柏拉图承认它确实如此。雅典人设想奴隶医生可能的反应,要是他也参与了一场医学对话:他会发笑(IX,857d4)。但发笑是反驳在身体上的反应,这个反驳从表面上看完全合理:卷九对医疗诊察的激进刻画中,是否为治疗行为留有位置? 治疗现在好像已被降格为讲授。如果这位自由医生只是要探究他病人的病情,并给他适当的解释,这是[医疗]这项技艺所要求的,那么奴隶的嘲讽将是信口雌黄;如果医生和他的病人,看起来忘记了他们在那里的目的是什么,投身展开了的理论讨论,这嘲讽则有正当的理由。显然这论证令克莱尼阿斯(Clinias)印象深刻。然而,更引人注目的事实是雅典人也没有否认它。"难不成[这奴隶医生]是对的?",克莱尼阿斯问道。雅典人的回答以小心翼翼的"或许"开头,这可能被理解为客气的否认。但这句话的余下部分意味深长地含糊其辞:"或许,至少如果他考虑的[对象]除了这点之外,即某人像我们正在做的这样,以教育公民们而不立法的方式来处理法律"(IX,857e3-5)。难以弄清这限制是意在暗示讲授与立法根本的一致,还是毋宁说是重要的差异。基于我们给以"法律"这个措辞的宽泛程度,答案会随之变化,我们或是采纳它"司法上的"含义,或是"哲学上的"含义:只有在后者中立法与讲授能两相重合。然而,无论我们选择走哪条路径,立法与医疗之间有着重要的差异。当立法者"讲授",无论讲授是否等同于立法,他无需仍然"近乎于哲学",就像这位在卷九中有所夸张的自由医生那样。为什么医生不从事哲学,而仅是近乎于它,其原因没有清晰地表述出来。但这无疑同医学与哲学知识,尽管它们可能相互关联,但不可相互约等这一事实有关。更为具体地说,关键是医生与他的病人之间的话题受到限制,即与治愈疾病、身体的自然相关;相反,诸如善、美好、正义这些道德观念界定了立法的涉及面(IX, 890b7 - c1)。另一方面,一篇按卷 IX 的夸张方式来理解的法律序言,怎么会落得既不接近哲学,又不就是哲学呢?

这正是我在别处建议将柏拉图在《法义》中的政治计划称为立法乌托邦的原因(A. LAKS 1991, 417 - 428)。它是座乌托邦,因为——可以列举出多条理由——将立法转化为哲学仍是通常的人性所望尘莫及的,如果特定的人性相反的话;它是座立法乌托邦,因为它同《法义》中发展了的法律概念紧密相连,并特定地与之相对应。若有人基于这座乌托邦恰好相当于剔除法律的所有立法特征,而试图称它为"对话"来替代"立法"的话,他应当回想起"立法"依前文注意到的含糊其辞之处,既指法律的内容也指其形式。

无论如何它们之间存在着一种张力,这是不足为奇的,即一方面是对医疗实践的理想描写以及它在立法上的对应物,另一方面是《法义》中实际践行的序言。在绝大多数情况下,医疗类比中暗示的利于修辞性劝说的对话结构,在立法序言中被省略了。出于同样的原因,在这些法律序言中,说理的特征不仅远不及赏罚显著,而且,也更令人惊异地不及威胁。一些序言最为醒目的特性,是它们剔除刑罚威胁的人类暴力,仅仅是为了在神话层面上重新引入神圣的报复。然而,这仅是《法义》之第二等地位的一个特例。《法义》中的序言与对它们的理论描述不符,这并不会较之如下两者间的距离更令人惊讶:一方面是共产主义理想和君主制原则,另一方面是允许私有财产与法治。

还要加上重要的一点。在《法义》的立法计划中组织建构方面与离题话方面之间,对于我已强调过的它们结构上的所有相似性,它们之间还有一个重要的差异——确切地说是两个紧密相关的差异。其一已经说过了,并与我最后一个推演相关:"立法乌托邦"在《王制》与《治邦者》中都没有对应物,而是内在于《法义》自身。其二,也是最为重要的,在《法义》中从没有像放弃共产建构或君主政制那样,即明显地、正式地放弃立法乌托邦。对话交谈作为立法的代替物,仍是一个法治城邦公开的选择。再次重申,这是因为法律是特定的内容也是特定的形式。这样看来,"最好"的理想不仅仍徘徊于有意为之又迫不得已地设计为属于"次好"范围的城邦之上,而且很是代表了其可能的动力的一个重要方面。

柏拉图"次好"统治方式的修辞艺术

奥斯兰(Hayden W. Ausland)

李中良 方 旭 译

倘若柏拉图只写过一部伟大的政治著作,我们对他在这方面学说的判断结果也许不会是现在这样。但既然他留下了两部这样的作品,而其中有一部通常被公认为更加引入注目,这样,对于《法义》的解读——不管是好是坏——从一开始就受到二者之间关系问题的影响:在某种意义上,可以假定,《王制》要先于《法义》问世。在一个对柏拉图哲学的发展描述备受质疑的时代,对几个相关方面加以探索也许是最恰当不过了,而从这几个方面看,这种质疑倾向或许是错的。

私有财产

《王制》和《法义》都把废除私有财产看作是一种理想的范式,①如果有什么不同的话,也是体现在表达方式上。《法义》把废除私有财产视为对所有公民来说无法达到的最佳状态,而《王制》则限制性地利用废除私有财产这点来作为建立哲学统治阶级的

---

① 参见《王制》416d4-6, 424a1 f, 449c5 以及《法义》739c2 以下。

一个步骤——只有这个阶级要符合这个条件。大多数人一直认为《法义》在这个问题上明显参考或者暗指到《王制》。① 然而,虽然对于这种理想状态这两个对话是相同,但它们并不互补。如此,《法义》就没有必要把其自己所描述的统治方式描述成要劣于"早些时候"出现的《王制》。雅典人(Athenian stranger)敦促说基于比例平等原则,即在市民之间进行财产的有限分配,在最好的状况下,这相当于一种在理想上更为一致的政治体制(political arrangement),即在这种体制中不存在私人财产。而这一理想以另一种方式在另一个对话中被提到。这种理想开始和传统对比的这一趋势,应归因于自亚里士多德,即,把这些篇章看做是柏拉图式信条,而不是看做某个表面上的经济学对话。②《王制》的一个阶级之内财产的基本共有是为一个特定、实际的目的提出的。就文本中更富有争议的方面来说,其还远远未成为在第二卷至第四卷描述的最佳城邦的理论基础,自然也就只是随便提及了,直到苏格拉底的对话人坚持予以进行更加完整的描述。③ 似乎财产

---

① 因此可参潘格尔, *The Laws of Plato, translated with Notes and an Interpretative Essay*, by Thoms L. Pangle, NewYork 1980, 459 以下和拉克斯(Laks), "Legislation and demiurgy. On the relationship between Plato's Republic and Laws", Classical Antiquity 9 (1990), 292 和(2001), 108 以下。

② 伯格(Berg), "Platos Gesetze", in *G. Hinrichs (ed.), Fünf Abhandlungen zur Geschichte der griechischen Philosophie und Astronomie*, Leipzig 1883, 48 抱怨说,他推测《法义》预期的目的要比《法义》里的篇章出现的要晚。我们可以试图降低《法义》中所刻画的理想普遍性,但这只会突显出《王制》自身在相关方面的不足:如果雅典人只是把共产主义当作一个 "pragnante Beschreibung des besten Staates"(里斯(Lisi) [1985], 209),那么我们不得不试问字面上理解这种普遍的理想又错在哪里。而《王制》第五卷的妇女和孩子的话题,也喜剧性的体现在阿里斯托芬(Aristophanes)的《公民大会妇女》,这让在这方面去接近柏拉图的读者们也一直都困惑不已。见施特劳斯《柏拉图"法义"的论辩与情节》(*The Argument and the Action of Plato's Laws*, 1975, 75):"在阅读现有的文本时,我们可不要忘了,克莱尼阿斯和麦吉努斯并没有读过《王制》。"

③ 423e6 - 424a2 以及 449c2 - 450a6。

的共享在根本上是一个灵活地适用于不同文学语境的主题,而不是一个在某个时候被陈述出来而过后又被宣布放弃的一个信条。

法 治

在《法义》的第九卷,有一个部分经常用来解释柏拉图最终采用的是法治而不是人治的政制。在这个部分,《法义》发布了刑法的部分法规序言,这是对谋杀罪的法律规定。① 在此处,雅典人解释了人应该按照固定的法律,而不是按照现有的知识来生活的必要性。他在此处所提供的论证从根本上来讲是诡辩性的,这是一个经过修改的高尔吉亚(Gorgian)式的三段论。② 这一论证还和《治邦者》中的一个论证相似,但在那里,埃利亚异方人考虑到把少年苏格拉底带去考察现存的政体是怎样比一个科学的君主制更可取时,他是有不同的论证意图的,而法治与理想的制度比起来,的确是一种实用的次好途径(deuteros plous)。③ 埃利亚异方

---

① 施特劳斯(Strauss),前揭,137 和伯纳德特(Benardete),*Plato's Laws. The Discovery of Being*,Chicago and London 2000,280 以下提出了这样放置的推测性的理由。

② (1)因为这涉及到对公众,而不是私人利益的关注,所以很难知道什么在政治上是必要的。(2)即使某人对此有充分的了解,一旦给予完全的权威,他也仍不会在实际中予以观察。而是会自然地去处理私人的益处;最终(3)要是碰巧确有这种人存在,他也将无需法律;但正如事情所发生的那样,这种天才,是无处可寻的,即使有也是微乎其微,这样,次好的法律就更可取了(847e7 - 875d5)。这一形式可参见莫罗,*Plato's Cretan city, A Historical Interpretation of the Laws*,Princeton 1960a, 544 以下;施特劳斯,前揭,137。这一大体模式在《法义》第十卷的无神论论证中会再次出现;参见 888b8 - c7,参见《高尔吉亚》,De Natura apud Sextus Empiricus, M. 7. 65 以下(B3 DK)。

③ 根据一个具有矛盾心态的传统,这一谚语激起两个航海意象中的其中一个:要么(a)当风向不利时求助于船桨(第欧根尼阿诺斯[Diogenianus], Paroem. ii. 45)。要么(b)尝试最初未成功的航行方式,这一次更有把握些(Scholium ad《斐多》99d)。柏拉图使用最早的,最明确的篇章在《斐莱布》19c,《斐多》99d;而此处是在《治邦者》(参见《蒂迈欧》,89a)。

人表明,法治比人治更可取的理由,暗示了一个原则上的倾向——人们所认定由博学的治邦者来担任统治是不可能的。①《治邦者》对人类的怀疑或者对传统约定的恪守,而在《法义》中,是因为信得过的知识天才实在凤毛麟角。②《治邦者》的观点在于引导一个还没有完全认识到传统高于法治的年轻人,而《法义》提供的是一个完全不同的理由;此处的观点是为了展示为什么一些事情必须要留给现存的法庭去判决。③如此,至少在其目标上,《法义》用最充分的解释支持《治邦者》中的理想政体,而不是要与之相背离。④

哲学和政治力量

在《法义》和《治邦者》中,法律的统治要次于知识、专业的政治才能,但并不是次于《王制》里出现的那种哲学统治。法律的统治与哲学的统治经常被混淆,《治邦者》里出现的王一般的人物,

---

① 见《普罗塔戈拉》301c6-e6,前两个阶段可见 c7-d4;而在 d4-e5 第三个阶段和对话穿插在一起。弗拉斯托斯混淆了埃里亚的陌生人的辩证法,把前两个阶段表达的感情归功于大众,而把第三个归功于柏拉图本人。弗拉斯托斯认为"这是一篇粗心之作,是柏拉图最糟糕的作品之一"(参弗拉斯托斯, Review of J. Gould, The Development of Plato's Ethics, Cambridge 1955, in Philosophical Review 66 (1957), 213-16)。对于语法和语境分析,参见奥斯兰(Ausland), Review of S. Rosen, Plato's Statesman: The Web of Politics, New Haven: Yale University Press 1995 and of M. S. Lane (1998, Voir infra), Ancient Philosophy 20 (2000), 459-61。
② 参见,《普罗塔戈拉》301c8 以下,以及 d8 以下,和《法义》875d2 以下。
③ 见 875d-876a3。
④ 拉克斯(Pace Laks),"L'utopie législative de Platon", Revue Philosophique 181 (1991), 417 注释 2 (= 1996, 43 注释 3)。考虑到肖菲尔德(Schofield), "The disappearance of the Philosopher King", Boston Area Colloquium in Ancient Philosophy 13 (1997), 221 里的评论和注释 17,也可在另一方面用于《王制》和《法义》的关系。见苏科(Socher), Über Platons Schriften, Müchen 1820, 438 以下以及施特劳斯, Natural Right and History, Chicago 1953, 137 注释.15

并未在《王制》中出现——这不仅体现在《王制》里出现的许多法律法规里,还体现在诸如用于说服,欺骗,甚至压制监护人的立法措施中。① 苏格拉底把哲学和《王制》中的政治力量组合起来,也许是一个把注意力从共产共妻的内在不可能性转移开的戏剧性的策略,不仅如此,实质上这个发现也是为了防范格劳孔(Glaucon)这样的人起见,他的生活方式比政治约定(politic engagement)更为优越。②《王制》的主题显然就是从属于这些目的。政治力量和哲学的结合(这和知识不同)与《治邦者》的主题并不相关,而且在《法义》中呈现出来的是与掌权者的传统相一致的、并在道德上受到诗人或者智者影响的形式。③ 这样,在卷四中,雅典人假定所有人类努力的努力之下——运气的影响力,包括立法——为立法者设定了一个不受约束的权力和他自己的立法智慧结合起来的僭主。④《法义》中法治并非智慧和政治力量相结合

---

① 参 414c1 以下以及 520d6 - e1(参见.a7 以下)。《法义》中的法律法规,参见摩斯(Moser),"Platons Begriff des Gesetzen", *Osterreichische Zeitschrift für offentliches Recht N*. 以下 5 (1952)。
② 参 520e4 - 521a9 和色诺芬(Xenophon),《回忆录》3.6.1。
③ 参赫西俄德(Hesiod),《神谱》*Op*. 248 - 73;品达(Pindar), P. 2.72;希罗多德(Herodotus) 1.29 - 33;色诺芬(Xenophon), *Hier*; *passim*. 关于和哲学家统治的差异,见施特劳斯(Strauss),前揭,56 以下 进一步的讨论,参薛普斯道(Schoepsdau), "Zum Tyrannenexkurs'in Platons Nomoi", in *Lenaika*, Festschr. C. W. Müller, Stuttgart und Leipzig 1996,尤其在 144 以下。
④ 710e7 - 9 和 711e7 - 712a3. 肖里(Shorey)要抚平那些自由感情者的盛怒,就像格罗特(Grote)和密尔(Mill),他(象相对简单的麦吉努斯和克莱尼阿斯)"忽略了这个事实:这个品德高尚的年轻僭主仅仅是柏拉图的策略,他对自己的想象力津津乐道(εὐχή),即使他认识到只要人类保持其现有的本质,一个稳定的政府形式就不切实际"(1914), 355。但是弗拉斯托斯并不这么认为,首先将"非常伟大的学者"刻画为"被其先入之见弄昏了头",这样会轻易地忽略肖里想说的要点,就是最终的论证,参"The theory of social justice in the polis in Plato's Republic", in H. 以下 North (ed.), *Interpretations of Plato*. *A Swathmore Symposium*, Leiden 1977, 1 - 40, repr. in *id*., *studies in Greek Philosophy*, II: Socrates, Plato, and their Tradition, ed. by D.W. Graham, Princeton 1995, 39。

的次好政体,以至于这一结合本身作为实现法治政体最为有效的路径。① 可是《王制》或者《法义》所说的政体,就是为了能在现实中得以实现吗?

《王制》

《王制》所描述的情形是模棱两可的,因为苏格拉底关于这件事的最后的陈述闪烁其辞,因此可以说是远不明确。他是在表明一个优秀的人应该如何通过一个内在的政制(internal regime)来引导自己的所作所为。② 大概是在回忆最重要几卷中关于护国者的讨论里,格劳孔暗示说此人将不愿卷入政治生活。但是苏格拉底打趣地区分了此人"自己的城邦"和他所出生的城邦,并说他将肯定会在"自己的城邦"做事,虽然不会是他所出生的城邦,除非有合适的机会。格劳孔理解他所说的"他自己的城邦"意味着他们在对话中刚刚解决的东西,并补充说这在世界上是无处可寻的。苏格拉底承认也许在天上有这样的模型,而此处他说这样模型是否存在、或者是否在某处存在都无关紧要,因为人们不是依照别的,而是按照自己的原则行事。③

在卷5中与此相关的一个篇章可以理解为——理想的本身具有缺陷,柏拉图为这种真实的感觉留出了余地。在某种程度上亦是如此,但是如此简单地叙述,并不是解答《王制》的政制明确

---

① 雅典人甚至更正了克莱尼阿斯传统上对统治方式的排名,为了表明一个专制君主,比一个法定的君主要更好。一个君主要想合法地统治,就得要有两个统治者。
② 591c1-592a4。这种处理一直延续到卷10开头,只有在608b4-10在结尾处才真正结束。
③ 《王制》592a5-b6。

的可能性的问题——不像是其在本篇章中所处理的那样,而更像卷9中表现出的更加清晰的状况,表现出公民典范和个体心灵实现之间更加复杂的关系。苏格拉底首先提醒格劳孔,这个问题和他们把正义和非正义截然分开的设想完全无关,格劳孔也同意这个观点,如果他们无法表明这种政治主题能象描述的那样真实存在的话,它们应被视为完美无缺的。但现在紧跟其后的关键篇章比卷9中的这一篇章更有预先性。苏格拉底解释了与行为相对的话语其本质的要点。不是从行为而是从话语的本质的角度,苏格拉底解释了这些要点:没有什么能像对话中所描述的那样执行行动($οἷόν\ τέ\ τι\ πραχθῆναι\ ὡς\ λέγεται$);在本质上,比起行为,言辞要更接近真理。① 既然如此,如果他们证明能够在对话中发现最接近这个城邦的东西,格劳孔就应感到满足。正如他逗趣地使用 $οἷόν\ τέ\ τι\ πραχθῆναι\ ὡς\ λέγεται$,473a1 所表明的,苏格拉底在此处巧妙地获取了格劳孔的赞同,此后他凭直觉感觉到,即,如果现存的,有生的人证明能在对话中发现一个正义的城邦,它能为他们自身的正义起到一个典范的作用,那么这在本质上就足以表明,正义是能够在行为领域实现的。②

通过这一方式,苏格拉底相当直接地回应了这对兄弟在第二卷中对他提出的质疑,即,他们这里要求苏格拉底说出在灵魂中

---

① 473a1–4。

② 在实质上,472e6–473b处的观点和卷9中的观点是一样的,只是在那里将会说得更清楚;它在实际上隐含着这一论点,《王制》在道德和政治上的目标之间做出选择是错误的(见普罗克洛斯[Proclus], R. I 11.5–14.14 Diehl)。因此,可以和拉克斯(Laks),"Legislation and demiurgy. On the relationship between Plato's Republic and Laws", *Classical Antiquity* 9 (1990),214 以下和 107 以下一样去推断,一些特殊概念的可能性是为了构建文本。"基本的柏拉图式洞察力"应该是,既然理论比实践要更加真实,如果要得到充分实在的统治方式,最有可能在理论化的行为出现,而不是出现在有关公民计划的实际制度中。更多详见附录 *infra*。

正义本身具有什么力量(δύναμις)，不仅存在于言辞，亦存在于行动中。① 《王制》并没有声明，"这是无法实现的公民理想；我们会对相似的细节问题进行回应。"它说，"这是一个虚拟的政体，刻画的是政治生活的本质；至于它能否在政治上实现，确实无关紧要。"②

《法义》

因此，《法义》能否得以实现？这一古老问题应单独加以研究才是上策，任何与"先于"《法义》出现的《王制》③相关问题，不管系统研究还是暂时探讨，都不必拉扯进来。④ 和《王制》一样，《法义》

---

① 关于δύναμις，见 358b5 以下和 366e5 以下(关于和希腊文的语义关系，见亚里士多德《形而上学》5，1019a15 以下和 32-34。)关于行为的证明与话语的证明，见 367b2-5 以及 367e1-5 和 357a4-b2。
② 见施特劳斯(Strauss)，前揭，1. 布姆亚特(Bumyeat)，"Utopia and fantasy: The practicability of Plato's ideally just city", in J. Hopkins and A. Saville, edd., *Psychoanalysis, Mind and Art: Perspectives on Richard Wollheim*, Oxford 1992 仍然在为这个话题担忧。
③ 关于早先的处理的文献，见苏色米尔(Susemihl)，*Die genetische Entwicklung der platonischen Philosophie einleitend dargestellt*, Leipzig 1860, 640-46。
④ 现代对《法义》和《王制》之间关系的评论，发端于阿斯特(Ast)，他以文本的考订特征为切入点(参阿斯特[Ast], *Plato's Leben und Schriften: Ein Versuch, im Leben wie in den Schriften des Platon des Wahre und Aechte vom Erdichteten und Untergeschobenen zu scheiden, und die Zeitfolge der aechten Gespraeche zu bestimmen*, Leipzig 1816, 392, 这一解决方法通过策勒得到了发扬。参策勒(Zeller)，"Über den Ursprung der Schrift von den Gesetzen", in id., *Platonische Studien*, Tübingen 1839;而最近的讨论可以参看赫尔曼(Hermann)同期出版的作品。更多的评论可以参看斯塔尔鲍姆(Stallbaum)，布兰迪斯(Brandis)和里特(Ritter)的作品，策勒在他第一版的希腊哲学发展史的第二卷中对他的立场稍稍有些改变，参策勒，*Die Philosophie der Griechen, Eine Untersuchung über Charakter, Gang und Hauptmomente ihrer Entwicklung II*, Tübingen 1846, 329, 而在第二版中则彻底放弃了自己的立场，我们现在很熟知他作品的标题([1856,] 638-41[= 1875],831-51 以及[1889],976-78)。虽然后来偶尔有持异议的人也许仍然怀疑《法义》的真实性，几乎都集中于柏拉图哲学发展方面。见赫尔曼　　(转下页)

在对话中为我们提供了一种政治制度,而并非事实上的政治制度。这至少提出一个疑问:它是否也会受制于《王制》卷五中所体现的限制;而且两种统治方式都可以描述为——根据具体情况,要么非常难以企及,要么轻而易举就能实现。①

(接上页注④)(Hermann), *Geschichte und System der platonischen Philosophie I*, Heidelberg 1839, 547 和策勒,前揭,331;参见苏科(Suckow), *Die wissenschaftliche und künstlerische Form der platonischen Schriften in ihrer bisher verborgenen Eigenthümlichkeit dargestellt*, Berlin 1855, 134 以下。更多的参考文献参苏米尔,前揭,619-33。在 19 世纪后期,这一方式变得日益心理性(psychological),这样到了 1914 年,肖里声称,《法义》中严肃格调的部分以及其对好的和必要的之间的折衷归于柏拉图对西西里之旅的失望,以及他理想的信念和希望的破灭,已习以为常"(Shorey, "Plato's Laws and the unity of Plato's thought", *Classical Philology* 9 [1914] 352 以下)肖里心中所想的类似于巴克尔(Barker)这样的作家,参 Greek Political Theory。*Plato and His Predecessors* [1918], London 1960[5] 294(参见 id., *The Political Thought of Plato and Aristotle*, London 1906, 185 以下)。弗拉斯托斯最终重新使用了这一方法(见 [1959] 以及参见 [1977],页 36 注 116)。

拉克斯(Laks)介绍了《王制》中可能性的特殊感觉,他把《法义》看作是对《王制》所留下空白的一个补充,并将此观点视为两部作品具有整体性的关键。(参 Laks, "Legislation and demiurgy. On the relationship between Plato's Republic and Laws", *Classical Antiquity* 9 [1990], 216 以下)这在某种方式上相似于发展观的更加心理化分析的变体,根据这种发展观,柏拉图从未完全"希望"把《王制》变为现实。相违背的地方主要在于系统地而非以传记的方式来解读《王制》472(参见,例如布鲁克 [Bluck], *Plato's Seventh & Eighth Letters*, Cambridge 1947, 103。在两者之中,他偏好于前者——拉克斯恢复了这个问题,在赫尔曼(Hermann)对柏拉图式发展的假设提出之前——虽然在某些学术团体中,把发展性的陈述浪漫化已经过时好一段时间了(见亨奇克 [Hentschke], Politik und Philosophie bei Plato und Aristotles. Die Stellung der "Nomoi" im Platonischen Gesamtwerk und die politische Theorie des Aristotles, Frankfurter wiss. Beitraege, Kulturwiss. Reihe 13, Frankfurt a.M. 1971, 163-66。以实际的现实作为必要条件,《法义》作为《王制》的一个延伸,参见苏科(Socher), *Über Platons Schriften*, München 1820, 437 以下针对阿斯特的论点。在狄尔泰(Dilthey), *Platonicorum librorum de legibus examen, quo, quonam iure Platoni vindicari possint, appareat*, Goettingen 1820, 16 以下中有些与此像似的观点。

① 两点都是由策勒(前揭,21)所提出的。对于第一个观点,新近的观点可参戴维斯(Davis), "On the imputed possibilities of Callopolis and Magnesia", *American Journal of Philology* 85 (1964), 394;拉克斯,前揭, 213 注释. 14;以及里斯(Lisi), "Die Stellung der Nomoi in Platons Staatslehre: Erwaegungen zur Beziehung zur zwischen Nomoi and Politeia", in A. Havlicek & F. Karfik (edd.), *The Republic and the Laws of Plato, Proceedings of the First Symposium Platonicum Pragense*, Prague 1998, 101 以下。

可以在那些已提及的篇章中找到《法义》所提出统治方式之可行性的证据,在这些篇章中,集体财产和个人统治(personal rule)被看作是无法企及或难以企及而遭到反对。虽然雅典人似乎把实现这一统治方式(即,立法者和温和的专制君主的结合)的最佳条件看作是极不可能的东西,当然如果我们要勉强认可一个仅次于私有财产和法律规范的东西的话,那么可想而知,这些妥协都带有实现某些真实的政治计划意图的。① 其余的问题都被同化为诸如航海,医药,战略之类"随机的"艺术的风险。在这些情况下,由于随时受时机的影响,在其他因素之中,妥协的可能性可以说就和地势的变化保持一致了。② 另一方面,就这种注重实效的努力而论,《法义》有规划的克里特岛群体对此有一种十分奇怪的感觉。一个人至少可以把《王制》里的统治方式装入自己的灵魂中,带到如民主的雅典这样一个地方,但对于《法义》来说,这在何种意义上又行得通呢?虽然在真正的希腊城邦中,他们可能混合了诸种政治形式,这些政治形式也混在某种无所不包的理论中,而我们却从来无法获取其细节。这种结果就导致政制应该着眼于普通的实践,而原则上则冒险迈向了一条未知的领域。也许对于几个长途跋涉的老者来说,这最多不过是一次娱乐消遣,但他们从未总结过对话的定义。③

雅典人所提到的"第三类"的政制,即,神意——他们在后面

---

① 肖菲尔德(Schofield)前揭,细读卷 4 中的篇章时离题太远了,以至于没有在对话本身的框架内起作用,因此他令人感到讽刺的提到了有关柏拉图有关早期灵魂的怀疑主义。
② 参见《法义》709b1-5 和西塞罗(Cicero),*Ad Att*. 8.11.1 (= *De Rep*. 58 [6]):"ut enim gubernatori cursus secundus, medico salus, imperatori victoria, sic moderatori rei publicae beata civium vita proposita est ..."西塞罗应该不会不知道这句希腊谚语的双关含义。
③ 参《王制》458a1-b1 以及亚里士多德,《政治学》1256a1-4。

的文本中将这个模棱两可的问题弄清楚。某些迹象表明,这是实践的政制,并与他们正在建立的政制模型相联系,这类似于把《王制》当作范式一样。① 《法义》是否是从一个无法实现的理想而下降的一个中间步骤,还是从一个令人不满意的现实而来的上升之路,② 这仍是未解决的问题。因为雅典人说,如果顺利的话,无论在言辞,还是现实中,他们第三个政体将"圆满实现"($διαπερανούμεθα$)。③ 《法义》似乎顽固地在这个问题上保持模棱两可。

结 论

显然,我们需要反思这些问题的传统——不能像传统那样认为,当"先前"提及到的某一学说在后世的对话中提到后,就认定

---

① 参里德(Ritter), *Platos Gesetze. Kommentar zum griechischen Text*, Leipzig 1896, 141-47;安培(Apelt), *Platons Gesetze, übersetzt und erläutert von O. Apelt*, 2 Vol. Philosophische Bibliothek, Leipzig 1916I, 243 以下注释 78 和 252 以下注释 35。参见伯纳德特, *Plato's Laws. The Discovery of Being*, Chicago and London 2001, 165 以下和拉克斯,2001,108。

② 有关前一条路,参薛普斯道(Schoepsdau), "Der Staatsentwurt der Nomoi zwischen Ideal und Wirklichkeit: zu Plato leg. 739a1-e7 und 745e7-746d2", Rheinisches Museum 1991 和 Plato, Nomoi (Gesetze), BuchI-III, übersetzt und kommentiert, in Platon, *Werks*, IX, 3, Goettingen 1994, 138;后一条路则参里斯(Lisi), "Die Stellung der Nomoi in Platons Staatslehre: Erwaegungen zur Beziehung zwischen Nomoi und Politeia", in A. Havlicek & F. Karfik (edd.), *The Republic and the Laws of Plato, Proceedings of the First Symposium Platonicum Pragense*, Prague 1998. 自从布洛赫(Boeckh), *In Platonis qui vulgo fertur Minoem eiusdemque Libros Priores De Legibus*, Halis Sax 1805, 66-68)开始,许多人已经依照亚里士多德在《政治学》l.4.1 中区分的种类而对雅典人所例举的三个政制做出了解读。有关亚里士多德的关于《王制》和《法义》之间关系的解读,见苏科, *Die wissenschaftliche und künstlerische Form der platonischen*, Schriften1855, 120-33。

③ 见苏色米尔, *Die genetische Entwicklung der platonischen philosophie einleitend dargestellt*, Leipzig1860, 634 以下。

后来的提及这个学说的目的是恢复使用、修正、或者以另一种方式直接提到先前语境中所发现的学说。不仅我们无法肯定地知晓这些对话的顺序,而且还有一个问题是——我们所发现的以这种方式重现的东西是否能够视为具有柏拉图式"学说"的地位。对于这篇对话来说,至少,首先把这些要素看作是在建立某种文学主题或主旨,这样的观点显得更为保险。对于这种主旨或者主题,一个作家可以在不同的语境中利用艺术的灵活性加以应用,在这些文本中,在某种语义意义上(包括任何哲学上的意义)某一次特殊的使用方式就成为了其整体必不可少的一部分。我们可以在某种程度上比较它和六部格诗的区别,这种诗可以将手头现有的格式根据各种不同需要做出变动。①

　　谚语式(proverbial)的表达就是主题中的一种。如此,当普罗塔科斯(Protarchus)在《斐莱布》(*Philebus*)中把节制(temperance)称作是一个次于知识的次好(*deuteros plous*)假设理念时,就具有了一个基本的哲学意义。这一用法和其他的文本对比起来,我们可以了解到一些东西,但这并非将早期哲学教条的说法和后期的说法进行对比之后才能了解的同一类事物。这也并非只是作者一再使用的写作手法,它经不起抽象的分析。这种情况根本不是因为没有什么东西是次好的,而是在不同的情况下所表

---

① 在《伊利亚特》第九卷中,直言不讳的 阿喀琉斯(Achilles)告诉奥德修斯(Odysseus),他憎恨撒谎者。当天生的撒谎者奥德修斯在《奥德赛》第八卷中声称一些和他的妻子有关的事情时,是否意味着荷马已经改变了他关于谎言的想法呢? 和许多类似的情形一样,这些相同的荷马式篇章能在一个广义的解释性意义上互相评论而不用提到对方。有关《伊利亚特》和《奥德赛》作为一个《王制》和《法义》之间的关系的模式的艺术关系,见苏科(Socher),*Über Platons Schriften*, München1820,434 – 37。肖里把这一点看的特别清楚,如果有差异,也是表达用语上的稍微不同(参 Shorey, "Plato's Laws and the unity of Plato's thought", *Classical Philology 9* [1914], 358 – 60)。

现出来的情况各不相同;柏拉图至少是通过重新启动相同的主旨或者主题以形成双方对比的方式来展示这一事实。在我们眼前的这些例子说明,针对格劳孔和阿德曼托斯(Adimantus)的利益,被视为次好生活方式,与两个年长的多利斯人眼中次好生活方式,显然是不一样的。但是,我们也许会问——对于柏拉图自己来说,什么才是次好呢?这个答案在此处也许是一样的:对于柏拉图自己来说这也是特别的事情。针对这一点,我将试着去说明。

第七封信

第七封信的自传性介绍说明了作者①政治哲学和哲学统治学说的转向,其表达方式让人想起苏格拉底求助于他在《斐多》的"次好之物"的方式:正如后者对其他自然哲学家、尤其是对阿那克萨哥拉(Anaxagoras)的失望而将他引向他所称之为假想的次好(deuteros plous),柏拉图经历了三十僭主统治、以及民主复兴的时代背景,这迫使他热衷于政治哲学。② 柏拉图对哲学的追求以及他哲学的统治的学说,就这样以次好某种政治影响形式出现在这封信的开头。

这封信的政治哲学如果不是被置于特别的环境③中就什么也

---

① 使用"作者"这个词,我是想表达书信的作者带着面具(persona)写作。我将称这个带着面具的人为"柏拉图",正如作者所指的那样。
② 参见《斐多》99d 和 326a-b。见弗里德兰德(Friedlaender) I, 1954, 253 以下,参英格兰, 1958 年的译本 239 以下。布卢克(Bluck)觉得有必要对理想柏拉图式的想法作为次于苏格拉底的评价进行限制(参 Bluck, *Plato's Phaedo*, London 1955, 166 以下以及 198 以下。有关与此不同的观点,见瑞尔(Reale), *li problemi del pensiero antico dalle origini ad Aristotele*, Milano 1971, 352-56。
③ 见莫罗(Morrow), *Studies in the Platonic Epistles, with a transl. and notes*, Illinois Studies in Language and Literature 18, 1935, 152-54

不是。这封信声称是"第三次"建议、是写给狄翁(Dion)的政治追随者。这一点出现在柏拉图到西西里岛(Sicily)的两次主要航行,以及他为何要进行这几次航行的理由中。这种叙述方式重新安排了事件的历史顺序。① 柏拉图首先到了比这两次要早得多的一次访问,在此期间他意识到尝试去对节制做出改良的重要性要比他在西西里岛的所见所闻要大得多。接着他叙述道此后称之为的"第一次"的航行(实际上是第二次)。这次航行是应狄翁的请求,但因为狄奥尼修斯(Dionysisu)的不合作,最终落空。在开始叙述他最后的旅行之前,他将之相应称为他的"第二次"——在这次柏拉图插入了这一建议,这封信也是为此而作。② 这一建议主要包括他对建立在一个总体上温和的生活方式上的法治统治方式的推荐。③ 狄奥尼修斯和狄翁的情形在此处分别充当了消极和积极的例子,这就使得有些事件的叙述不是按其历史顺序进行,其中包括狄翁后来所采取的一些行动。在建立一个正义和法定的统治方式上,哲学的统治作为构成成功条件的一个正义的统治方式,在这一语境中重新露面。

在提出他的建议之后,柏拉图接着开始叙述他称之为"第二次"航行。正是在这一次叙述中,描述了他想以更为哲学的观点教育狄奥尼修斯,却未能获得成功。这里值得注意的是,这种叙述的方式包括了之前对这一材料的介绍。在对他的建议所做的总结中,柏拉图把他和狄翁的合作所付出的努力称为"第二"

---

① 这让埃德尔斯坦(Edelstein)感到很麻烦(参埃德尔斯坦,*plat o's Seventh Letter*, Leiden 1966, 39。
② 有关真正的第一次访问,见 324a5 以下和 326b5 以下。这封信之外的证据表明,柏拉图第一次去西西里纯粹是出于理论上的目的。柏拉图在 330b8(参见 337e4),称他的接下来的访问为"第一次",此处他也把他最后的访问称为"第二次"(330c1 以下和 c6 以下)。
③ 尤其是见 334c。

(δεύτερα)，这和他单独和狄奥尼修斯采取的"第一"(πρῶτα)方式形成对比。① 不管是按时间先后顺序排列，还是有优先的安排偏好，正是在顺序的倒置中，在这封信中描述了法治的温和统治方式以及统治者受到的哲学教育。现在，随着他转而叙述他的"第二次"访问——受狄奥尼修斯之邀的那一次，柏拉图将其称之为"随后的航行和航海"(ἡ...ὑστέρα πορεία τε καὶ πλοῦς)，实际上，他想说的与谚语表达的相当。②

就这样，第七封信讲述了一个包含两到三次航行的故事。其中，最早的那次理论性的航行的情况因过分理论化而未被提到，随之的"第一"个就和一个温和的，法治的统治方式联系在一起，而"第二"和"后来的"航行为柏拉图提供了一个机会——描述他实现哲学和政治力量结合的未竟的尝试。在叙述过程中，对哲学的统治顺序的处理以及在该信的开头所介绍的并无二致，即，柏拉图所使用的策略就是用他所说的次好(deuteros plous)术语。

《王制》472—73 的附录

在卷 5-7 中，比雷埃夫斯(Piraeus)的听众要求苏格拉底对他早先提到的妇女和儿童群体做出详尽阐述。其后，他就通过区分怀疑的两个方面来对其难处做出了解释：(a)这种做法是可能的，(b)也是可求的(450b-c9)。据此，苏格拉底对第一波的怀疑

---

① 337d4-8。
② 337e4 以下参见 330c3-8 处相似的对比：他将"首先"(πρῶτον)给出的建议，以及他"后来"(ὕστεραν)重新使用的叙述方式。因为 δεύτερος πλοῦς 的想法作为一个ὑστέρα ἔφοδς，参《斐莱布》的旁注并参西塞罗，《修辞学卷》(Ad Herrenium) 1(4) 6；罗杰(Roggerone)，他依赖于瑞尔对这个谚语(见 注释.34 supra)的理解，似乎认为这个短语与口语等同(罗杰, *La crisi del platonismo nel Sofista e nel Politico*, Lecce 1983，719 以下注释.140)。

发表了自己的看法,让人们首先相信在男人和女人之间进行分工的共同体,不仅是可行的,也是可求的。他把他在自然的事物上建立这两点的论证(456b12 f.)。对于家庭生活共同体这个更大的问题,他则以另一种方式进行处理,为证明这个问题是可求的,他请求把其可行性的假设先放置一边(458b3;参 510c6)。他首先试图去表明这是可求的,因为这种模式是最好的,而且不会和自然发生矛盾(466d2 f.)。第二波的怀疑随之得以解决,但还存在一个其可行性的问题。可是这个问题在它被提起时却莫名其妙地消失了,在一个未经解释而且奇怪的关于战争的离题后,作为一个更为抽象且笼统的问题再次出现——诸如此类的政体是否能得以实现,如何得以实现,这现在已经成为第三波、也是最后一波怀疑了。(参 466d6-8 和 471c6 以下)苏格拉底将再次求助于自然(473a1),但这只是在假定这个问题和他们区分正义和非正义的计划毫无关系——这一区分是为评估在生活中最接近这些生活方式的人。他们的计划并不是为了表明这些理想本身在实际上是完全能够实现的。苏格拉底通过对比绘画,对此做出了解释。不会有人由于不能说明一个活生生的人完全和他所描绘的至善之人完全相同,而被看作是一个蹩脚的画家;同理,如果他们不能说明其政治主题能如其对话中描述的那样在实际中存在,其对话就不应看作是错误的。下面的就是关键篇章了。

　　472b3-473b3 的观点包含有(οἷος)两个相关的意义:(i)"这一类到"和(ii)"能够做"(此处通常和一个附属的τε一起使用)。(见 LSJ sv.οἷος III. 2-3;丹尼斯顿(Denniston), GP525;以及 K.-G, II237.)(i)最初用于正义的理想特征(472b4,7,9,c5;参 369a1)以及理论上完美的正义之人(472c6,7;参在 472d5,与 7 处至善之人的绘画对比中相对应的使用)。对比起来,他们真正想要评估的人,仅仅是ὁμοιότατος;对于理想,这类人是ὁμοιοτάτῃ所假定的完美正义的人（472d1）。为了达到这一目的，正义之人和他这类人，或者至善之人对应的绘画部分也不需要表明能够是否（δυνατά 472d2 以及 δυνατός d7）存在。对于假设的城邦也是如此，这（就像正义或者完美的正义之人一样）只不过是一个典范：他们不会因为未能说明一个城邦有可能（δυνατόν）不会像描述的那样（οὕτω πόλιν οἰκῆσαι ὡς ἐλέγετο）安排就被说成不够好（ἧττόν τι οὖν οἴει ἡμᾶς εὖ λέγειν）。格劳孔对此表示同意（472e5）。

接下来所说的可能要受到误解，因为苏格拉底在设计这些条件之时有意含糊其辞，在这些条件下，格劳孔仍将对他们已经发现在何种方式下他们的政体能得以实现表示满意（参见 472b1 f. 和 473a8－b3）。苏格拉底要求格劳孔承认在其他的情况下承认的相同的事情；格劳孔问道，"(τὰ ποῖα)"（472e10）。苏格拉底突然从 δυνατόν 转移到使用 οἷον τέ，用以表达"能够"的意义：首先他问格劳孔，表达真理上行为是否可以和言辞相比（οἷόν τέ τι πραχθῆναι ὡς ἐλέγετο κτλ 473a1）；然后他用他们自己辩证法的能力的相同表达去发现（ἐὰν οἷοί τε γενώμεθα εὑρεῖν κτλ 473a7）最接近于他们自己对话所提到的东西（τῶν εἰρημένων a8；被称作 οἷα τῷ λόγῳ διήλθομεν 就在 a5 之前）。只是在结尾时他才重新使用 δυνατός（b1）。

那么，他最终的观点便是：既然在本质上行为比不上言辞，那么这种统治方式能够在现实中唯一实现的方式就是——如果认识到这些人的对话作为一种范式加以运用，从而发展出一个最接近的公民的制度。正是在这一个最大化的方法和部分，政体也许才最有实现的可能（πῇ μάλιστα καὶ κατὰ τί δυνατώτατ' ἂν εἴη e7 以下）。这一点和其所描述的解决方式大相径庭（参见 e4 和 d2 和 d7）；ταῦτα 在 b1 至少可以适当地指出的是 οἷα τῷ λόγῳ διήλθομεν 在 a5 οὕτω πόλιν πόλιν οἰκῆσαι ὡς ἐλέγετο 在 a4。

立法者在《法义》中的哲学修辞术

梅旭(Walter Mesch)

彭 逸 译

众所周知,对比修辞术和辩证法对理解柏拉图哲学而言具有决定性意义。柏拉图认为,哲学探索的过程就是用真正的智慧检验大众提出的对认识的要求是否合理。针对这种看法,部分人持反对意见,部分人却赞同他精准的表达和充分的理由,因为它们把认识提升到了更高的智慧层面。正因为意见可以用言语陈述、交流,所以柏拉图认为,当哲学以认知的方式对待语言,并作为辩证法建立起来,那么哲学才会发挥其作用。相反,修辞术被指责不能检验意见是否正确,只能把意见适当地情景化达到说服人们对事物该如何认识的目的,但是这并不能说服所有人。所以,讲究修辞的说服只是无知的说服(《高尔吉亚》455a)。

此外,柏拉图的修辞批评追求的是证据。修辞术有义务完成古代诡辩派的目标,这就像诡辩术本身就服务于修辞方法一样。从名师普罗塔戈拉(Protagoras)的思想中,我们不难看出强有力的言辞(deinos legein)不仅是诡辩家的目标,而且也是演说家最终的目标(《普罗塔戈拉》312d)。演说家往往通过运用出色的政治技艺来蛊惑他人相信自己具有优势,这一点在相对受尊敬的名师高尔吉亚(Gorgias)的思想中还不容易看出,同样在柏拉图的阐述中也是如此,但在高尔吉亚的学生波鲁斯(Polos)和卡利克勒(Kallikle)的思想中就能明显看出了。修辞术以诡辩的方式证明了自己在公私领域与哲学辩证术的不同,所谓诡辩的方式不仅包括了意见与知识的二元认识论,而且也包括了恶德与美德的二元伦理论,更确切地说,修辞术是借助二元认识论在单纯存在(Werdendem)与客观实在的实体二元论中的基础,以及以情感或理智为导向的行为调整实现了自己的证明。诡辩修辞学家追求的优势简单来说就是假象(《高尔吉亚》500d 及以下)。

1

就像我们经常看到的那样,尽管修辞术与辩证术的对立具有根本性意义,但这却不是柏拉图最后的定论。[①]《高尔吉亚》(*Gorgias*)和《斐德若》中的修辞学批评都要求用纯粹的经验(empeiria, 462c, 260e)、真正的修辞技艺来代替毫无技艺可言的诡辩修辞术(504d, 271a)。如果想从已有知识这个基础层面来分析,就得像辩证术那样弄清楚各个想法之间真正的联系和区别(273e)。与辩证术不同的是,修辞术主要目的在于通过建立在理解之上的说服来传授知识,而不仅仅是认识事物。如果只是为了完成一些可能的事情,就是些与事先知道的真相相仿的事情,那么修辞术足以胜任——但这与诡辩修辞术的欺骗性的说服目的截然不同,它仅仅是为了以理性为基础说服更少知识的人群(273d)。真正的演说家应当是通过他的知识来演说,透过灵魂来说服才是最好的方式,同时他还应当以自己的能力来演说,该能力即在个别场合适当的情况下能够自如地转变知识。借助于说服、以心理学为基础

[①] 参见 如 Niehues-Pröbsting (1987)。

的心理教育学最能体现这种带技艺性的演说能力(271c)。

针对如何运用这种真正技艺上的或者哲学上的修辞术,《苏格拉底的申辩》(*Apologie*)可谓是一个著名的例子。法院的情况构成了整本书的框架结构。只要是有关修辞术的界定,一般来说,柏拉图都会把它推到中心位置,譬如在《高尔吉亚》里,毫无艺术技巧的修辞术被解释为司法判决(dikastike)的误导性影像(eidolon)。诡辩修辞术作为每场政治集会的技术模型,同时在政治领域中充当着对辩证术有根本性挑战的角色,但在整本书中我们并没有发现它的痕迹,这是因为该书的直接目的是描写苏格拉底在法庭上的申辩,而不是纸上谈正义城邦的建立。① 乍一看,《高尔吉亚》中同样展示了真正的修辞术在政治集会上的作用。因为在书中不仅界定(法律上的)修辞术为司法的影像,而且还界定诡辩术即诡辩修辞术为立法的影像。以此类推,政治集会场合中真正的修辞术应当解释为立法术(nomothetike, 464b)。

根据柏拉图的观点,立法实际上必须是一门真正的政治修辞术,这一点在《法义》(*Nomoi*)中尤为得到体现,因为《法义》中详尽地阐述了立法的艰巨性。立法应当以理性指导为普遍基础,并且旨在通过提升美德来提升幸福感(631b,630b)。美德是一座由外在的、肉体的和精神上的物质组成的金字塔,塔顶是精神层面的物质,也就是说,所有的事物应该向它看齐(631b)。立法者不仅要明白法律理性的地方在哪里,而且他们还得为法律的实施担忧。这也就是为什么立法者执行一部完美且理性的法律却比确立它时花费更多精力的原因。据说立法者要想成功立法,还必须考虑地理、经济和社会方面的前提条件(704a 以及以下几页)。首先,他必须以修辞的方式向没有哲学基础的邦民介绍法律,这对

---

① 当然这并不意味着苏格拉底在法庭上的申辩不具有任何政治意义。

于邦民们的教育而言也是有好处的。如果以这种方式介绍不能取得成功,那么即便立法在其他方面都有充分理由根据,还是得面临失败的结局,因为,邦民们不理解它,所以自然也不会接受它了。

2

联系《法义》第四卷中每个熟悉的篇章,我们发现一个中心思想,即文中明确、详尽地反映了立法的形式(718a - 724b)。与打算进入殖民地拓荒的人们之间的对话正体现了这则思想。对话开始于第四卷(716e - 718a),到第五卷(726a - 734e)得到了一定程度的延伸,尽管这种延伸并不是以对话形式出现的。对话完全结束后,雅典人把所有的对话过程看作是法律的导言(prooimion),从而绕过了对单个法律的描述(734e)。这种转变有什么意义呢?上文对立法形式的反映正好解答了这个问题。显然可见,不仅所有的对话过程是一篇导言(722d),与拓荒者断断续续的对话也属于导言部分(723a)。因此,对话就是以导言的形式对整部法律的延伸(723e)。此外,至少重要的法律要有一篇导言(723c)。如何理解这样的一篇导言呢?以婚姻法为例进行说明是再合适不过了(721a 以及以下几页)。

鉴于法律导言本身重叠的层面,要想对它的任务进行一般性的说明绝非易事。一方面,正如前三本书探讨的那样,哲学理解居于立法的基本问题以及立法与美德、教育和历史经验之间的关系之上。另一方面,以修辞介绍为基础的这类立法在第四本书中被摆在了醒目的位置。与拓荒者的对话、单部法律的导言至少和修辞的介绍任务有着明确的联系。如果想成功地殖民统治,必须赋予法律的处罚威胁(bia)一种说服力(peitho),这样从邦民的视角上看也认为法律是公正的,从而促使他们遵循法律(718b)。与拓荒者的对话以及法律的导言部分完成了本属于立法而没能以法律形式出现的任务：导言部分借助美德之说说服邦民，美德要求邦民更温顺（hemeroteron）、更友好（eumenesteron），这样就使得教化更容易（eumathesteron）被接受（718d）。

立法者的修辞术究竟是依据什么呢？关于这个问题，目前还尚无定论。大部分的注释者，像波普（Karl Popper）尽管不会解释得太过火，但都提出在《法义》中存在一种有意欺骗的修辞术，波普还尝试着把柏拉图推到公众敌人的位置。① 值得再次注意的是，如果以逻辑或者科学的标准来衡量导言，那么它其中的论据不具有一丝说服力。② 这样看来，柏拉图把立法者和为自由人看病的已婚医生作比较是有误导性的，这里所提到的医生不仅仅只是开药方，他们会先与病人聊天，然后试着说服病人遵循医嘱。医生的行为通过不受拘束的对话被界定，他们的行为目的是为了得到自由人的赞同，当然，这完全有可能会被拒绝。相较之下立法者的行为被认为是单方面的，因为他们不具有任何对话的意思，而且伴随而来的还有一股威胁感。另一部分注释者持与波普相反的意见，他们认为立法者与医生之间的比较是有承载力的，而且他们尝试指出，立法者的修辞术不仅旨在控制情绪，而且确实有能力提供真正的论证。③

要想弄清楚柏拉图的意图，必须提出第二种选择。这样做的好处是，当修辞辩证的承载能力不被看好时，至少仍然适用。④ 正

---

① 波普尔（1945）。
② 参见 如 Stalley（1994），页169及以下几页。
③ 亨舍克（1971），页264以及以下几页，波波尼奇（1991），页369以及以下几页。
④ 当波波尼奇通过"好的认识论理由"把理性说服归到立法者头上，他是有些过火了。参见波波尼奇（1991），页369以及页376，附录46。一方面，在能给出科学理由的地方几乎不谈论它的修辞介绍；另一方面，又质疑科学理由对于非科学家而言是否是好的理由。

因为柏拉图公然认为,立法者的修辞术既不是诡辩术的突然袭击也不是辩证术无根据的情绪抑制,因此,更确切的说,立法者的修辞术通过借助理性实际上的作用尽可能地减少强迫感,从而把非理性的事物拉向理性方面。这不仅显示了立法者与为自由人看病的已婚医生的对比,同时也显示了立法是以美德为目标而进行调整的。与此同时,特别要强调的是谨慎,因为这涉及到自觉地自我控制,以理性戒律为基准,控制自身因非理性因素而产生的欲望、爱慕和冲动。谨慎应当作为修辞介绍的目的。雅典人认为以非理性爱慕和欲望为依据的真正意见应当作为立法的基准,关于这个论题还是有待商榷的(688b)。

艺术和体操的教育目标是一致的。邦民受教的年龄越早,纯粹的限制或者说适应则被放在越显著的位置,相较之下,通过论据来说服在导言中的修辞术中则占据越显著的地位。这并不意味论据必须达到哲学内部辩论的抽象层面,当然如果是无神论的导言则又是另一码事了;这也并不代表论据不能和情绪沾上一点关系。诚如雅典人说的,通过让人理解的论证,达到邦民即便抵制法律,也会是温柔、友好的目的(718d)。为什么这是必要的呢?人类作为神祗创作的一个奇迹(thauma)已经回答了这个问题。人们追随这一形象,为了能掌控一切,美好但温和、不受约束的理性统治同样需要情绪的支持(645a)。在这样的背景下,不仅撕裂理性和感性说服之间的关系是不恰当的,而且调唆哲学论证中的理性主义与所谓的修辞论证做抗争同样也是不恰当的。这是因为,一方面,哲学观点正是立法者修辞论证的依据;另一方面,哲学的理性主义在政治领域中也需要修辞术来作转换。

3

在哲学修辞术中,哲学与修辞术纠缠不清,在立法者与为自由人看病的已婚医生的比较中同样体现了这点(720a 以及以下几页)。法律导言的修辞功能与医生说服病人进行一种特定疗法,两者并不相符,同样,为建立殖民统治而辩证制订的法律基础与从既往病史就能做出正确诊断的医患对话也不相符。医生与病人之间有对话,而立法者与邦民之间却没有对话,要说这两者相符,肯定是不正确的。① 更确切地说,包含了立法内容的雅典人与克里特人克莱尼阿斯之间的对话才执行了上述功能。比如像医生进行的对话,目的当然不仅仅是狭义上的说服,还包括在相关知识背景下对当前状况的解释。如果只看一般法律基础隐含的知识,那么进行的对话肯定会被称为哲学;但是如果涉及到特定的殖民政权,就不得不具体理解一般性的法律基础,这样一来,进行的对话早就被定义为有助于修辞介绍和哲学知识的技术转换。由此看来,立法者和医生还是有相似之处,为了治愈病人,医生必须向他们讲述作为一名医生所具备的有关健康和疾病的基本知识。

公正不代表别的,代表的正是法律的哲学基础早就存在于修辞的环境中了。医生在与病人对话时不会进一步解释对话技艺的根据,除非情况所迫或者为了让病人能够理解。而雅典人在与克莱尼阿斯的对话中则专注于深入地讲解具体该如何操作,这与殖民政权或者说与任何一部具体的立法都有着直接的重要关系,这些说明也有助于克莱尼阿斯的理解。从一般意义上来说,这种

---

① Stalley 的观点(1994),页 170。

形式的对话已经被理解为法律的修辞导言部分。尽管如此,人们还是不太明白,这跟最初被选作课堂读物、被认定为"文学思想界标准"的带有一定修辞方法的大众哲学有什么关系呢?① 反对这种说法的人认为,不要把对话的高度抬到哲学高度,如果打个比方,最多是通过与对话者的交流过程达到了伊达山脉的高度。② 反对的人首先反对的就是哲学低估了修辞术的传授任务。柏拉图认为,哲学若打算在政治领域中起作用,必须运用修辞术传播。表面上看,这么想有点肤浅了,好像只达到了哲学的最低层面。

---

① Görgemanns (1960),页 21。
② So Picht (1990),页 53 以及以下几页,该书事先对 Görgemanns 进行了详细的批判。参见页 31 以及以下几页。

《法义》中的教化

克利里(John J. Cleary)
刘宇译

如果人们比较一下柏拉图在《王制》与《法义》中所概述的公民教育课程，就会对这一点感到困惑：在后一部作品中，数学在玛格尼西亚的公民教育中所占据的位置相对较为次要。尤其是，我们只能在《法义》第七卷找到对算术、几何和天文学课程的简要概述，这些课程为一般公民所制定。当然，如果《法义》不像《王制》那样主要讨论对哲学家统治者(philosopher rulers)的教育，那么数学就不像为灵魂上升到辩证法做准备的预备性学科那样重要。乍一看这样解决那个困惑的办法好像在《法义》第七卷得到确认，该处表述了一种更为广泛的数学课程，作为对夜间议事会成员教育的一部分，那些人与《王制》中的哲学家统治者十分相似，在《王制》中这些少数精英要具备严格的知识。

然而，通过比较《法义》与《王制》也能发现，《法义》主要关注的是玛格尼西亚普通公民的基础教育，其次才是对统治精英的教育。这就是该书前面提到的所谓的"少量教育"($σμικρὰ\ παιδεία$ 734e6-735a4)，它明显与那种为夜间议事会的成员所设计的更为严格的教育($ἀκριβεστέρα\ παιδεία$, 670e, 965b)形成对比。然而另一方面，《法义》整篇都试图作为一本教育性的著作，既教育普通公民也教育统治者；因此第七卷中给出的关于教育的具体安排一定要在这种更广的语境下来理解。柏拉图把立法本身作为政治教育的一个重要工具，这种看法的依据要在那些精心阐述的序言中找，柏拉图不仅把这些序言附在每一项具体立法中，而且也附在《法义》整体之中。比如，我们可以把第十卷读作对整本书的迟到的序言，并且在第四卷和第五卷也能找到一个详述的绪文，作为向玛格尼西亚殖民地建议的那种立法的正式导言。然而，关于狭义的教育方面，在《法义》第七卷中最惹人注目的创新就是着意考虑了少年儿童的本性与教养，据说他们主要受快乐和痛苦感觉的支配。事实上，很明显柏拉图在亚里士多德之前就已经表达了这个观点：对苦乐的适当控制对于发展正确的习惯是至关重要的，而这些习惯为德性提供了基础。

但本文想要论证的是，柏拉图所撰写的名为《法义》的著作是散文文学的典范文本，它是为玛格尼西亚普通公民的教育而写，但它特别是作为监管儿童教育的法律护卫者（Law Warden）。《法义》本身是真正"严肃戏剧"（serious drama）的样板，可以替代悲剧和喜剧（像《王制》中所规定的那样），并且通过对神圣者的模仿来促进道德，也就是在一种稳固的政体中教导人们同声相契。似乎那些最具教育性的活动，比如几何与音乐，其主要目的是为战争做准备，因为最好的舞蹈和曲调就是来表达战争的。但柏拉图坚持认为，战争本身并不重要，除非是为和平而战。这就延续了他在《法义》第一和第二卷就已经开始的对斯巴达教育的明确批判，因为它过于沉迷军事上的德性而忽略了节制与正义。尽管柏拉图在《王制》里宣称他羡慕斯巴达的体制（544e，545b），但很明显在《法义》中他强烈批判那时的斯巴达风俗。举个例子，他考察了提尔泰俄斯（Tyrtaeus）的诗，认为它以欠妥的方式被生搬硬套地学习，还被用来赞美战争及其粗暴的正义。这种对军事德性的草率赞美导致过分强调几何训练的作用，因此而忽略了文化的训导；由此也产生了那种勇于征战沙场却在和平时期缺乏节制的公民。对柏拉图来说，这种军事教育的根本错误在于，它没有意识到对灵魂的关怀要优于对身体的关怀，因为所有德性都是通过灵魂而统一起来，如果没有节制和其他德性，就不可能发展出真正的勇敢德性。因此可以看到柏拉图在《法义》中的计划是，试图通过最完备的政治教育形式，即立法，为所有公民提供一个完整的教育。为了达到这一点，他把诗移到哲学之上。

1. 体育：为了身体的战争游戏

《法义》第七卷中，在考察正确生育儿童之后，雅典异方人(AS)强调，对他们的抚养($τροφή$)与教育($παιδεία$)是理所当然的课题，尽管这些课题更适于训导与劝诫，而不是立法。这里柏拉图颇有深意地跨越了传统上公与私之间的界限，尤其是在古代雅典，教育儿童就是家庭的事，[1]但他认为，这样重要的事情不能听天由命，因为它对于公共秩序意义重大。在《法义》788A－B，他指出，如果人们总是在琐碎的家庭事务上违反法律，就会损害成文法规的权威。因此雅典异方人对正确的抚养提出了一个标准，那就是：它必须能够使那些身体和灵魂尽可能地优美且良好。身体方面的指导原则是，优美的身体必须长得尽可能笔直，儿童们必须得到正确的锻炼才能达到这一点，即使尚在腹中时也要这样。这个原则是基于一个古怪的心理学理论：灵魂的病态状况是源于(身体的)不正确的运动，因此必须通过正确的反向运动来纠

---

[1] 我关于历史的这项看法在亚里士多德《政治学》第七到第八卷得到佐证，那里他为最好城邦的公共教育提出建议，来反对一般的希腊风俗，即：将儿童教育留给每个私人家庭自行处理。

正；比如，通过摇动肚子里和摇篮里的小孩。这样，雅典异方人大胆地建议用立法来管理孕妇进行适宜的锻炼，受到奚落也在所不惜。建议这种看起来琐碎的规则的要义就在于，使每个家庭的主人的注意到私与公之间的密切关系，这样他就会将他自己的家庭管理得井井有条，从而为掌管公共事务的法律提供稳固的基础；参考 790a – b。

按照所建议的立法来进行体育锻炼，它的指导目的就是让公民为战争做准备。既然玛格尼西亚不是一个大肆扩张的城邦（polis），不像《王制》中那个狂热的城市（city），我们就会问，为什么备战会在它的教育体系中占据如此核心的位置。似乎可以这样回答：以公共支出训练出来的公民，他们的主要功能就是打击敌人保卫城邦，不管敌人来自外部还是内部。因此，即使在他们幼儿的时候，他们的身体和灵魂也必须得到正确的运动，这会促进他们身体的勇气以及可转化为勇气的灵魂愉悦。但在这种表面的实用主义背后，促进灵魂愉悦有着更深层的原因，那就是，这种愉悦也是神明的状态，由此公民们才会遵循正确的生活方式，也就是找到过度快乐与过度痛苦之间的中道；参考《法义》729C – D。这里，柏拉图过去近似于神的（homoiosis theou）理想起到一个虽隐蔽但很重要的作用。但是，引入看起来琐碎的立法来掌控儿童的抚养与教育还有另外一个显著的原因。这个事实值得注意：祖传的习俗往往为成文法提供了基础，成文法既来源于传统的惯例，又得到它的支持。因此，雅典异方人有充分的理由警告立法者要密切注意保持城邦中的传统习俗和惯例，因为急速地改变这些东西会损害成文法。这就是要对儿童的游戏进行小心监管的原因，由负责教育的法律护卫者选出人来密切注视儿童们在庙堂公共空间中的游戏。这里我们就得到了第一个明确的理由来证明，公共教育是至关重要的政治活动，这与传统雅典将教育视为各个家庭私人事务的态度截然相反。为了不把教育抛给运气或父母子女的奇思怪想,柏拉图把对教育的掌控从家庭转到由监管法所精挑细选的人手中,我们可以称他们为公共教育部长(the Minister for Public Education)。尽管这在古代雅典完全是个新鲜东西,但柏拉图坚持认为,这是城邦中最重要的职位(参考765d)。

在《法义》804D,柏拉图主张儿童首先属于城邦,其次才属于父母。他试图通过这个主张来证成义务教育的合理性。这在我们看来似乎是一个极权主义的主张,但它完全符合古代语境中城邦优先的共同信念。由于柏拉图坚持教育是公民生活的基础,所以他不愿把教育留给变化无常的父母们去做,因为他们可能不懂得教育的重要性。因此玛格尼西亚的立法就要求在市中心和市郊设立操场来操练诸如摔跤、射箭、骑马等战争游戏,这些项目要由国外的专家来教授。① 法律也要求,必须对男人和女人进行相同的体育教育,如果后者愿意且能够参与的话。为了表明这给人建议并非荒诞不稽,雅典异方人引用了神秘的阿玛宗人以及萨玛忒(Sarmathian)妇女像男人一样参加战斗的鲜活例证。但是这个建议的真正要义在于促进城邦的社会团结。如果人们希望男人和女人目标一致,那么担任立法者的人要是忽略了对城邦一半的教育,他就大错特错了。并且,如果女人并不与男人分享同样的教育,那就必须有另外一套规则来管理她们的生活,否则她们就会变成城邦中巨大的混乱之源。因此,雅典异方人就对色雷斯(Thrace)、雅典和斯巴达当前的妇女法典做了一个简短的比较研究。在特拉斯,妇女像奴隶一样被对待,因为她们在田间劳作并

---

① 为什么要依靠国外专家?既然柏拉图强调理性城邦的自给自足,那么,很奇怪他会允许国外专家来教授体育,特别是当这项职能往往由那些游方智者来执行时。

照看家畜；而在雅典，她们限于家务工作，跟别的家奴一样，尽管她们表面上是自由公民。根据雅典异方人，斯巴达的妇女在体育和音乐方面得到足够的教育，使得她们自己能有一个相对不错的生活，即使她们并不去服兵役从而不能充分参与公民生活。事实上，所有的历史记载都证明，斯巴达的妇女蛮横放荡，而且还爱慕钱财与奢华。①

因此，当前对妇女的几种训练都不能令人满意，同时雅典异方人认为要为男人和女人制定相同的法律，这非常合理。然而，关于第二类主要的体育项目却有一个奇怪的例外，即，为男孩和女孩指定各自不同的舞蹈班。但或许我们不必看重这种反常情况，因为雅典异方人主要的兴趣在于使年轻公民的教育远离喜剧中的那种暧昧舞蹈。他规定，称为"战舞"（Pyrrhic）的那种战争舞蹈和称为 Emmeleiai 的和平舞蹈应该作为对诸神的献祭，并固定在适宜的节日中表演，反之，在玛格尼西亚应该禁止那种古代喜剧中的"肮脏的舞蹈"。同样，悲剧的歌舞应该被《法义》本身清醒而严肃的工作所取代。这样，柏拉图似乎完成了《王制》中的一个承诺，在那里，他要提供一个替代品来取代古代的悲剧和喜剧，而这些东西在许多希腊城邦中是公民教育的核心部分。这就要求我们来考察关于音乐教育的那些法律。

2. 音乐：为了灵魂的和平游戏

因为灵魂在形上学的意义上优先于身体，所以通过音乐来熏陶灵魂就比通过体育来锻炼身体更为重要，尽管我先讨论了体

---

① 亚里士多德的《政治学》中有大量信息表明斯巴达妇女对政制的坏影响；比如，她们对财富的爱慕使得政制转向寡头体制。

育,因为体育在儿童培育上占据时间上的优先。① 儿童所玩的游戏对于维持既定的法律非常重要,因此它们值得立法者小心对待,这一点被反复重申。从这个角度看,重要的是要按照一个确定的适宜性标准来安排儿童的游戏,而且制定之后就不允许改变。此处基础性的假设是,变化几乎总是朝向坏的方面,尤其是当变化远离古代的传统时,因为传统的稳固与持久反映了它那几近神圣的品质。② 因此雅典异方人拒绝文化创新者,将他们看作假冒的英雄(797c),因为他们总是乐意引入一些新奇观念并丢弃古老习俗。我们从一些独立的材料中(比如阿里斯托芬,和所谓的智者运动时期)了解到这一点。在柏拉图心目中,这些创新者也与民主相辅相成,并且与很多降临到雅典身上的灾难相关,至少伯罗奔尼撒战争的失败与此有关。了解了这一点,或许我们可以更好地理解为什么雅典异方人会强调(797c-d)没有什么比事物的改变更危险,并告诫人们要尊重祖先定下的那些古老长存的法律,要坚持那些法律而不要改变它们。他主张(789c):那些对游戏有所创新的儿童将会经历与其父辈不同的成长,并因此追求不同的生活方式,这些方式要求不同的法律,这一非同寻常的主张就建立起了法律与儿童游戏之间的关联。因为音乐涉及到对好人或坏人的模仿($\mu\iota\mu\dot{\eta}\mu\alpha\tau\alpha$),它严重关系到儿童将要模仿的那些模式。每种文化以及每一代人必定会从苦痛的经历中学习,这似乎是个基本的教育真理。面对文化高速变化的问题,柏拉图采

---

① 《王制》401d 声称,音乐是最高级的,因为,如果正确教导的话,节奏和音调会通达灵魂深处并予之荣耀。要想使年轻人的理性与习惯和谐相处,就必须教给他们热爱美好而憎恶丑陋,即使在他们会使用理性之前。
② 《王制》381a 表达了这个一般原则:在最好城邦中,任何自然或人造的事物几乎都不允许被其他事物所改变。但由于神就在最好的可能城邦中,所以神明总是以自己的方式完全持留不动。

取了双重策略,他试图阻止他所看到的退步的变化,同时通过教育促使重新返回人类文化的神圣源头。因此在 798d－e,雅典异方人采取了公认的埃及策略,通过将所有舞蹈和音乐献祭给诸神来阻止变化,因此随后的任何变化都构成了亵渎或不虔诚。对这种策略进行了形上学的证明之后,他主张,神的永恒不变要优于基于理性算计的人的决断。①

接下来雅典异方人做了详细的警示,他提出(799e－800a)一套规则来从传统圣歌中选出那些适宜和正当的,因为它们包含了以向适当神祇祈祷的形式进行的吉祥言说(euphemia,委婉语),而且它们从不把任何坏东西当作好东西来祈求。② 雅典异方人提出,习惯有着重要的影响,他坚持认为,一切音乐都必须用某种方式来规整,要用这种方式教授儿童们热爱冷静而有序的音乐,同时让他们学会憎恨那些不规范的粗俗音乐。他承认这两种音乐都并非在快乐上高出一筹,但他主张,那些规整过的音乐在理性上更胜一筹,因为它让人们更好,而其他音乐则使人们更坏。通过证明支配音乐的立法的合理性,雅典异方人解释道(803a),必须监管人们正确地利用闲暇,这是因为我们的品格塑造着我们整个的生活,就像船的龙骨塑造着整个船舶。十分吊诡的是,游戏是人类闲暇的重要部分,因为它们反映出我们的身份就是诸神的玩物。这里柏拉图试图重新解释那个陈旧的希腊观念,这个悲观的想法遍布悲剧诗歌,它说的是:脆弱的人类受着反复无常的诸

---

① 通过断然拒绝普罗塔戈拉的格言"人是万物的尺度",柏拉图在之前的段落(716c)坚持:神才是万物的尺度。
② 耶格尔(Jaeger),第三卷,349 n. 302发现,在柏拉图为玛格尼西亚公民宗教所提出的那些建议,与天主教教堂的传统历法之间,也与它在宗教仪式中的仪态、歌唱和乐章之间有着惊人的相似。

神的支配。① 因此他谈到,应该严肃地重视游戏,而且每个人都应该参与高贵的歌舞娱乐,以此来赢得诸神的宠爱,并因此获得保护抵御敌人。他进而反对流行的看法,主张战争本身并不是多重要的事情,除非是为了和平而战。

当然,柏拉图深刻意识到,对玛格尼西亚公民所规定的闲暇生活要求相当多的条件,尽管比起《王制》中的理想城邦而言那只是次好的城邦。例如,它至少要求基本生活必需品的供应,这些东西由奴隶来提供,他们包揽了所有农活和手工活。所有公民在公共食堂吃朴素的食物——男女分开——即使妇女和儿童不再共同生活而只属于各个家庭。就如在《王制》中,柏拉图反对希腊人关于好生活的错误观念,这种观念认为好的生活一定包括餐桌与床笫上的快乐。与之相反,他强调,闲暇生活的核心在于按照德性来行动,而不是像易遭精干掠食者捕杀的肥胖野兽那样生活。就像致力于身体卓越而受训的运动员的那种生活,闲暇的生活包括完全致力于道德的卓越。另外,这种生活的特征是醒着而不是睡着,就是因为它就像永远警醒的神祇生活那样。在这个基础上,雅典异方人设置了一些规范为闲暇的绅士安排适宜的睡眠量,他们整个白天应该排满各种活动。事实上,一个自由公民的公私活动应该消耗掉他所有醒着的时间,这样他就表达了一种神一般的不眠范式。但是为了战争、家务处理和公民管理的目的,公民也需要计算的技术,所以现在让我们来考察为这项技术所规定的课程。

---

① 参考《法义》644d-645b。这与《王制》第三卷的教育程序相一致,为了抗拒诗人以可耻的方式谈论诸神,该处规定了言谈诸神的正确方式;参见 386d-392a。

3. 数学：对所有公民责任都有用

在详尽讨论过体育和音乐之后，雅典异方人简略地概述了三门相关的数学学科，作为为玛格尼西亚普通公民设计的部分基本课程。他用下列几条来说明这些课程：(1) 对数字的计算与研究；(2) 对线、面、体的测量；(3) 移动天体的相互关系。为了简化起见，我们可以设想，它们分别对应着我们所谓的基础算术、初等几何，和简单天文学。在《法义》818a 中，雅典异方人说，这些科目并非让一般公众进行细致入微的研究，而是要精选的小部分人进行深入研究，他们大概都是夜间议事会的成员。① 做这样的限制是基于这个事实：对普通公民来说，他们受到基本数学教育的最终目标是使他们成为好公民，而不是成为出色的数学家。然而，雅典异方人坚持，普通公民必须学习那些基本的必然性，因为即使是神也不会与必然性作对，如西蒙尼德（Simonides）所说。

"必然性"在此处是有意使用的双关语，同时还引用了西门尼德的诗句，这两者点出了人和神的必然性之间所隐含的区别，也点出了这一含义：数学提供了一种理解神的必然性的方式。这一点似乎随后得到确认，雅典人宣称（818b-c），实践或理论的知识对于任何希望像神一样进行统治的人类统治者而言是必然的，对于想要看管人类事务的神圣存在也是如此。这里，当柏拉图让雅典人强调任何不懂算术、几何和天文学的人都缺乏神圣的知识理想时，他似乎将他自己的模仿神明的理想看作每个人类统治者的渴望。这就为随后的探索提供了理由，这些探索主要针对下列重

---

① 这一点在《法义》第十和第十二卷得到确认，这两卷讨论了对夜间议事会成员的教育，并且通过伪柏拉图的《厄庇诺米斯》（*Epinomis*）设置了一套数学和天文学课程。

要问题(818c-d)：应该研究那些数学科目中的哪些部分，以及何时研究？哪些主题应该分开，哪些应该合并，以及它们该如何合并？

此处鲜明的方法论策略就是将初步的课程提升到更高级的研究，这被形容为最为自然和必然的进程，任何神祇都不会与这个进程相对抗。柏拉图似乎又一次指出，在玛格尼西亚研究数学总会有助于教育好公民这个更高的目标，而对神明的正确知识也可以促进这个目标。人们可以很容易将这一方面与第十卷中对神存在的正式证明做个比较，柏拉图设计这个证明是用来反对不虔诚以及促进社会团结。很令人惊讶的是，雅典人宣称，对城邦最危险的事情不是对数学这样的课目总体上的无知，而是以错误的方式进行研究。大概柏拉图心目中指的是一种诡辩式(sophistic)的知识进路，用它达到的是错误的目标；比如，Hippias of Elis 为了自夸和赚钱而展示他的数学知识。在 747b-c，雅典异方人已经提醒到，那些将要胜任这些研究的人，只要抛弃灵魂中的粗鲁(illiberality)与贪财，研究数学就是好事情。否则的话，他将产生出一种做坏事(panourgia)的能力，比如人们在埃及人和腓尼基人那里发现的，那是由于坏的立法者或者坏运气或一些自然灾害。

所以雅典人规定，玛格尼西亚的自由公民必须学习基本的数学课程，要达到与埃及儿童相同的水平，而且要用同样的方式。比如，计算课程应该设计成游戏，例如在或大或小的花簇中分开花环的数目。关键之处似乎在于，学习基本的算术作为游戏的完整部分，会给公民以有益的引导，使他们学会整顿军队或者指挥和调度部队的技艺，乃至学会管理家庭；结果会使他们变成更加足智多谋的公民。在 747b，雅典异方人已经解释了，在家务管理中、在政制中以及在各种艺术中，没有哪部分教育具有像数字研究那样的力量。它会唤醒那些沉睡和无知的人,使他善于学习,给他记忆力和敏锐感;从而让他通过神圣的技艺而超越自己的本性。

与此相似,设计对初等几何的研究是要使公民脱离根深蒂固的对不可通约性(incommensurability)的无知,不可通约性这东西既有意思又令人厌恶。相当令人费解的是,倘若不可通约性只是一个理论发现,而没有多少将几何运用到日常事务的实践意义的话,柏拉图却为何对这一点如此小题大做。① 人们会问,既然在《米诺斯》和《泰阿泰德》的对话中已经详细展现和讨论过这个问题,为什么这里他还要让雅典人详细说明不可通约性的概念。通过一系列重要问题,雅典人确定,克莱尼阿斯认为点、线和体都是相互可以通约的;也就是说,每一个长度都可以用另一个长度来表示,一个面可以用另一个面来表示,一个体可以用另一个来表示。雅典人并没有给出任何形式的证明和证据,他设想(819e-820a),这些东西中的一些并不能用另一些来表示,或者不能精确表示或者不能近似表示。基于此,雅典异方人对普通雅典人对不可通约性的"丢脸的"($αἰσχρόν$)无知表示哀叹,因为这是每个公民都应该知道的必然事物。他也谈到几何学中一些别的主题,那里也会出现关于可通约性和不可通约性之本质的类似错误。

雅典人总结到,应该通过游戏教给年轻人基本的算术和几何,指望这些学习将最终改善玛格尼西亚的状况。如果这些科目没有提供帮助,那些它们就可能被取消,或者像存款人从银行取走抵押品那样"被赎回"。这里应该注意到,数学要成为教育建制的一个部分,设计它就是为了制造良好的公民和稳固的城邦。而天文学的问题在于:既然传统上对不虔诚的指责针对的就是那些

---

① 我所能做出的最说得通的推测(但没有任何文本依据)是,柏拉图看重不可通约性知识是因为,对这种知识的发现被认为是神通过德尔菲的神谕来传达指令,要求在瘟疫离开城邦之前将祭坛扩充两倍。

试图解释最高神和宇宙的人,是否还要教年轻人天文学。但是雅典人拒绝这样的指责(821a),因为他相信,如果是正确地而不以错误的(诡辩的)方式进行研究,那么天文学就是高贵而真实的,而且是社会的福祉,是神所喜见的。比如,他发现使用词语"行星"(planets)既表示其他天体也用来表示太阳和月亮是误导,因为这会加强那种习见(克莱尼阿斯也附和于此),即认为这些天体像晨星与暮星一样在"游走"(wander)。但是雅典人坚持,要避免亵渎神明,玛格尼西亚的年轻人就必须学习关于天体的真理,并且在献祭和祈祷的时候使用虔敬的语言。克莱尼阿斯同意纠正关于天体的错误很重要,而且雅典人提出(822a)要对天体的真实运动给出简短说明。尽管日月被称为"行星",但它们和其他天体并不是在游走,而是永恒地按照固定的轨道在运行,尽管看上去总在变化。另外,人们也错误地把最快的天体(土星)想象为最慢的,这就好像奥运会的观众认为最快的那匹赛马就是最慢的那匹,反之亦然,对失败者推崇备至,认为它是那胜利者。① 在奥林匹亚犯这种错误是荒唐可笑的,但在重要的理论问题上犯这种错误却不只是可笑,因为让诸神听到人类在散布关于他们的虚假谣言,会使诸神不悦。如果雅典异方人能够证明他是对的(比如通过诉诸 Eudoxus 的理论),那么所有这些天文学的主题就应该被自由的公民们来研究。但是如果证明不那么容易,那么问题就该搁置一边。换句话说,全然无知也比犯错要好。

---

① 由于没有绝对的测量标准(就像现代物理学中对光速的测量),古代的天文学非常依赖"内在测量"(internal measurement),它把某一个完整的运动看作一个标准(比如,某些固定星辰的圆周运动),并用它来比较所有其他天体的相对运动。因此,几乎所有天体都具有"又快又慢"的特点,而且拿来做比较的那些完整运动往往由于缺乏共有的统一度量而不可通约(公度)。因此 Eudoxus 的一般比例理论,既解决了几何学中的不可通约性问题,也就可以大量运用到天文学上。

结论：对玛格尼西亚公民的限制性教育

　　为什么与《王制》中 Kallipolis 的护卫者相比，《法义》中对玛格尼西亚公民的教育似乎受到很多限制？亚里士多德在《政治学》第二卷认为他们接受着完全相同的教育，而且他应该知晓。但是，我们总怀疑给予玛格尼西亚公民的基础教育较为低等，这或许是因为这一事实：在《法义》中只有一卷书用来明确讨论教育，而在《王制》中讨论教育的文本即使没有四卷至少也有三卷。然而这种不均衡只是表面如此，实际却不尽然，因为《王制》中包括了对教育哲学家统治者的详细说明，反之《法义》对该主题则言之甚少。这或许是因为《法义》主要关注的是次好的城邦，这对玛格尼西亚的殖民者而言是完全可能的，而《王制》则要创造一个理想的言辞城邦；参阅《法义》739c–d。因此，如果我们对比对 Kallipolis 护卫者和对玛格尼西亚公民的基本教育，就可以将二者的差异归纳为侧重点和指导方向上的问题。比如，Kallipolis 护卫者的教育似乎几乎完全导向进攻和防卫性的军事行动，而玛格尼西亚公民也要备战以便最终享受和平与闲暇的生活。但或者这只是表面的差异，其根源于侧重点的不同，在《王制》中侧重强调城邦护卫者的军事功能，因为他们为战争而发动战争几乎是不可能的。事实上，柏拉图也会同意，任何这样做的人不是蛮人就是疯子，因为发动战争的全部意义就在于获得和平。吊诡的是，公民得到他们最大的荣耀不是通过战争行动（如俗见所认为的那样），而是在和平的公民节庆活动中。正是通过进行战舞与和平之舞的宏伟表演，通过演唱为特定节日而制定的严肃歌曲，他们才最为真实地模仿了神明。对柏拉图来说，如此模仿神明是人类生活的最终目标，尽管很难达到。

柏拉图论诸善之善性

莫拉夫奇克（Julius M. Moravcsik）
刘　宇　译

1. 导　言

"柏拉图论诸善之善性"这个标题可能会让人觉得是一个不足为奇的同语反复。诸善在定义上就是善的①；这样写有什么意思？但细究之下我们就会发现，这个句子中的 goodness 和 goods 意义并不明确。对人性及自身利益持不同看法的人的人们，对生活中什么东西是善意见不一。有人更注重物质有人则不然。有人重视道德价值有人则不然。同样，持不同信念的人对于善性的构成要素也有不同看法。有人会说只要是人们想要的东西就是好的（善的），而其他人则试图以更为客观的方式来界定善性。如果拥有具备正确善性的各种正确的善，我们就能达到并且保持一种良好的生活。我们将会看到，关于如何界定良好生活，也会有

---

① 本文中的 goodness、goods、the good 等词，由于汉语表达问题，甚难做到一词一译，本文权且根据语境译为善性、诸善、好处、好东西、善等，阅读不便之处，请见谅。——译者

不同意见。

对柏拉图来说,我们所谓的经济学的主要目的应该是,尽可能服务于有德公民的发展与维持。有德公民的概念可以扩展为:有机会做出好行为的好行为者(good agents)。在当今世界,人们倾向于把经济学看作共同体及其成员实现财富和幸福最大化的工具。所以,对于财富、土地权、分配模式,以及其他此类东西能够且应该为共同体的繁荣做何贡献这个问题,我们必定从一开始就面临着截然不同的观念。我们将在论文余下部分中把柏拉图对各经济要素应该做何用途的观念称为"柏拉图式基础"(the Platonic Foundation,以下简称 PF)。

这些初步说明有助于我们理解,为什么对现代读者感到奇怪的那些问题,诸如"财富是什么善?",如果以 PF 为基础论点来讨论就能完全理解。但我们将会看到,古典与现代并非如这些粗略说明所显示的那样截然不同,而且,刚才列出的问题在当今的经济学问题讨论中也会触及。

人们很可能会对这个假设提出质疑:柏拉图有经济学理论吗。这种质疑是因为他们把经济学理论看作是对工作、劳动、交换、贸易、财政体系、经济计划的限制与条件的一个系统性的、逻辑一贯的说明。经济学作为一个术语来源于家务管理(household management)这个术语,而且,它的发展在某种程度上就对应于这个核心单位的发展,而各种商品分配、交换及其他过程的规则就建基于这个单位之上。我们看到,柏拉图谈论了农业、贸易、交换形式、商品、借贷限制、土地分配、所有权以及类似问题。这些谈论不可能形成像理论一样的东西,不仅按我们的标准来看是如此,而且按柏拉图心目中的学科典范——数学的标准来看也是如此。不过,我们的兴趣在于考察,如果始终以 PF 为基础该如何处理这些问题。

我们不是简单地列举《法义》中的相关文本并做一些评论，更富哲学意义的作法是，按照下列分类将这些文本整理排列为几组：

（1）只与建基于 PF 之上的经济学相关的各种问题与答案。这些问题会涉及到直接处理扩展及维持有德公民及其行为的方方面面。

（2）在下列两种经济体中都会出现的问题：或者在 PF 经济体中，或者在将终极价值建基于主观个人偏好基础上的经济体中。这些问题可以分为两类，一类要求在对两种不同经济体进行不同解释的情况下来处理，另一类则要求在两种同样的体系下，以大致同样的方式来处理。这样的一个主题就是成本－收益分析。尽管我们把成本－收益分析与基于有用性（utility）和主观个人偏好作为最终标准的那种经济体联系在一起，但此处不必这样做。成本收益分析对于 PF 经济学来说也是必要的，也可以适当地适用于 PF 的经济学。①

（3）最后，有些问题只有在以主观偏好为基础的经济体系中才会出现。比如，这些问题包括，如何增加偏爱物；谁认为什么东西有价值；是否有空间、有必要按年龄进行区分，等等。

自不待言，相对于跟我们所谓的经济学问题相关的所有文本，这里所考察的文本只是其中的一部分。但是，按照这种概念化方式将柏拉图对这个主题的论述进行提炼，可以为我们提供一个（当然不是唯一一个）视角来审视柏拉图对商业和生产的看法。

---

① 此处我受惠于 Roger Knoll 的一个讲座。

2. PF 的关键文本

将以下文本作为本文的主要文本的理由是,柏拉图在这些文本中详细阐述了在一个运行良好的国家中支配政治与经济活动的最终标准。就在《法义》的 742c7 - d1,以及其他一些补充段落。它的主要目标是好行为者的发展和维持。换一种说法就是,我们组织经济结构的主要目标是使正当行为者的善性(goodness)实现出来,而且其他任何东西都要以它为出发点。经济组织首先必须增加善性。这种观点显得与"多数人"(d3)的观点相反,在他们看来,经济组织主要目标应该是使国家尽可能地庞大、富有,并使国家尽可能地控制其他国家。一言以蔽之,主要目标就是:尽可能地获得最大的财富与权力。这个解释还可以补充一点:这些安排也应该让人们幸福。

柏拉图用这个陈述作为开端来支持他的观点:我们是让人们幸福,还是帮他们致富。这里我们看到,柏拉图与"多数人"之间关于善(goodness)与幸福的看法大相径庭。柏拉图坚持主张不应该允许公民们变得很富有,因为他认为要获得真正的幸福不能通过财富和权力,而是要通过与善的相互结合。在这个表述中,"善"就意味着一个好的、和谐的行为者的诸理想(诸德性)的具体实现。(743b3 再次谈到好人与德性之间的关联)。正如 743c 所强调,好人将金钱用于正义的事业,而坏人则用于非正义。上面提到的"最终目标"的含义就是,正义地使用钱财就是表现以及(或者)增加真正的善,而非正义地使用就是其品质违背正确的理想并对他人(在柏拉图的意义上)造成损害。但这一点讲得并不清楚。人们可能会问,在非正义的使用中是不是不包括另一层次的常识性公正(common sense fairness)。如果是这样,那么,在公正的概念与柏拉图的好行为者的概念之间,关联的纽带是什么?要讨论这个问题的答案可能会离题,它尽管也很有趣,但此处篇幅不允许。

区分"多数人"与柏拉图对"经济学"最高目标的看法的一个方法是,对比一下需要(need)和需求(demand)的概念。需要可能有一个客观的意义,比如它在医学上的用法。在一定情况下身体的需要是被客观决定的。就需要那么多溶液,那么多各类药物,等等。医院并不按照主观的偏好(通过一致同意)来执行。如果那样,就治不好几个病人。柏拉图设想,关于人类生活的其他方面,我们也可以提出(如他在别处提出的)与健康问题相似的论证。[①] 经济学就是要服务于这些需要。相反,需求基本上带有一种主观的意味。需求很典型地表明了个人的偏好(preference)。这些偏好也许会集中于客观的诸善(objective goods),但大多数情况下它们仅仅根源于人们所欲求的东西,他们以为(往往是错的)那些东西会给他们带来幸福。

在《法义》中有一个问题影响着那个基本结构,而且并不清楚柏拉图在哪里谈到了这一点。因为好的行为者受理性的引导,这就说明那个行为者是自主的,而不是习俗、传统或只是欲望的奴隶。但是《法义》中所安排的商业与食品生产并没有为自主性(autonomy)留有多大余地。人们不得不设想,在好行为者看来,各种准则与规范就是理想中的好东西,因此是他想要的东西,并由此将其视为"实际上"想要的东西。这样,规范就变成了自我规范。但(就我所知)这并不是《法义》中的主题。

此处所考察的文本中的伦理学的特质,明确表现出与(比如

[①] Moravcsik,"Health, healing, and Plato's ethics", *Journal of Value Inquiry* 34 (1990),7-26.

说)《斐多》中不同的导向。在《斐多》中,伦理学被解释为通过净化过程达到柏拉图式的"健康的"灵魂的活动。而在《法义》中,这种严格纯粹的意味消失了。相反,我们看到了对如何良好或正义地生活的建议,以反对那些愚蠢及恶劣的方式。

这些评述旨在说明那些关于人类理想的基本设想、约束,以及有利条件,而这些东西又是各种具体准则和规范的基础。

3. 柏拉图的道德心理学

诸善与善性构成了赋予经济学以意义的那个最终目标,为了理解它们的基础,我们需要简述一下柏拉图道德心理学的各部分。很明显,在这个框架下来表述该理论的全部内容是不可能的。我们只是简述与经济学的讨论相关的那些部分。而且,所考察的那些部分与我们在《高尔吉亚》、《会饮》、《王制》(特别是第四卷,439—443)以及《斐多》诸篇中发现的一些伦理学段落一样,有着共同的基础。

我们知道,柏拉图认为幸福与善或德性之间具有内在的关联。他也有一个独立的德性观念。因此,任何将德性仅仅视为幸福之手段(即使是必要手段)的理论,都与柏拉图的伦理学格格不入。同时,《王制》中那一段落表明,柏拉图认为善性既是一种内在的善,也具有工具上的好处(goodness)。问下面这个问题是不合时宜的:但如果自在价值与好的结果之间存在着矛盾怎么办。柏拉图并不认为这种情况下这两种价值会彼此矛盾。还有人会问这样的现代问题:"但如果存在一个可能世界,其中……因此那两者发生矛盾怎么办?"柏拉图将会摇摇头,并且承认他不知道(如果不是怀疑)该如何回答甚至无法理解这个追问。他还会(像在那些对话中经常做的那样)指出他的善性概念与健康之间的类比。

如果有人提出反对说,他的各种欲望会导向不同的方向,柏拉图会指定对那个行为者的各种欲望进行调适。这是道德心理学的一个重要的基础性论题。我们可称之为人类各种欲望和情感领域的可塑性。我们并没有一套理性反思与理解所无法调适的欲望。比如《会饮》中的这个论题为《法义》中的"经济学"奠定了基础。那些现代的主观主义理论先设定一套欲望或偏好,然后认为经济的各种结构和过程就是寻找手段来最大限度地满足各种需求。对柏拉图而言,经济结构不仅仅包括寻找手段满足我们想要的东西,而且也包括这样一些过程,它们有助于发展与保持我们应该想要的东西。比如,如我们的正文所表明的,许多人认为主观的幸福就是他们要追求的至善。柏拉图认为,即使人类最主要的倾向都可能发生改变,并向全新的目标发展,由此他提出了他所特有的经济学结构。因此,任何快乐主义的或经济的决定论都与柏拉图的经济学格格不入。

要理解 PF,我们还要记住:它与各种物质主义的存在论(materialist ontology)的说法都格格不入,因为它坚决肯定像属性这种抽象实体的实在性,并且,它认定有很多认知状态和过程(比如理解)无法仅靠因果关系来解释。要理解这种存在论和认识论观点,就不要将现代对此类问题的争论带入进来。常识在柏拉图时代的雅典与在今日世界一样,其观念过去是并永远都隐然是柏拉图主义的。

最后,需要注意这一点:柏拉图的经济学观念关涉到人类的总体目标,并从而关涉到设置与个人慎思相一致的目标的可能性与实践自主性。这些慎思并不仅仅是工具性的。在商品交换或食物生产方式中进行自我引导,这不仅仅是达到那些严格确定的目的的手段,它们本身也构成我们生活的最终目的。

如果就此谈论的这些东西使人们认为柏拉图的经济学观念是不切实际的、过时了的,而且是不可实践的,请且慢下这样的结论。因为我将在最后一部分表明,对于诸善及其分配的最现代的处理方式也有着柏拉图主义的因素。

4. 所选文本及其分析

在一个很重要的段落,柏拉图警告说,在城邦的经济生活中外部的影响太多了(705a - b)。用现代的术语可以将它描述为"惧外"(xenophobia)。但这种描述与柏拉图的理论关切毫不相干。惧外是对陌生的外部影响的恐惧,它往往表现为对被迫改变风俗习惯的恐惧,以及对改变城邦现有的权力分配的恐惧。但是柏拉图的关切完全不同。在所有的相关讨论中,他所关注的都是城邦的客观的福祉。假设城邦有了正确的总体目标、各种配套制度,并且,如果人们对于其他可能类型的政治单位的本质都了然于胸的话,那么,任何外部影响都可能是有害的。因此,柏拉图对外部影响的消极看法就存在两个主要理由。一是,施加该影响的诸外部力量可能会对运行良好的城邦产生腐化的影响。[1] 但这一点并不表明对传统与习俗持保守的态度,而是在 PF 的情况下对永久福祉的合理合法的关切。第二个原因是,对外贸易所产生的影响很可能干扰城邦的生活。那些新的"好东西"(goods)很可能投合公民们的快乐主义倾向,从而驱使他们偏离对客观的好东西(the objective goods)的关注。人们必须把这样的文本放回语境中。对一个外部人而言,很明显会出现这样的问题:"如果一个加

---

[1] 关于柏拉图监守城邦使其避免腐化,见莫罗, *Plato's Cretan city, A Historical Interpretation of the Laws*, Princeton 1960a, 96.

深我们对何为客观善的概念的新建议来自于与外部人的接触,那会怎么样?"柏拉图并未考虑这样的可能性。他没有考虑这一点是基于某些先天的考虑因素。"事物以其所是而存在"(Things being as they are),外部的影响很可能以上述两种方式损害城邦。因此要提出警告反对它。

这些考虑因素可能会在读者脑海中产生这样的问题:"在柏拉图那些考虑因素中,我们如何辨别他把什么当作先天的,什么又当作经验的?"对这个问题的全面回答超出了本论文的范围。但人们可以在作为先天条件的 PF,与只涉及手段而不管目的的那些建议之间,粗略地划上一条线。(条件:只要外部人比需要一个更好的新家园的受苦人民构成更多的威胁。)因此在本段出现的议题既影响 PF 导向的城市-国家,也影响现代的国家,但是在不同的基础上且以不同的方式。

842c-843a 提出了关于食物生产和供应的议题。这里已经有一个只是对于像雅典那样的城邦的限制。因为在 PF 城邦中,在柏拉图所考虑的环境下,我们不必关心来自海上贸易的食物,因为这已经排除掉了。这里关心的是农业及其各个方面。其中一些关切可能在我们看来是琐碎而无价值的,比如不准移动划分不同人财产的界标的禁令。但是,近来(当前)进行的,比如在近东关于塔巴(Taba)的争端,应该让我们意识到这个议题("先是塔巴,再是耶路撒冷")的大概本质。如 843a 表明,什么是真正的移动这个问题,在那时与在今天一样十分常见(不准摘取除地上之外的橘子这样的禁令)。

反思一下这些议题,我们就会发现在基于 PF 的城邦及其配套经济与现代国家及其经济之间的关键差异。对于柏拉图而言,"拥有财产的好处(the good)是什么"这个问题是一个真正而且重要的问题,不管是在伦理上还是从实用的角度来看。① 而在现代的语境下,这个问题被置于(或者人们这样认为)各种权利的基础之上。假定人们拥有处置财产的权利,那么,国家能够对这些权利施加什么样的限制,以及在何基础上施加这些限制?对于柏拉图,那个"假定"的正当性需要证明。(要讨论这个话题,我们就得比较《王制》与《法义》中的其他文本;这超出了我们的范围。)同样,这个问题既与古代经济也与现代经济相关,但是在不同的基础上,因此所提出的解决方案也是不可通约的。

在交换中要求合宜的或真正的价值,这个问题在 916d 等处的文本突然出现,但对如何达到它却没有任何明确指示。这一点对于按照柏拉图的看法来解释 PF,是一条有意思的线索。它不是像现代快乐主义者或功利主义者那样的算计。如我们上面解释的,它是一个总的指导方针,其细节只在此处或彼处才能落实。但法律中也会编辑一些一般的事实。因此,比如说在 919d-e,我们看到,任何地主都不应该从事贸易。其原因是基于 PF。但我们想起对法律的一个有趣的限制。因为在这一段我们也得知,要按照基于德性的社会地位来安排各种职务,而不能靠精确的法律来安置。我们必须把细节留给那些人来阐明,他们拥有适宜的品格和判断这些事物的智慧。所以这里我们再次看到有智慧的行为者的重要性,简言之,那是一种做正确决定所需要的角色典范。这里也与《王制》或《会饮》中的伦理学相呼应。

在 920a 也表达了相同的意思;柏拉图看到,在任命组织者时人们所能期待的就是,尽可能地实现德性。多少是"可能"呢?这个判断要由充满智慧且品格优良的人做出。柏拉图并未把伦理学的基础完全建立在拥有智慧和良好品格的理想行为者身上,而

---

① 关于对待财产的正确态度,见莫罗,前揭,101。

是看到需要用规则与法律来对其进行补充。描绘一个我们应该追求的理想固然不够,但当我们中多数人不能或并未拥有所需条件的时候,我们也应该未雨绸缪。①

919e 和 743a 也谈到了花钱和用钱做生意的各种良好的和可耻的方式。这种区分是基于一些客观的伦理标准。在这些语境中,可耻与卑鄙的概念不能只靠主观的偏好和想象来解释。理论上讲,客观上可耻的东西也应该被共同体视为如此。但柏拉图意识到,不能指望在大多数情况下均是如此。在《王制》的理想化情形中,只有很少公民会自愿接受有智慧者的判断,就如我们接受医生的判断一样,即使这些判断可能给他们带来有害的结果。这种理论上的赞同在《法义》中就不够了。需要用各种法律以及制度来补充一般公民的良好意愿(good will)。

这些事例表明,选择不同文本会出现各种各样的问题:有些问题只有在柏拉图的框架中才会出现,有些问题属柏拉图框架与现代框架所共有,以及,有些问题只属于现代的、基于主观偏好的框架所特有。像钱财好不好? 或者财产好不好? 这样的问题只有在柏拉图式的框架中才会出现。像关于移民或外部影响的问题在现代的和 PF 基础上的框架中都会出现,但其处理方式不同,因此解决方案和法律也就不同。当然,还有些问题并不出现在柏拉图的方式中,而仅仅在现代方式中出现。但是,如果只是说这是因为我们"进步了"且面临着已经变化的经济环境,这没有意义。很多情况下二者的关键差异在于,有些现代问题的出现是由于其基础的本质,而无关乎柏拉图式的框架。对这个问题可以提供一个例证:如何增加主观的偏好;将总量进行分配的更好和更坏方式是什么? 在医疗保健的事例中这个分配问题尤为显见。

---

① 关于担任官职的资格条件,见莫罗,前揭,137。

当我们考察《法义》中的这些文本,并偶尔与《王制》进行对比时,要注意其不同的理想化程度。《王制》不完全是一个乌托邦。它已经是一个妥协,因为它接受了这一公认事实:并非我们所有人都能够到达理想统治者(对社会或对我们自己)的程度。《法义》通过说明对一般人的设想而提出了进一步的妥协。但它也理想化了我们认为统治者和管理者所具有的智慧与优良品质的意义。

这些考察可能让我们对《王制》与《法义》之间过多的细节对比心生厌倦了。如果这两种方案是在不同的理想化程度上运作,那么,它们为这些理想化所进行的那些具体建议与证明很可能就是不可通约的。

5. 对诸种现代历史解释所做的评论

当我们描述与评论柏拉图关于何谓经济学的那些论点时,我所建议的概念框架不同于很多经济史学家所使用的概念框架。其差异主要在于我们究竟认为所引出的哪些问题是重要而深刻的。[1] 我认为这个问题不值得讨论:柏拉图是否过时,或者他对待农业与海上贸易的态度是否自由开明,因为我不认为这是柏拉图的重要问题。他偏爱农业是因为他认为,在他进行讨论的语境中,这一选择将有助于最好地利用经济来为人们提供好处,这些好处将会帮助人们在一个好的共同体中成为好的行为者。我们来假设考虑这样一个城邦:它具有完全不同的地理位置,并因此有着不同的机遇与挑战。这种情况下,柏拉图可能会大力鼓励海上贸易,还会贬低农业,因为这种安排能为正确的目的提供正确的手段,即为共同体及其成员的客观好处(goodness)做出贡献。

---

[1] Humphreys, *Anthropology and the Greeks*, London 1978.

思考这个问题有助于我们看到,我们需要在柏拉图的《法义》中找出那些无论语境如何变化他都会为之辩护的关键原则,以及一些他虽会极力坚持,但认为只适用于某些有限环境下的论点。

当我们审视历史学家考虑历史发展时所做出的那个著名对比:homo oeconomicus 与 homo politicus(经济人与政治人)时,会发现另一个相似的议题。① 一些研究者引用韦伯的说法,认为希腊人更属于政治人的阵营,而认为经济人的发展只属于后来的阶段。但是,用这种二分法来考察《法义》就错了。柏拉图的议题不是价值或生产,而是关于究竟何为人类价值与我们如何发现其本质的不同观念。按照快乐主义的观念,把经济进步视为目的本身,或视为幸福的必然手段,这与柏拉图的观点截然对立;也就是说,他拒绝快乐主义(hedonism),并坚持用理性的方式阐明客观价值(对柏拉图来说一个关键的要素是这两者之间的类比:一者是医生与康复,另一者是对人们好处的危害)。政治是只是获得好处的手段,经济也不过是如此。

如果考虑阿玛蒂亚·森(Amartya Sen)那篇最有价值的论文就会产生另一个重要议题,在该文中他批判了这种观点:经济学应该把人当作理想化的自私自利的行为者来研究。② 他的立场比很多经济学家都更接近柏拉图。但我们应该集中考虑这个问题:对柏拉图而言,何为自我主义(egoism),以及何为功利(utility)?柏拉图会否认,存在着常识所认定的一种固定的自我概念,而且这种概念能够作为经济/政治哲学的基础。这个自我就是行为者的自我;行为者的结构决定着我们人类能力的优先序列;不同的选择产生出在情感与理性诸方面的不同优先级。进而,行为类型

---

① 马克斯·韦伯所做的著名对比。
② Sen, "Rational foods", *Philosophy and Public Affairs 56* (1976), 317–44.

的选择决定着我们对自我的观念,也会决定我们将什么视为功用以及有用东西的不同观念。这是柏拉图主义的客观性视角与主观个人偏好二者之间相冲突的一个关键点。这个议题不是"经济学应该提供一种方式来建立最有效地生产有用东西的结构吗?",而是:"经济学结构必须为之提供手段的那些目的是什么?"现代哲学家与社会科学家可能不愿承认我们正被迫面临这个问题。但我们最后一节将表明,事实上现代社会正被迫面临这个议题,而且我们的各种答案不过是各种实用的折衷方案,我们试图用这些方案来平衡客观与主观的东西。

6. 结 论

有人认为柏拉图式的基础(PF)不再适于我们,他们会认为《法义》中的经济学并没有哲学或科学上的意义。因此哲学史家们往往注重考察处理知识、自由意志以及其他此类主题的段落,而不考察那些与经济学直接相关的段落。而通过这篇论文我们看到,经济学的柏拉图式基础中的那些要素仍然与我们息息相关,并且,对于柏拉图的那些建议中的许多细节,仍然可以读出很多有益的东西,还可以根据其中某些方面是只属于柏拉图主义的经济学,还是只属于基于主观偏好的理论,或者(以不同方式)同属两者,来对它们进行分类。

如果我们全面考虑柏拉图式基础,就会觉得它似乎不足以作为我们评估各种现代经济学理论的基础。但作为哲学家,我们总是要将复杂的建议条分缕析为各种要素,对于柏拉图式基础我们同样能够如此。根据柏拉图,正确的经济学应该有助于促进有德者的事业,并保持他们这种精神状态。但这样的事业,除了其他之外,还有下列几个要素。(a) 它假设,经济学应该帮助我们达成客观上可以指明的诸善。(b)它还规定,正当目标所指明的"生活质量"(quality of life)应该也包括那些非物质的、人道的(humane)质量。(c)它要求,它既需要某些专门知识来指明经济学应该促成什么样的最终目的,也需要这些知识来掌握正当的经济学得以实现的那些过程。

我们可以在当今的经济生活中看到其中一些要素的部分实现。阿玛蒂亚·森的著作表明,经济学要促使我们实现的"生活质量"也应该包括那些人道的价值。那种只专注于囤积财富的生活不会让我们过上和平友爱的生活。而且,在一个"贪婪是最高德性"的共同体中,不可能发展出令人满意的公共价值与纽带。

另外,在大多数社会我们都看到,某些被认为具有内在意义的价值得到采纳,而且它们不能与那些仅基于主观偏好的价值同日而语。属于这个范畴的几个明显例子就是健康、以适宜的理性方式来管理公共资源。因此我们的经济分析不能只考虑那些按照大多数人的主观偏好所界定的物质好处。《法义》为我们提供了一个机会来反思诸客观人道价值,考虑经济活动何以能够促进实现这些价值、或者阻止其实现。我们的官员并非都是由公民选举产生。对于几个关键岗位,我们雇佣一些委任官员以某些方式来处理各种经济问题。(在很多情况下,即使这些岗位由民选官员来充任,也有着一个不成文的一致意见,即这些选择要尽可能基于专门知识的客观标准。)很明显,根据我们所追求的好处(the goods)之不同,不同种类好处的实现需要不同种类的专门知识。试图以主观个人的方式将快乐最大化是一回事,而在医疗中将好处最大化是另一回事,这里主要涉及医生的关怀状况,它关注的是病人的总体健康,包括精神的和身体的。

我们看到,柏拉图要求适宜的专家不仅应该促进处理经济事务的有德者的理想,他们自己还应体现出有德个人的各种品质。

今天许多人会说这种要求是完全不可能的。但即使在这种国度，仍残存着一些柏拉图式的训言，并对我们形成挑战。因为在大多数情况下，对于那些经济命运被操纵的人而言，诚实、可靠与正直都是一个运行良好的共同体所期待的，即使其达不到柏拉图式的有德者的标准。（如今，我们也并非选举每个岗位。雅典人即使在其民主时代也没有。例如，他们并非通过投票来任命将军。也许大多数现代国家二者均非。）

人们可能会反对说，我们只是指出了现代经济行为中的柏拉图主义式回响。但是如果只停留于此就丢掉了背后许多重要的概念问题。这里对《法义》的读解会为现代读者构成一些挑战：(a) 既然我们的经济中具有一些客观的和一些主观的价值，那么，我们应该在何处为二者划分界限，如何划分，以及以何理由划分？在任何给定的共同体中，某些基本的客观价值会部分地指明我们的最终目标，并有助于形成使这些目标得以最大化的各种模式，难道我们不需要对这些价值达成某种一致吗？在《高尔吉亚》中，柏拉图区分了两种方式，一是真正的治疗，另一方式则是我们只能用来满足那些只图快乐的欲望和装饰性的成就。今天的情形更加复杂，但我们不能以此为借口不去尝试某些理据充分的指导方针。

(b) 我们该如何教育那些将要掌管经济事务的人呢？应该训练他们只注重如何具备竞争力并取悦公众，还是该为每种处理相关某些经济要素之议题的职业加上某些内在价值呢？或许正如斯坦福商学院前院长曾经所说：很多在大学伦理课程中得到 A 的人却锒铛入狱。但这只说明那些简单化的解决方案不成功。柏拉图的《法义》仍然迫使我们鼓起勇气面对这个事实：一些我们广泛分享的价值可能与某些理论相冲突，那些理论只会赞颂物质生产以及建造越来越大的经济单位的效率。要对这些问题做出全面系统的回答仍为任重道远。《法义》应该会提醒我们需要这些回答。

《法义》中的宗教与哲学

肖菲尔德（Malcolm schofield）
张 聪 方 旭 译

导 言

不久前，召开柏拉图的《法义》研讨会的想法还显得非常奇特，因为在柏拉图的所有作品中，《法义》少有人知，且难获青睐。而事到如今，人们对这部作品的兴趣正日趋浓厚。尤其在过去十年中，柏拉图作品中最有趣且最有价值的成果都集中于这篇对话的研究。每个人心中都有自己的选择。我只想提到拉克斯（Andre Laks），波波尼奇（Chris Bobonich）和南丁格尔（Andrea Nightingale）正式发表的论文，以及拉克斯在《剑桥希腊罗马政治思想史》一书中对这篇对话进行综述的杰出章节，还有波波尼奇即将出版的《重建乌托邦》（*Utopia Recast*）一书中所做的同样工作；薛普斯道（Schoepsdau）注疏的第一卷；还有桑德斯（Trevor Saunders）的《柏拉图的刑罚》（尚未提到他不断写出的系列论文）。① 如果我们不能从特雷沃（Tre-

---

① 拉克斯（A. Laks），"Legislation and demiurgy. On the relationship （转下页）

vor)提供的关于《法义》各方面的大量杰出知识，如果我们不能从他带给这一研究的洞见和新鲜的视角中受益，并且如果我们不能利用好这个机会，那真是一种可怕的悲哀。其他人将更多地谈到这点，所以这里我仅仅提一下我自己感觉到的损失。我在过去几周对《法义》的研究，让我再一次认识到他那精彩的，具有开拓意义的企鹅译本的优点：在这个译本中，桑德斯大胆地加入了自己的阐释，用那些中立的硬译（neutral and literal）版本所无法做到的方式引人思考；从康福德式的综述和标题，到他那非柏拉图式的鲜活亮丽与掷地有声的语言，他的这个版本让《法义》获得了前所未有的欢迎。①

在我浏览了事先就在传阅的为研讨会提交的论文后，我感觉其中可能存在很多无害的学术分歧。我要谈到的一些问题将与这一周中接下来的其他人的发言相关，有时是一致的，有时差异会更多一些，但我不会刻意介入这些问题。为了从一开始就梳理一下辩论的过程，我从南丁格尔1993年一篇我特别赞赏的文章中，引用一句别开生面的话作为开端。这篇文章一开始就有这样一个句子："《法义》一书，当然，是一篇哲学对话"。接下来的句子

（接上页注①）between Plato's Republic and Laws", *Classical Antiquity* 9 (1990), 209-29；波波尼奇（C. Bobonich），"persuasion, compulsion and freedom in plato's Laws", *Classical Quarterly* 41 (1991)；南丁格尔（A. Nightingale），"Writing/reading a sacred text: A literary interpretation of plato's Laws", *Classical Philology* 88 (1993)；拉克斯（A. Laks），"The Laws", C. Rowe-M. Schofiekd (eds.) *The Cambridge History of Greek and Roman Political Thought*, Cambridge 2000；波波尼奇（C. Bobonich），*Plato's Later Ethics and Politics*, Oxford 2002；薛普斯道（Schoepsdau）编著，*Platon, Nomoi (Gesetze), BuchI - III, ubersetzt und kommentiert, in Platon, Werke*, IX, 3, Gottingen 1994；桑德斯（T.J. Saunders），*Plato's Penal Code. Tradition, Controversy, and Reform in Greek penology*, Oxford 1991。

① 桑德斯，Plato, *The Laws, Translation and Commentary*, Hardmonswoth 1970。

以"然而"起头,但南丁格尔所用"当然"一词已经让我怀疑她用原本就希望的方式达成自己的目的:对此表示极为吃惊。① 难道《法义》更多的是阐述和说理,而非对话吗?其中有多少哲学?它多大程度上将自己表现为哲学性的?难道南丁格尔自己就没有继续辩解《法义》最好的理解是另外一种版本———篇神圣的独白文本(她的标题是:"写作/阅读一篇神圣文本:柏拉图《法义》的文学阐释")?

无需多言,"怎样的对话"和"怎样的哲学性"两个问题息息相关。今天的柏拉图学者们比以往更多地关注他如何写作,而非他说什么的问题——包括处理他所有作品中那些尚存有问题、争议或观点的地方。实际上,我们不再认为将"如何?"当作一个文学问题与"什么?"作为一个哲学问题截然分开是有益的。或许出乎意料的是,《法义》清晰而有力的向我们展现了这一观点。在本讲的主体中,我将探讨"如何"与"什么"的关系,他们与作品的状态和意图共同构成一个整体,但是我们可以只考虑他们在被称为法律的"序曲"部分中所扮演的角色,以明白在对话中他们所发挥的关键作用。

按照雅典异方人的说法(4.722e-723b),法律的本质是强制性的规定:"按这样的要求做,否则同样的事情将强加给你"。对于非奴隶的自由人,立法者最好是制定比较温和的前导性法律(preface law)作为序曲。序曲并不作出规定(prescribe)而是劝服——如果成功的话,人们将处于灵魂满足的状态,更敏于学习,并更容易顺服地接受法律制约。雅典人口中法律的"双重性"不仅应用于他所构造的条文的细节,也应用于《法义》自身立法的计划(722cd;参 723de)。他的对话者则刚刚开始整理各自的法律。

---

① 南丁格尔,前揭,279-300;参看页281。

"在法律之前的全部都是序曲。"政治理论和对话的回应(reflection)在此不可避免地交织在一起——在雅典人将其对话者的话语(克莱尼阿斯的回应)处理为"序曲似的"这层意义,这种回应至少具有一点自我反省(self-reflexive)的雏形。序曲的概念是《法义》中政治理论的主要成分之一。但是任何有关这一理论是什么,或者序曲在其中的贡献如何的问题,都必须致力于解决一个颇有争议的话题——用话语来说服的主要特点什么。① 在注意到这些思路后,我们回到原来的问题上:《法义》是一篇哲学对话吗?或者我们可以进一步回到我就此问题的注解之一:在何种程度上《法义》表现为哲学性? 后者将使我们深入地思考理论,话语以及回应及其相互关联。我希望这能为这一令人生畏的作品提供一条可行的研究进路。也许那些杰出的柏拉图学者们不需要这样。但是我们应该期待——作为一个精明的柏拉图的读者,或者正如普罗克洛斯(Proclus),施特劳斯(Leo Strauss)以及伯尼亚特(Myles Burnyeat)②所教导的——柏拉图一向遵循他惯用的形式,设定其对话者说话的方式,并向我们提供详细说明其基本主题、甚至处理方法的关键提示;这不仅让我们可以适应,也引诱我们努力去找出这种线索。因此我针对希望阅读《法义》的读者所面临的困难提出这样的想法:我认为(下面我会就此观点给出支

---

① 参看波波尼奇,前揭,拥护的立场已经争论过,例如,斯泰雷,"Persuasion in the plato's Laws", *History of Political Thought* 15 (1994)和拉克斯,前揭,285-90分别支持的立场。

② 例如,参看普罗克洛斯对柏拉图的《巴门尼德》的注本(这个最好的译本是莫罗(G. R. Morrow)以及迪伦(J. M. Dillon), *The Middle Platonists: A Study of Platonism, 80B. C. to A. D. 220* [1977], London 1987 (with new postscript);施特劳斯,*The Argument and the Action of plato's Laws* 1975;伯尼亚特(M. F. Burnyeat), "First words", *Proceedings of the Cambridge philological Society* 43 (1997). 我所读的《法义》文本在施特劳斯的注解中受益良多。

撑的说明)《法义》是写给那些精明的柏拉图读者的:也许这种说法并不那么绝对,但是最主要是为这样的人而作。实际上,我怀疑柏拉图写作这篇对话时,他早已没有能力"不"去为他脑海中的那位精明的读者而写作。

1. 独特的文本

"如果他真的遵循了惯常的形式……",但这是怎样一个"如果"呢。当我们拿起《法义》从头开始阅读几页,我相信我们最直接的反应不是对自己说:"这不是真正的哲学",或者"是的,这就是哲学",而是:"这里的东西真的有些古怪。"也许随着我们对文本更加熟悉,陌生和异质的感觉会逐渐消除,克服或者取代。无论如何,让我列举这篇对话的一些特点,就像我们初次遇见它(我的意思是:初次回顾它)那样,将其当作一个非典型的柏拉图作品。

a. 自然场景

这篇对话发生的地点并不是雅典(其他每一篇对话的发生地),而是克里特(Crete),一个不以智识的生活而闻名的地方。选择这一地方的主要原因马上清楚了:虽然对话者之间的初次辩论是批判克里特和斯巴达政治生活目标的基本假设(assumption),而且其中涉及大量雅典的刑法,《法义》所提出由公法(public law)对整个政治和社会秩序的每一处进行规范的观点,显然受到爱斯巴达者与爱克里特者(Laconophile and Cretophile)的启发。对话发生在炎热夏日的乡下(提到沿路遮阴避凉的树影)——和《斐德若》(*Phaedrus*)一样:当西塞罗利用《斐德若》设定自己的《论法律》(*De Legibus*,特别参见 1.3,11.6)场景时,他可能注意到这点。我们注意到《法义》中存在书面和口语的"元对话"元素,即有关话语的话语,是《斐德若》主导的模式,难以知道二者间可否建立更多的平行比较。也许《法义》因此采用劝服的方式将我们的注意力引向其独特的修辞和对说服性演讲的预设（preoccupation）。

b. 谈话的语境

语境有特殊的目的。一般说来，对话远离时间，并与生活毫无关联，但是这个对话则与一次目的不明的宗教旅行有关——攀登伊达（Ida）山的宙斯洞穴，或许仿效荷马描绘米诺斯[Minos]拜访神明，并与神明进行交谈（624AB；参 625AB）。据此，有理由期待对话带有某种宗教性的感觉。这种期待由此被证实(1)显而易见的是，从对话开篇提及法律的神圣来源的第一个词（神[theos]，克莱尼阿斯[克莱尼阿斯]在回答时两次重复了雅典人使用的这个词），以及(2)实质上，在立法中预设（presupposed）的宗教与神治的框架成为这一作品的主要计划。这也被下一点所证实。(3)事实上，因为立法程序采用了某种伦理观（首先在第 4 卷，然后在第 10 卷中得到进一步讨论），而这首先需要发展某种理论基础，而这就是神学基础。我们应该想起《游叙弗伦》。《游叙弗伦》记载了苏格拉底因不敬虔遭到控诉时，在王者执政官（archon basileus）的法庭前偶然遇到游叙弗伦，两人之间关于敬虔的本性的对话。但有别于《法义》的是，这段谈话实际上不是出现在宗教实践的语境中。

c. 对话人物

对话的人物也是独特的，在所有的对话者中，没有苏格拉底（即使在其他对话中他也曾未作为主要说话者——就象《第迈欧》，《智术师》，《治邦者》之类——但他在其中总有某种贡献，并且他的出现总是有着这样那样的重要性）；或许雅典人就是苏格拉底：无疑柏拉图希望我们怀疑这种可能性，即使不会持续太久，他没有给出任何肯定或否定的证据，而是设计了雅典人一个完全空白的个性，与作品的其他方面一道共同实现这个目的。对话在开端之时便告诉了我们,与雅典人不同,斯巴达人麦吉努斯和克里特人克莱尼阿斯对于智识性讨论缺乏经验(大致反映了一般雅典人对斯巴达和克里特文化的看法);三人都已年老,这在柏拉图的对话作品中并不常见——除了苏格拉底外,大多数对话者都是年轻人或者刚刚步入中年,即使不是这样的情况,一般也不会刻意强调对话者年龄的限制,特别不会像《法义》中一样,将此作为一个如此鲜明的主题。这些特征是逐一找出的,而且新的发现还不断涌现。精明的读者将注意到它们,并处处留心。我将首先处理我最后提到的特点:年龄和雅典人谈话对手匮乏经验。

2. 不会游泳的老人

尽管雅典人所说的第三句话(625b)便暗示了对话者的年龄,但是他在几页之后才开始,他们的年龄和资历这个事实才开始产生影响。在634c-635a处,他对这个问题提出批判:他们三人是否适合互相对各自城邦的法律提出批评?他将老年人和年轻人进行了对比,是十分适宜的:老年人私下讨论法律,且不因为批评而大动肝火。但是他们应该绝对不在年轻人面前如此行。公共的立场必须一致:作为神明的恩赐,所有的法律必须良善公义(well framed)。

如何对待年轻人,克里特人和斯巴达人拥有正确的方法。他们禁止任何年轻人询问某条法律是否良善公义。这或多或少开宗明义地告诉了我们,在《法义》中宗教不仅用来构架政治思想,也用来服务于政治。在我的开门见山的观点背后,我们得到了第一个警告,《法义》所支持的政治体系具有强烈的老人独裁倾向,并且限制自由质询(这无疑会让我们想起《王制》7.537e-539d讨论允许年轻人接触辩证法的危险)。但是我提醒的最重要的一点是——柏拉图自己也痛苦地承认——麦吉努斯和克莱尼阿斯并不能很好地运用他们所获得的自由。他们在如此严格的限制下长大,以至于不知道可以在其他地方,关于克里特或斯巴达法律还有些什么说法(参见 634d)。除了他们自己的制度,他们对其他城邦制度根本没有经验,结果(正如克莱尼阿斯所说),即使他们遇见了这些制度,也无法立刻分辨出其中的好坏(639e - 640a;参 639cd)。与此相反,雅典人拥有各种社会和政治制度的广泛经验(639d;参 12.968b)。在这篇对话的其他地方,最让人记忆深刻的是,就算谈论年轻人也伴随着多种禁忌。我曾在其他地方讨论过第 3 卷中对年轻的统治者赋予绝对权力的看法,我们以后还会再次谈到他(691c - 692c;参 4.709e - 710a,713c)。① 另一处引人注目的段落出现在第 10 卷,那里说年轻人易受那些对诸神和道德价值持有易受持相对论观点人的影响。这是雅典人在柏拉图的《法义》中向我们给出一系列普遍且抽象命题的地方:这种神学反对不虔敬,支持马格尼西亚的法律。这也是作品中极少的几处可发现对话和反驳的词汇与其他柏拉图的作品常用词汇相似的地方。施特劳斯将其称为《法义》中最哲学性的,或者唯一哲学性的部分。② 但哲学在这里出现是经过默许的。这一段落最引人注目的地方是谈话和思考的类型,无疑这在雅典是司空见惯,但在 634de 引用的克里特和斯巴达宪法管制下却是违法的。为了阻止年轻人的错误,雅典人平衡了克莱尼阿斯和麦吉努斯在辩论中的经验缺乏和由此造成他们智力上的无助(10.892d - 893a;参 886b)——而这再一次成为我想强调之处。几位在洪水时试图渡河的旅行者的类比说明了整个情势(参考桑德斯版)。

假定我们三人要渡过一条水流湍急的河,而我是我们中最年轻的,并具有丰富的水流方面的经验。我说:"我应该尝试着第一

---

① 参看,我的"消失的哲人王"(肖菲尔德)。
② 施特劳斯,前揭,页 129。

个下水,把你们两人安全地留在岸上。我要摸索一下,像你们两位这么大年纪的人能不能涉水过去,如果不能,情况会糟到什么地步啊!如果可以涉水而过,那么我就招呼你们,并用我的经验指导和帮助你们过河。但万一如果像你们这样大年纪的老人无法渡过,那么只有我作一次冒险了。"难道你不觉得这很公平吗?这一情况与现在的情况相同。辩论向前走得太深,像你们这样身体衰弱的人也许达不到这样的深度。我想防止你们两位回答问题的新手被一连串的问题迷惑和困扰。这些问题会让你们处于有失尊严、很不光彩的处境,使你十分难堪。

我们回顾一下第12卷,较之克莱尼阿斯和麦吉努斯,统治马格尼西亚的老年独裁者在智识方面需要获得更多的道德和神学教育,尽管他们要么缺乏另外的思维方式,要么缺乏参加当下社会和政治实践的经验。选择两位不会游泳的老年人克莱尼阿斯和麦吉努斯作为在《法义》进行对话的人,看上去是对话特点和状态的某一点的一种象征:在智力上,显然是故意让他们受到限制,也刻意限制他们。我们需要探索《法义》的辩论中自我强加的局限性由什么构成,以及为何柏拉图决定以这种方式写作。对此可说的非常多。我将仅仅提及一些有关哲学,以及宗教(事实上,包括了非常简要的神学)的一些评论。

3. 限度之内的哲学

对话的首句,雅典人问其他对话者克里特和斯巴达的立法应归功于谁(624a)。他们的回答引导他开始了关于政制(politeia)和礼法(nomoi, 625a;参 641d, 678a)的谈话。在 3.702ab 处我们得到了一个看来明确的陈述:"我们整个讨论的目的就是辨别一个社会如何得到最佳的管理,一个人如何最佳地规范他的个人生活。"这正是柏拉图在别的地方——还有在亚里士多德的《伦理学》和《政治学》——用来进行哲学处理的主题。《法义》对这个主题的处理，特别是卷一中显而易见的象征性手法，让人联想到苏格拉底式的方法论（Socratic methodology）。克里特人和斯巴达人认为一个良好管理的城邦的统治法则应该满足在战争中击败其他城邦的需要（626-34），这本书的开始部分很像针对这种观点进行的苏格拉底式诘难（elenchos，正如雅典人所解释的）。紧接着，他们直截了当地讨论什么方法可以正确检验一种社会制度的好坏（麦吉努斯也表同意：638e-639a）；然而，为了理解会饮（symposium）制度，需要理解音乐，并进一步理解教育——所以他们必须首先定义：教育是什么？有怎样的功能（638-43）？所有这些——特别是会饮本身——正如克莱尼阿斯所同意的，尚需进一步的讨论。接下来的大量关于大众教育（paideia）的讨论，尤其是音乐的讨论改写了之前在《王制》中提出的那些观念。所以，我不能同意第10卷是"《法义》中唯一哲学性的部分"这一论断，也不同意南丁格尔从一种全然不同的角度所说"《法义》中的辩论是……完全非苏格拉底的"。① 的确，它和《卡尔米德》或者《普罗塔戈拉》或者《王制》第一卷中的辩证法具有很少的相似之处，但是某种程度上却与《王制》后面数卷中柏拉图描写的苏格拉底的辩论差别不大。另外，克莱尼阿斯，甚至麦吉努斯都没有受过什么智力讨论的训练，但他们的好学和克法洛斯（Cephalus）的厌烦差异甚大。同样，它和《王制》形成重要的对比。但形势并非如此，《法义》中所表达的观点和柏拉图其他被认作是哲学本身的著作极为不同；事实正好相反——我一直试图提醒我们，柏拉图在对话的第一卷中用他标志性的手法将雅典人哲学化了（这就是为何有人认为他是苏格拉底的原因）。关键是，这些话题在关键时刻并未被归结为第一原理（first principles）。与《王制》相比，这是

---

① 南丁格尔，前揭，页295。

一个重要的差异所在。《王制》中大多数的辩论发生在假设,想象和类比层面;而在第6、7卷所要求的辩证法层面却很少发生——就像有时所说的离题"太远"——包括那些试图阐明正义是什么,以及是否有利于我们这一中心问题的著名对话亦不例外,然而这种需要是为了更多的深入调查而一直存在。《法义》则正好相反,对于这些问题的更佳处理方法却很少提供,似乎也无此需求。在《王制》中处于中心地位甚至上升到哲学方法的理智观念(idea of intellectual),在第10卷之外几乎完全缺失——我主要指出——尽管看起来"在立法之外"(890-1:出自89d),但是克莱尼阿斯的几段谈话赞成在会饮中需要对神学的漫长考察。简而言之,问题并不在于《法义》中没有哲学,而是大部分哲学都限于有限的视野。依我之见,施加最多限制的是宗教:更确切的说,雅典人有在讨论的关键时刻引入神圣的习惯,尽管那些敬虔的对话者们觉得不自然,却没有表示反对。我将用第4卷中一个著名的段落简要地解释这个现象。但在考察这段文本之前,我们应注意到柏拉图的决定(我们也应时时提醒自己)把《法义》和词语"神明"(theos)放在一起,从而给这一对话设定了宗教的环境,就已经为精明的读者指示出宗教以某种方式主导着这个作品。我建议,如果我们在阅读时保持警觉,这种主导性的限制 inter alia [毫无疑问]将自动显现(register itself)。

4. 作为限制的宗教

我所想到的段落是712b-715e,其中雅典人面临一个问题,依照理性(logos)所建立的城邦究竟应当实行哪种政治制度。这个评论中的制度使对话者年老状态的特征消失。在712b中,雅典人提议从老人的角度来看待儿时的故事;在715d中,他因其锐利视角而受到奉承,kath' helikian:我的理解(尽管我参考的英文译本不支持我的理解)是"对你们这样年纪的人来说"。我认为制度的特点必须通过澄清麦吉努斯在这一段开始处(712c)提出的毫无必要的建议——如非自嘲,则毫无道理可言。他提出在克莱尼阿斯评论克里特之前,应由他首先评论斯巴达的宪法,因为他较为年长。人们很容易受施特劳斯的引诱,以赞同他对此所说:"老年和智慧的差别看来消失不见了"。① 雅典人对自己的提问给出的答案将马格尼西亚建立成某种意义上的神权政制。在712b-713a,段落的一开始,就给出了这一建议。雅典人引入神明的帮助以处理城邦(polis)和礼法(nomoi)的秩序。接下来,让麦吉努斯和克莱尼阿斯真正感到困惑的讨论是——斯巴达和克里特的制度是否可以恰当地解释为通常的制度类型,即:寡头制、民主制、贵族制或者君主制。最后,我们得到雅典人的定论。这样的政治制度(politeiai)属于僭主制,余下的部分不是真正的政治制度,稍后他就称其为党政(stasioteiai)——因为每个部分都单独根据其被赋予统治权力的那一部分而得名。对话者们想象要建立的城邦不妨视为"神明是那些具有理性的人的真正统治者"(713A)——或者像桑德斯自由而大胆的翻译,"神明真正统治着那些足够理性而乐意接受他统治的人"。克莱尼阿斯问道"哪位神明?",我们将看到这是雅典人的对话者提出的一个更加重要的问题。由此而引出了雅典人接连不断的思考。

在713a-715d出现了主要的论点。通过重述克洛诺斯时代的神话,雅典人提出他相信的真理——"不论哪个城邦,如果由人而不是神来统治,那么其成员就不可能摆脱邪恶和不幸"(713e)。因此,正确的政治体制(politeia)应该服从我们自身的理性——那

---

① 施特劳斯,前揭,59。巴里恩(Dougal Blyth)向我指出,古代文献混乱的显示,吕格枯斯(Lycurgus)和斯巴达(Spartans)从克里特法律中借用良多:参见希罗多德(Herodotus) 1.65.4,柏拉图,《米诺斯》(*Min.*) 318c-d,亚里士多德,《政治学》(*Pol.*) 2.10, 1271b24-30,还有帕尔曼(P. Perlman),1992, 193-205。

不朽的成分。可以称基于理性而建立的城邦秩序为"法律"。然后,雅典人讨论并放弃了另一种观点:正义就是城邦中最强大的一小群人的利益。他以一个语言上的创新结尾。当法律只照顾统治者的利益时,离城邦的崩溃就已不远了;"统治者"应该作为、并应被称为"法律的仆人"①——然后我们就能看到拯救和(回到与神分离之处)诸神加于诸城邦的祝福。

我想说的是,这个段落构成了整个作品的核心观点之一,在柏拉图的整个立法策略中具有根本的重要性,柏拉图抛给我们一个可以任意解读的东西,既可在理智上轻视不顾,又可给予特别的重视。换句话说,他选择了我称为哲学的限制(philosophical limitation)。他的关键步骤是让雅典人讲一个神话,然后让神话来完成本来应由辩论所完成的工作。因此,最终从故事得到的教训,即真正的法律应考虑整个城邦的公共利益,并保证无争议地被接受;可以认为如此理解的真正法律是理性设计和发现的秩序,这点是无可非议的;这也暗示了理性扮演的这一角色等同于接受神权政治,这点也是不证自明的。

5. 精明的读者

柏拉图自己在表现这些核心假设时,究竟多么强调其理智的局限,或者表现的仅仅是他们的假设?我认为答案在于我们所假定的读者究竟是幼稚的,还是精明的。一个幼稚且具有宗教思想的读者,面对雅典人依照克洛诺斯时代的故事推论出的政府时,可能有着克莱尼阿斯同样的反应。雅典人在结束这个包含传说的长篇发言后,他说(714b):

---

① 《王制》(*Republic*)中一个有趣的不同建议是,他们应被称为"拯救者"与"辅助者"(5.463a-b);虽然拯救还是其最终目的。

所以我们必须检查这"理性",克莱尼阿斯,看看我们是否跟随它——或者如何跟随。

克莱尼阿斯回答说:

我想,我们别无选择,唯有跟随它。

桑德斯在意料之中将克莱尼阿斯的回答翻译得更为热情:

当然!我们必定跟从他!

无论如何,克莱尼阿斯认为雅典人提出的"理性"(logos)没有任何考察的余地和需要:对于"理性"应得的任何限制毫无感觉。我应该立刻补充一点我的想法,克莱尼阿斯的反应不应解读为代表传统敬虔说话。雅典人对于克洛诺斯时代的叙述所蕴含的神性概念绝非传统的。他将神性完全抽象为理性,让克莱尼阿斯早先的提问"哪位神明?"[①]反而显得理直气壮。因此我们应该将克莱尼阿斯的回答解读为——至少是在附和这个场景所提出的超越传统敬虔内容的神性和社会性概念。雅典人的思路同时体现出哲学的限制,但如果考虑为宗教陈述面临的更大挑战,就应该接受这一点,而不应有任何吊诡之处。

另一方面,精明的读者如果对这个段落和《王制》以及《治邦者》的互文性保持警觉,他应该能注意到这种限制。我首先讨论的是《王制》。在此应该重视两件截然不同的事情,其中第一件事

---

① 哈登(Alice van Harten)指出,雅典人在713e - 714a追溯词源:"克洛诺斯"是与努斯(nous)相联系的,提醒我们Kronou 与 koron nou 的词源相同,以理解《克拉底鲁》396b中所说的"毫无杂念、单纯的理智"。

情一目了然。

在我们这包含神话的长篇发言的《法义》段落结束之后,雅典人介绍了法律实证主义者的看法,而这是他想拒绝的观点;紧接着,他将其与公义的定义联系在一起,其目的正如《王制》第一卷(714bc)中色拉叙马霍斯强硬的提议一样。他反对这样一种法律和公义概念的要点很简单,这将政制(politeia),政治的体制和秩序,转化为少数掌权者所控制:他称其为"党政"(stasioteia, 715b)。他声称他提出这个观点是因为马格尼西亚具有完全不同的情况——执政者将服从法律,而非法律的主人(715b-d)。他只是提供了一个简单的对比。这里断无引起对色拉叙马霍斯立场的严肃辩论的意图:在《王制》里,有关辩论的重要和困难足以构成整个对话的主要议题。雅典人提到法律和公义的现实政治概念,仅仅是为了强化另一种政治理念的吸引力,在其中法律是因为共同利益(common advantage)而制定。他所说的对于强化理性和法律的联系毫无作用,而这是《法义》的读者——无关我马上要提到的《治邦者》——希望明确看到的。

雅典人首次提到我们可以从克洛诺斯时期的神话得到这样的真理:"不论哪个城邦,如果由人而不是神来统治,那么其成员就不可能摆脱邪恶和不幸"(713e),这是与《王制》产生共鸣的另一个地方。《王制》的读者可能记得苏格拉底说过,一个城邦要具有何种条件方可免于覆灭的不幸。众所周知,他把全部希望寄托在一位哲人王身上(5.473c-e;参 6.501e)。我们的问题出现了:《法义》是否尊重这位哲人王?或者已然放弃了哲人王这一理念而偏向法律的规则——作为无偏见的理性嵌入在社会和政治体制中?我们马上会想起神话中的克洛诺斯,他知道无人拥有绝对的权力而不变得傲慢和不公(713c)。因此,后一种选择更有把握。并且我们权衡利弊可知,法律的理性应凌驾于人性的局限之上。但是在这一点上，精明的读者想起了《治邦者》，由此引发更多的问题。

在《治邦者》中，另外一个人讲述了克洛诺斯时代神话的一个更完整的版本。《治邦者》的主要特点是埃利亚的异邦人（Eleatic）将克洛诺斯时代和当代进行的对比。克洛诺斯时代，人类受到神灵的统治和保护，如同羊受到牧羊人的看顾。在当代社会，我们却要自己负责看顾自己，统治者与被统治者间没有任何显著的差异——全是必死之人。在这种环境下执行法规，我们所需要的政治学知识就和拥有一个能干的管理者时相当不同。在《治邦者》关于这类知识与法律关系的辩论中，那里将法律看作一种低劣的替代物，僵化，无差别，不能应对个体的差异，它不及拥有丰富知识，且长袖善舞的治邦者（法律是"为大多数人，大多数诉讼案，以及大体类似的事务的"（295a，转自罗伊［Christopher Rowe］杰出的译本）。也许在缺乏有知识的治邦者时，法律是我们最好的保障。但是就像驾驶一艘船不能机械地依靠驾驶手册一样，如果因为法律的这点好处，就全然依靠它来管理我们的事务亦并非明智之举。

是时候回到我们的《法义》段落了：我们可以，并且完全应当讨论一下，雅典人看待克洛诺斯故事和处理法律规则的方式，是否能够最终与刚才我提及的《治邦者》的讨论进路相协调。如果我更仔细地对比分析《治邦者》中相关的段落，就可能清楚地看到，雅典人简单地回避了《治邦者》指出的问题，并且模糊了与《治邦者》之间的区别。基于理性原则所建立的人类政府不过是简单的模仿一位绝不动情的神灵所实施的神权政制。熟悉《治邦者》的读者必定抗议道：为什么埃利亚的异邦人苦心矢志并且小心翼翼致力于这二者的区分会在《法义》中意味深长的句子中突然失败？

这个问题需要一篇论文来回答。但在结束这个话题之前，我简单地评论一下认识发展论者（developmentalist）所给出的方案。认识发展论者认为，柏拉图在这个主题上，其理念可能逐渐在改变。我认为，大体上可以考虑两种认识发展方案。一条进路是假设《治邦者》成文时间早于《法义》这一部分，柏拉图发现从前的作品过分低估了法律的价值。法律不单单是治邦者知识的一种粗略而僵化的替代物。如果法律是一种哲学化的知识（informed），因为它可以避免一切人类的情感和欲望的影响，不管他多么有知识，都能超过一切人类掌权者：其理性建立在更高的秩序上，不在于人的能力，而是一种抽象的原则。

对于另一条进路，我们假设柏拉图采取了相反的写作顺序。另外一种观点认为，《法义》花费了很长时间写成，早于《治邦者》的构想之前很久。在第4卷中，这一段体现了对法律的理性所具备的一种乐观但尚未完全理论化的观念。我们由此假定柏拉图对此进行了更全面的思考，逐渐削弱了法律作为政府的基本原则的看法。这第二种假设不仅可用于《治邦者》，也可用于推论《法义》第9卷的写作时间要晚于第4卷。在一个著名的段落中，雅典人解释了人性不适合掌握城邦的绝对权力，因其无可抗拒地屈服于私人的享乐和利益，虽然他承认，如果有人能够清楚地明白何为公共利益，并决不动摇地为之服务，这样是有可能比法律统治更好。鉴于这样的事罕能见到，我们不得不将法律作为第二好的选择——雅典人采用《治邦者》中的术语来描述法律，"针对大多数人"（Hos epi to polu），并非每一个人（875d）。

第一种认识发展论者的问题在于不能很好地和第9卷协调，而第二种方案在此则显得更为有说服力。然而，第二种方案则在处理第12卷靠后的某个段落时面临困难，其中雅典人对《法义》的学习给予高度评价，作为所有训练中最为重要的，这种训练能

够让学习者成为一个更好的人,雅典人补充了这样的评论(957c):

> 若非如此,法律——我们那神圣而可敬的法律——就毫无意义,徒然背负理性之名。

这就将我们带回到这样的理智氛围——克洛诺斯神话时代,以及雅典人对这个时代的注解(714a)。

《法义》认为法律作为理性原则优于人类执行法律的能力,而《治邦者》则将其作为知识的可怜替代品,发展论希望提出一种解决二者冲突的可行方案。但我们不得不说,问题没能得到解决。《治邦者》的立场同样可见于《法义》中,但却难以发现任何可区分治邦者阶层和非治邦者阶层的线索或证据。(当然,在《法义》中还有其他证据支持这一判断,例如,接近于在克洛诺斯时代那一段的文本背景中,用于表述治邦者在完成其任务时,总会寻求适当的尺度和时机:3.691cd,4.709bc;参《治邦者》283-4,305c-d)①

6. 宗教与神学

我们已经注意到,雅典人考虑最好的制度(politeia)之起点是神明的作为,紧接着就谈论了一个人神之间关系的神话,即,克洛诺斯时代的神话。他从神话中获得的教益是基于神权政治法律的优越性,从而完全绕过《王制》中争论的泥沼和《治邦者》中难以克服的区分。这是一种用于展示法律和政制特殊概念

---

① 见兰尔(M. Lane),"A new angle on utopia: The political theory of the Politicus", in C. Rowe (ed.), *Reading the Statesman. Proceedings of the III Symposium platonicum*, Sankt Auustin 1995, 276-91,论《治邦者》中的"准备时刻"(kairos);在她的书中进一步发展了这个主题(1998)。

的吸引力的宗教,在某种程度上,哲学辩论上占了上风,但同时又向精明的读者暗示作者已经意识到后果,以及他如何占据上风。

如果还有谁在怀疑《法义》是以宗教框架来展现政治理论,他们只要读读雅典人在接下来一个小节中的论点就够了。他假设那些建设马格尼西亚的殖民者出现在对话中,并让克莱尼阿斯和麦吉努斯同意对他们说话。对话以确认他们所有的行为都应该受到神圣正义的管辖下开始,著名的反毕达哥拉斯主义者(anti-Protagorean)宣称,神才是万物的尺度。接下来是一系列应该向诸神,精灵,英雄,父母尽到的义务——充满着敬虔的口吻。使用的语言主要是"哲学化"的宗教和神学:以奥尔弗斯(Orphic)的语录开始(175e-176a),兼具毕达哥拉斯式的灵感的成分(尤其注意717ab)。

这样,雅典人给出宗教假设合理的理由,以作为其解决何为最好的制度和适宜的法律构建问题的理论支撑。为此我们须得等到第10卷,以及反对无神论的推测性的观点,还有"先于肉体"存在的神圣第一因——这个证明的语言很好地契合了对话者的价值观。看来我们已经超越我曾论及对话中施加于政治理论宗教的限制,到达了某种一般视为哲学理性的东西。这里雅典人退守于第一原则(first principles)。

但是根据第10卷的神学,我们到底处于何种状态仍然是个问题。这是"柏拉图神学"吗?我们可以相信这代表了柏拉图本人对于神圣理论的主题所做出的最佳判断吗?或者有人可将其称为他的城邦神学?无疑他自己将其视为真正的神学体系,作为对话的宗教政治学理论基础之一,让其先前的宗教陈述和断言的道德秩序合乎正义?这里我不可能就这么大的问题给出其应得的结论。但是足够指出,第二种观点是更谨慎的解释——抓住了

《法义》神学与对话的功能联系,也照顾到我称为宗教限制的因素。拒绝接受"城邦神学"这第二种意见的人可能希望保留某种可能性,让柏拉图可以在其他语境中明确神圣的最真实形式,而不仅说明其是第一动因,某种形而上学的基本原则,就如在《王制》中所谓事物的体系(scheme of things)即,善的形式(the Form of the Good)。

7. 宗教策略的合理性

我们分析宗教限制野心的限制和《法义》中对哲学提问的开放性是一回事。而试图理清柏拉图决定在如此有限的宗教框架内构建如此多的政治性对话则是另一回事。我只有一个简单明了、非原创的解释。我认为柏拉图在《法义》所有对话中都力图实现两个目的:第一,反思和表现一种超越政治和社会存在的道德框架之体验;第二,它可能希望说服——因其简明易懂——多数普通人而非少数知识精英。他认为,经过必要的修改和重设的宗教对话最可能实现这两个要求。如果我对此对话的解读不谬,我们中的那些民主自由派以为可以从字里行间大量发现他们自己观点的想法就是个错误。毫无疑问,马格尼西亚是个政治参与度很高的社会,女人和男人都参政,不存在《王制》中那种政治精英与其他人群的分野;与《王制》相比,现在的教育和未来的幸福前景都分布的更为均衡;惩罚的观念来自道德的改进,而非强调报应;柏拉图致力于一种说服性而非当众炫耀的修辞技巧,也在一定程度上反映出,针对德性的立法的设计提升了对其真正理解的需要,而非只是引导社会。① 但是《法义》与其想象的政治世界一样,不是自由的探索,虽然柏拉图非常清楚地知道自由的情景应当如何,并且暗示给了精明的读者。在我心中,《法义》是一个杰

---

① 这里我综合了桑德斯,前揭和波波尼奇,前揭作品中的主张。

出的文本,它不仅有着自始至终完美的表现形式,而且还有好几个层次的叙述和元叙述,并且是一种按照自制的(controlling)、老年独裁、宗教的修辞构建,并且令人信服的政治制度作品——当然并非仅在某个方面自制。这是给我们时代的信息:是对我们的警告而不是召唤。①

---

① 这篇文章我有幸受邀在耶路撒冷的研讨会所作 C.J. de Vogel 演讲的轻微修订和注解版,它保留了原来的口语风格,并对一两位参与者的评论进行了回应。

神学在《法义》中的地位①

克利里(John J. Cleary)

方 旭 译

导 言

在这篇论文中,我关注的主要是第十卷,尽管如果不诉诸整本书人们便无法理解第十卷对无神论的明显贬斥。正如肖利(P. Shorey,1965,343)所说,第十卷可被理解为《法义》本身姗姗来迟的序曲,因为在这本书中完成了它的劝说和训诫功能。饶有意味的是——《法义》开篇的第一个字是神(theos),并且第一个问题是,是否某个神或者某个人为克里特法律的来源②,这个隐含的问

---

① 这篇论文的研究,在1998年十月到十一月期间,得到了德国Alexander von Humboldt Fellowship的支持。感谢我的主持教授(host professor) Beierwaltes,感谢他在我的访学期间的大力支持和热情款待。
② 通过《法义》的戏剧情景这个主题得以强调,戏剧中有三个老人前往在克里特靠近克诺索斯的宙斯神窟中朝圣,根据神话所说,米诺斯从宙斯那里接受了克里特的法律。在接下来的《法义》文本中,宙斯作为奥林匹斯众神中至高无上的神明被经常提起,所有的事物都任其摆布。柏拉图提到的理性的"金绳"(golden cable),让人回想起荷马作品中宙斯著名的自夸(《伊利亚特》Ⅷ,18-27)——他能够用"金绳"将所有的众神拖到奥林匹斯山上去。

题,在这部有关马格尼西亚的立法作品中随处可见。在古希腊时期,一群贤者(wise man)被召集在一起为新的殖民地拟定政制可谓家常便饭。这是柏拉图众多对话里关注的那些问题之一,但是在《法义》中对于此类主题的关注显得尤为突出。

在《法义》中,神学的一个普遍功能是为人类的法律提供一个形而上学和宇宙论的基础,这个基础颠覆了智术师关于礼法(nomos)和自然(physis)之争。这么看来,柏拉图能够被视为自然法传统的创建者之一。然而,在《法义》第十卷当中,它神学论证的目的是为守法的邦民建立一个神圣理性之理想的模仿,也就是柏拉图式"近似于神"的理想的另一个版本。系统的法律是如何反映出宇宙的理性结构的?任何一个拥有这样的理性、能够理解这个问题的邦民,他将既有德性且快乐,因为这种联系正是众神所喜悦的。这么说的话,柏拉图解决了伦理学中最深刻的问题之一,即,德性与幸福之间明显的分裂。

1. 不敬神和无神论的威胁

古代雅典人似乎并不十分清楚,禁止不敬神的立法的理论基础和确切来源究竟是什么,他们过去在政治上常常拿杰出的知识分子作为靶子,比如阿那克萨哥拉(Anaxagoras)以及苏格拉底。考虑到柏拉图在《苏格拉底的申辩》中为苏格拉底所做的辩护,苏格拉底自己应该参与到马格尼西亚的政制中,为反对不敬神、无神论以及败坏青年立法[1],这既是反讽的,又是意味深长的。一些历史上不敬神的例子,比如阿尔喀比亚德事件,可能仍然存在于

---

[1] 关于柏拉图不敬神的立法,T.J.桑德斯, *Plato's Penal Code. Tradition, Controversy, and Reform in Greek Penology*, Oxford 1991a, 301 – 18 提供了非常有用的讨论,通过仅有一点的比较和对比,我们知道阿提卡的法律包括了不敬神。

柏拉图的心中。

在《法义》第九卷中他们制定出详细的立法,以处理各种类型的不义和暴行,并且在第十卷中继续以一个普遍的法律原则,用于处理所有的暴力案件。接下来是对其他的暴力行为分级,不管是思想还是言语,都是根据他们的严重程度来划分等级。首先,最严重的行为是年轻人放纵傲慢或者蛮横无礼的行为,尤其是当他们直接亵渎公共崇拜的对象之时。接下来是伤害私人崇拜的对象。第三,是指冒犯父母双亲和老年人。无论谁做了这样的不敬神的行为,肯定来自下面的病态心智之其中一种:(1)他不相信众神的存在;(2)或者他相信众神的存在,但是他认为众神没有照料人类的事务;或者(3)他相信众神能够被献祭和祈祷而收买。对这些精神病理学(mental pathologies)之诸多原因的诊断以及纠正他们行为的法律规定,占据了第十卷大部分篇幅,并且为详细阐述柏拉图神学提供了一般的背景(一个大体的背景)。

立法者第一项工作便是劝说过犯者,这些人受到了流行的宗教神话的毒害,通过与人们在法庭上看到的一样的那些辩论而劝说他们。这项工作适合充当法律的序曲功能,用以劝说邦民成为有德性的人。事实上,在第十卷中包含了较大篇幅的详尽序曲,这些序曲用于规定和指导不敬神的法律,它们与这些法律的数量是完全不成比例的。通过将第四卷和第五卷卷首的前言进行对比,比如,柏拉图并没有以一个神话或者一个箴言开场,而是给出了一个开场白(epideixis),大概因为他需要对付的都是一些不相信神话且诡辩的无神论者,但是他们可能接受自然主义辩论的劝说。

柏拉图使用劝说式的前言与立法者的教育功能息息相关,他试图在制定适当的刑法之前①,揭示为什么某些行为是过犯,目的在于劝说人们不要做这样的事情。这与立法的总体目的是非常一致的,这个总体目的是通过改善邦民的精神品质,而不是改善他们的身体品质,以提升他们的德性,正如斯巴达法律制度所设法实行的那样(631a-c)。

因此,就道德上的劝说和教育普遍性目的而言,我们必须要知道——希腊哲学的历史中找到关于众神存在最早的正式证据。到目前为止,这些证据的缺乏正反映在克莱尼阿斯的态度上,他认为(第十卷,886a)通过对太阳、月亮、星辰、以及宇宙中的和谐秩序——季节轮替、岁月变迁的观察,众神的存在是不证自明的。此外他引证一个事实——所有的希腊人和野蛮人都相信众神的存在。但是这种共识(consensus omnium)是草率的,只有当没有人想到去质疑传统希腊众神的存在,这个共识才能够保留。这个质疑从克塞诺芬尼就开始了,尽管他的批评没有直接导致无神论,这是因为克塞诺芬尼他自己都坚持神明(或者众神)是存在的②。

尽管在《王制》中,柏拉图猛烈地批判传统神话,在《法义》第十卷中,他似乎转移了批判的目标。尽管他仍然指责传统神话,将其视为败坏的来源之一,他认为(886d3),导致道德败坏的真正原因乃是自然科学家新颖的观点,这些自然科学家认为,在天空中的那些可见的神圣物只不过是石头和泥土而已。这可以被视

---

① 在第四卷和第五卷中,雅典人这些法律的正式序曲里,这种目的是显而易见的,这目的对一个想象的听众说的,他是马格尼西亚的新殖民者。比如在第五卷 718ff,雅典人将赐予法律的"双重方式"进行了类比,并且将自由人的医生解释和劝说的方式与奴隶的医生为他们病人简单的开药方进行了对比。
② 参看色诺芬尼 B23DK:有一个唯一的神,是众神和人类中间最伟大的;他无论在容貌上或者思想上都不象凡人。

为阿那克萨哥拉的观点之一,因为这个观点他被以不敬神的罪名起诉。按照雅典人的说法,这样的观点暗示了我们——对众神的信仰只不过是披上了神话的外衣,这样的说法对于大多数人看来貌似是合理的。但是他将(886b)这样的观点描绘为一个"邪恶的无知"。正是这些新颖的理论使得年轻的无神论者通过其不敬神的暴行,嘲笑所有传统的虔诚。

雅典人对这些非常危险的观点都表示同意,他提醒克莱尼阿斯考虑他们的法律选择。雅典人说第一个选择是让他们为自己辩护,好像他们站在不敬神的法庭前,这些不敬神的人控告他们,说他们宣传众神的存在造成了一些可怕的事情。而第二个选择便是回到他们作为立法者的最初的工作,放弃对整个主题的证明,以免前言比法律的本身还要长。但是这就要回到传统立法者仅仅制定法律、却不做出任何解释的态度。因此,雅典人决定采取第一个选择。以这种精神,克莱尼阿斯对年轻人提出了(888b-c)劝告,这些年轻人拒绝承认众神存在,大概是因为命运多舛的生活,后来又为自己的决定而感到后悔。他认为,在人的一生中最为重要的事情便是对众神持有正确的观点,因为这影响了我们的生活是否幸福。在此暗示了这并不是在细节上的论证,而是间接证明德性、幸福(eudaimonia)以及对众神的信仰之间存在的内在联系。相反,所需要论证的问题是无神论与不敬神,通过暗示,与人类的不幸福之间存在的联系。当然,顽固的无神论者以及其他不虔诚的人,他们认为人类的幸福与众神毫无关联,即便是众神存在,他们也没有照顾人类的事务,而且即便他们照顾,他们也能被祈祷和献祭以收买。

这些人从"令人惊奇的论证"中获得了养料,他们将"令人惊奇的论证"认作"最具知识性的"。这始于用特有的诡辩方式将所有已经生成的事物划分成存在的事物,这些事物包括(a)自然的

(b)机运的,(c)技艺的。这个论证宣称最伟大、最美妙的事物乃是自然和机运的产物,相反,因为人工技艺是依靠自然的,所以技艺的产物是较低级的。

通过举例说明的方式,雅典人对一个身份未明的物质主义(materialist)思想者的观点做了一个简单的总结,他们认为火、水、土和气所有的存在都是由于自然的或者机运的(而存在),而不是由于技艺。这也否认了宇宙是因为理性(nous)、或者因为任何的神明、或者任何技艺(而存在)。这也认为自然的产物是真正有价值的,相反技艺,例如医疗和农业是重要的,只是在某种程度的范围之内分享了自然。相反,政治是无足轻重的,因为它只是很少地分享了自然,然而,如果立法以逆于自然的假定而动,那么它是毫无价值的。这种观点看上去利用了有关礼法(nomos)和自然(physis)之间似是而非的区别。

或许这篇文章中最为重要的部分,便是雅典人对物质主义者关于众神与正义的观点所描述的轮廓(889e)。物质主义者认为众神是通过技艺,而不是通过自然而存在的;也就是,那些各地的特殊习俗(νόμοι)差别很大①。更进一步说,物质主义者宣称一类事物是通过自然而美好,而另外一类事物则是通过习俗而美好。因此,正义的事物并不是通过自然而存在的,相应的,人类毋须为他们争论不休,并且朝令夕改。正义依靠的是人工技艺而非自然。

按照雅典人(890a)所说,这些观点暗示了正义这个高度(height of justice)可以通过强制(force)达到。这就是不敬神的

---

① 这能够在某种程度上使人回想起克里提亚(Critias)所说(B25DK),有一些聪明人,通过引进神圣的观念并且将所有不朽的生命赋予它,以发明宗教。同样的,德谟克里特(Democritus, B30DK)说年老的聪明人向天空举起双手,并且说宙斯是万物之王。

根源，使得年轻人深受其害，年轻人的行为就好像众神与法律需要他们所相信的众神大不相同。作为不敬神的结果，派系由此产生（有属于个人灵魂的、家庭的以及城邦的），这些伪善的教师唆使年轻人过"符合自然"的生活，而这种生活实际上不过是一种征服他人的生活，以避免因为立法的习俗而被他人奴役的生活。整篇文章使人回想起《王制》中的描述，回想起了《王制》中对僭主灵魂的划分，以及想起了他统治的内乱城邦；以致于柏拉图似乎暗示了，诡辩的不敬神滋生了僭主式的灵魂和城邦。

2. 对无神论与不敬神的消解

现在呈现在立法者面前的问题是要找到治愈，至少找到一套有效的治疗方案，以避免无神论在城邦中蔓延①。事实上，他有两种选择。第一种他以严厉的措施作为回应，比如说以死刑或者严刑峻法去威胁那些否认众神的存在或者拒绝承认正义是所有事物中最好的东西的人。这个传统的回应总是诱人的，但是柏拉图并没有向这个回应屈服，或许因之加强了正义是由强制构成这一观点的似是而非（前面译作"诡辩的"）的主张。

第二个选择是诉诸于劝说，这是克莱尼阿斯所极力推荐的(890d)。考虑到无神论的观点已经广为传播，雅典人强调(891b)现在较之以前的任何时候都更需要证明众神的存在。这些观点中的一个关键的暗示是，物质主义者将火和水这类等同于自然的物质元素，它们是先于灵魂的。那就是物质主义者的论证当中非

---

① 这样的医学术语在《法义》当中可谓随处可见，柏拉图使用这样的术语类比，不仅仅是因为与很多技艺相似，而且还因为他能够与个人的灵魂、城邦的政制的混乱相似。从历史的角度来说，我们从修昔底德(Thucydides，第一卷)中得知，雅典的那场大瘟疫导致道德标准的惊人下降。

理性和谬误的真实根源。柏拉图在此,就像众多其后的哲学家一样,试图将逻辑的缺陷和道德的错误等同起来,或者至少是将其中一个视为了另外一个的症候(或症状)。

他使雅典人明确地注意到(891d‐e)将进行的论证所具有的非同寻常的特征,大概是因为这些论证强调了物质主义者的学说之中逻辑和道德的缺陷。灵魂是导致所有事物产生和败坏的第一因素,同时在这种意义上说灵魂也是先于物体的,灵魂控制了物体的所有的变化与更迭。在古代雅典中,灵魂的这种观点实际上是不存在的,因为这是柏拉图从毕达哥拉斯派和神秘祭祀仪式所吸收的观点,柏拉图为这一观点提供了详细的论证以支持——在《斐多》和《蒂迈欧》(34d)中比比皆是。

由此可以总结道,与灵魂相关的事物先于与物体有关的事物。比如,思想、技艺和法律要先于坚硬、柔软、轻重。更进一步说,作品和行为将是第一位的并且属于人工技艺,相反所谓的自然事物将成为次等的,并且它们的开端则源于人工技艺和理性。物质主义者的致命缺陷在于他们关于"自然"这一词的错误使用,"自然"这一词常常是指原初的事物之产物(《法义》第十卷,892c)。但是如果灵魂先于火、空气以及其他自然元素产生,那么应该将之归于一种至高无上的"自然的"存在。然而,只有我们能够揭示出灵魂较之物体更为古老($\pi\varrho\varepsilon\sigma\beta\upsilon\tau\acute{\varepsilon}\varrho\alpha$),才能够证实以上说法,这就是雅典人用一种颇为正式的方式揭示,与前面的对话形式相比他们的论证具有某种背离。

为了使他值得尊敬的对话者不会因为他们对这种论证方式之无知遭受任何困窘,雅典人提议(892d)要考察论证就好比年轻人帮助老年人过河,年轻人事先要对水流湍急的小河进行探索。雅典人一再求助于诸神来证明诸神存在(良性循环),因为即便是他也需要在汹涌的河流中,紧紧抓住安全绳。在我看来,这些方法论的评述,试图通过柏拉图提醒我们注意这一事实,论证本身的推理一致性才是导向神圣者之实在性的最为可靠的指针。

接下来的问题是,是否所有的事物都是静止的且没有一种东西是运动的,还是所有的事物都是运动的,而没有一种东西是静止的?这个问题的答案可以从柏拉图的对话中直接找到(另参《智术师》255;《蒂迈欧》57):(1)有些事物是运动的,有些事物是静止不动的。从这个"安全的"答案得出,雅典人详细制定了关于十种不同的运动的区分,这明显的属于关于自然世界的传统的思考,但是柏拉图希望修正这个传统。对物质性思考的这一附注的明显动机是辨别灵魂运动的特征,以及论证灵魂运动对于物体运动而言是至高无上的。因为那个目的,运动的这两种方式是最为重要的,也就是,(2a)总是使其它物体运动,而其自身从来不动的那种运动;以及(2b)既能使自己运动,也能使其他物体运动的那种运动(另参《法义》第十卷,894b-c)。关键的问题是:哪一种运动最强大。答案是:能够产生自身运动的那种运动最为强大。这导致雅典人颠倒所列举的运动优先顺序;以致于第十种运动实际上是第一种——是关乎起源和力量,同时第九种成为了第二种,排在其后。然而,在这种秩序中存在着一些不一致,后面便清理掉了这种不一致,因为第一个被列举的运动(也就是,围绕着一个点的循环运动)被证明是理智(Nous)运动的表象,它本身是先于灵魂的。

雅典人对原始的自我运动给出(894e)两种不同的论证:使用传统的无穷倒退的方式,在其特征上显得更具逻辑性。(A1)考虑到这种情况,一种事物引起另一种事物的变化,并且依次影响到另外一种事物,等等;试问,究竟什么是产生变化的初始动因呢?柏拉图隐晦地假定(A2),这类事物的无穷延续是不可能的,大概是因为没有解释何为运动的起源。他回答道(A3)所有事物运动的初始根源乃将是那个能自我运动的事物。因为(A4)只是依靠其他事物运动,而成为变化的首要原因是不可能的。

第二个论证显现出更多的经验性,它似乎提及了对设定为运动状态中的事物的观察:(B1)假设整个宇宙合成一体并保持静止,其中首先出现的是哪个运动呢?我想,柏拉图在这里隐晦地假定(B2)静止的状态是自然的,且不需要解释。所以他对这个问题回答道:(B3)在静止状态中产生的第一个运动是自我运动。因为(B4)自我运动之前没有其它事物使其改变,正如(B5)在先于自我运动的事物之中不存在变化的力量。总而言之,自我运动是所有变化中是最初和最有力的变化,因为(a)自我运动是所有运动的起点;并且(b)它既是运动事物中的初现者,也是静止事物中的初现者。此后的运动便是被他物所改变,同时它自身又使其他事物运动。

接下来的进程证明自我运动与灵魂之间的联系。为了达到这个目的,雅典人首先便诉诸于(895c)一般希腊人的直觉——任何看起来自我运动的物体都是活的。这样的直觉是援用泰勒斯(Thales)的说法,泰勒斯可能是依靠普通常识得出的这个说法。但是柏拉图(895d)就一事物的实体、它的定义和名称引入了哲学的辨别(另参《第七封信》,342a-d)。这就为回答这个问题做好了铺垫——赋予"灵魂"之名称的事物之本质是什么,答案是这样定义的:"能够自身运动的运动"(《法义》第十卷,896a1-2)。换句话说,自我运动定义了名字为灵魂的这些实体(substance)。雅典人总结道(896a-b),灵魂是事物所有变化与运动的原因。因此他坚持灵魂是先于物体,形体是次等的,并且要位于灵魂之后,灵魂是事物的主宰者,而性体则是被主宰的。总而言之,所有与灵魂相联的性质,都要先于那些与物质相联系的性质;例如,计算和真正的意见都要先于物质性的长度、宽度以及深度。柏拉图最终在第十卷中对他没有根据的主张,给出了一个形而上学式的辩护——因为在第一卷中声称,精神的较之于物质的诸善更为优越,这种观点并没有得到验证(参看Ⅰ,631b-c;Ⅱ,661a-b;Ⅲ,688a-b,697a-c;Ⅴ,726a,727d,743e)。

因为灵魂是所有运动的终极原因,这么说(X,896d)灵魂也是善的和恶的事物,同时也是正义与不义的行为之肇因。更进一步的说,灵魂也必须要控制天体。令人惊讶的是,雅典人假设(896e)天体是被两个不同的灵魂所控制;其中一个行善,另外一个为恶。要区分这两者的关键在于——灵魂究竟是与理性结合,还是与非理性结合。当灵魂与理性结合的时候,它能很好地控制事物,但是一旦它向非理性妥协的话,则会导致相反的结果(另参897a-b)。因此,对于宇宙论而言,重要的问题是:究竟是什么样的灵魂控制着这些天体、大地以及黄道带(the zodiac)的整个循环运动。

但是这个问题只能这么回答(897c):首先要决定理性运动的特征,以及观察是否这样的运动控制着整个宇宙。然而,另一方面,但如果天体以疯狂无序的方式运动,我们必须要归结为邪恶的灵魂所致。(另参在《蒂迈欧》中的无序的运动,以及《治邦者》中的篇章,在那里,宇宙的舵手据说有时会对船撒手不管,以致于在某个特定的时期,让整个宇宙以无序的状态漫无目的地漂流)。

雅典人必须要确定何为理性运动的特征,但因为它是不能被直接观察到的精神运动,所以这是困难的。这就是为什么雅典人用直视太阳并导致失明造成的危险做比较,以致于在水中看太阳的影像而成为必要。同样的是,对于理性的运动,我们必须要看到各种不同的物质运动,以及追问什么样的运动是最接近理性的运动。

答案是(898a)在一个地方环绕着一个中心点不断的旋转的

运动,对于这种运动雅典人之前已经放在首要位置上列举过,处于显著地位的便是灵魂的自我运动。这个回答的理论基础在于理性的运动是始终如一的并且是有规律的。① 柏拉图在第十卷中(X,898b-c)中提出的表现为绝对非理性的运动,是从来就不具有始终如一和规律性的运动。

于是我们现在回到关键的宇宙论问题:考虑到灵魂是所有事物的驱动力,那么这个宇宙是受到好的灵魂的驱动,还是受到坏的灵魂的驱动呢?克莱尼阿斯认为(X,898c)如果诉诸于虔诚的话,这个问题便迎刃而解:乐于相信是由好的灵魂驱动的,且雅典人也表示了与他相一致的意见;尽管或许我们应该质疑柏拉图是否考虑将这种说法视为一个充分的证据。在《法义》的其它部分,提到了 Eudoxean 的同心圆理论作为证据——尽管其运动显得无序且使之获得"游荡者"之名,但天体物质仍按照有规律的、有序的方式运动($\pi\lambda\alpha\nu\eta\tau\dot{\alpha}$,参看,Ⅶ,821b-822c;Ⅷ,967a-b)。

在这里我们可能期望雅典人引入这样一种经验的证据,但是他却继续将这个结论应用于太阳,太阳并不是以像行星一样的方式漫游的天体之一。但是对于他的假说而言这是一个很好的支撑例子,因为在古代世界当中,它几乎普遍地被当作神明一样崇拜,尤其是在希腊人那里,它被赋予太阳神(Helios)的名称。事实上,它被视为与神明阿波罗(Apollo)近似于等同,他的箭矢很像太阳散发出来的射线。柏拉图的观点是太阳的物质以及它的旋转运动是能够被任何一个人所看到的,相反却没有人能够看到它的灵魂,以及我们仅仅只能猜测它的运动和猜测它如何去控制形体。事实上,雅典人勾勒了(X,898e-899a)灵魂可能影响形体

---

① 参看,《蒂迈欧》34a,37c,40a-b,77b-c,90c-d;《治邦者》269cff.;《智术师》249b12。

的三种可能方式,但是并没有试图在它们之间做出判断。不管哪种方式都是判断,因为他认为每个人一定同意太阳的灵魂就是一个神明,除非他们失去了理智。

考虑到灵魂要先于形体,以及灵魂的自我运动特征,柏拉图宣称这些已经得到证实——理性的灵魂以一种始终如一的旋转运动移动可见的形体。因而这是像太阳和月亮的天体的典型运动,他宣称太阳和月亮的运动已经得以证实,因为理性的灵魂——它们是众神,或者有生命的东西——是居留于太阳和月亮之中。他援引了泰勒斯著名的论断"万物皆有神灵"作为对他论证的确认。但是在第十卷中,对他的目的而言最为重要的是,他将证明的责任置于那些不信神的人身上。他们要么必须驳斥关于灵魂先在性的论点,要么接受它的结论,且放弃它们的无神论,最后,雅典人询问(899d)克莱尼阿斯是否同意那些众神存在的论点已经得到充分证明。

3. 病态的不虔诚以及它的治疗措施

对于那些有可能接受理性劝说的无神论者,灵魂医治者的工作是相对容易的,但是一旦其他的人,由于他们的生活经历或者思想中堕落的习惯,导致他们的不敬神观点变得畸形,他们的工作就会变得更加困难。这些人会尝试着要么接受在一开始提出的第二个、或者接受第三个观点。就像任何好医生一样,在尝试对病人开出任何治疗方案之前,对于导致这样的精神病态的原因,雅典人试图给出一个诊断。对于相信众神存在的人而言,他认为一定有着导致他们具有这种信仰的某种与众神的神圣亲缘关系。通过观察不义之人的在私人生活与公共生活中的好运气,从大众的观点来看这些人普遍地被视为生活幸福,这导致了他们不敬神。事实上，大众的观点得到了传统故事以及诗歌的支持，这些作品赞美邪恶之人，比如僭主。但是真正能够让绝大多数人坚信不移的，是因为他们亲眼目睹了这样的人过着优越的生活，并为他们的家庭留下基业，而不管是否做了欺骗、谋杀以及其他大不敬神之罪。

因此，聪明的观察者要面对神义论（theodicy）的一个经典问题（900a）：尽管他不愿意让众神为这种明显的不义负责，但是他并不能找到使得众神逃脱受责备的一种前后一致的方式；以致于他受到了这样的病态观点的烦扰——众神是存在的，但是并没有关注人类事务。这个观点之后能够在伊壁鸠鲁（Epicurus）哲学的表述中看到，这可能成为希腊思想中的一个大体趋势。事实上，同样的问题在柏拉图的《王制》中已经被提出，其中探究了是否德性是人类幸福的根源，或者，是否僭主的生活可能不会是幸福的（另参卷二，尤见 360e1 - 362c8）。

为了避免这种不敬神的观点在城邦里面蔓延，雅典人提出（X，900b - c）通过增加一个论证以攻击这样的毒害的观点。众神是善的，因此他们既管大事也管小事，这一个最为重要的观点已经被证明。接下来的论证是基于他们的善的具体分析，并且以此得出恰当的结论，而不是基于他们善举中的任何经验的证据而得出结论。

陈述了逻辑上的可能性之后，雅典人提出（901c - d）向两种不敬神的观点挑战，因为这两种观点都一致地认为众神是存在的，尽管其一种观点认为他们能够被收买，然而另外一个人则宣称他们忽略了人类的事务。两者都赞同众神是全知、全见（all seeing）、全能。两者都一致赞同众神是非同一般的善。考虑到对众神这些一致同意的描述，然而，雅典人争论道（901e），要承认他们出于懒惰是不可能的，因为无所事事是凡人之中胆怯的产物，同时懒惰是因无所事事而造成的。然而,假设(与事实相对的)他们的确忽略了宇宙中的小事,对此有三种可能的解释:(a)他们知道不需要照顾这种小事;(b)或者他们并不知道,是因为无知而忽略;(c)或者他们知道什么是需要照顾的,但是他们就像缺乏意志力的人(akratic man)那样行事。大概是因为这完全与众神的良善不协调,后者的可能性被克莱尼阿斯断然拒绝(902b)。尽管第二种可能性没有被明显拒绝,但是它显然也会被放弃,因为它与众神是全知的假设相违背。

只有留下了第一种可能性——众神忽略了人类事务,因为他们认为照顾细小的事情是没有必要的。雅典人辩解道(902b - 2),反对这样的可能性是基于以下的假设:人类事务是充满活力的自然之一部分,并且人自身是最受到神明照料的生物,而世间的生物都是众神的所有物。但是不敬神的观点暗示他们是次于人类工匠的,实际上,他们重视整体,但也没有忽略小事情。比如,医生必须要照料整个身体,如果他忽略了任何较小的部分,他都不可能做得很好。然而,不能据此似是而非地推测众神是次于凡人工匠的,只有一个可能:他们并没有照顾小的事物,即使这些是比大的事物更容易控制和照料的。故而众神被谬论证实为像一个懒惰和怯懦者那样逃避劳作的人。克莱尼阿斯同意(903a)这样关于众神的假设将是不敬神和不真实的。

在这一点上,雅典人声称已经提供了足够的论证。到目前为止,作为一种吸引方法,他提供(903b)了一些另外的神话使论证更具说服力——通过神明的照管,宇宙中所有的事物都得到了系统的管理。为此目的,行为和激情的统治者(也就是,灵魂)被分配到全部事物中甚至最为细小的部分,以此达到整体之善的目标。这个神话的关键在于,整体的每个部分应该服务于整体的善,而不是相反。

为了使这个部分更有说服力,雅典人拿工匠来进行类比,比如医生着眼的是整个身体的健康,并且以整体为目的对待身体的各个部分。因此,这些不敬神的人指控众神忽略人类事物,是由于他们不知道对于整个宇宙来说最好的东西,何以对他们来说也是最好的,尽管他们目前正在遭受极大的苦难。这种神义论在随后的西方哲学中仍将有很强的生命力,其中最著名的便是莱布尼茨(Leibniz)的格言:这是所有可能世界中最好的一个。

为了支持众神行使了对人类神佑的照顾之主张,雅典人提供(903d-e)了另一个神话,这个神话依托于这个隐含的假设——同样的灵魂在不同时间与不同的物质相结合。通过这个转换过程,灵魂要么变好,要么变坏,要将好的灵魂移到更高的位置,或者将坏的灵魂降到较低的位置,对于神圣的"跳棋手"而言这是一个简单的任务。这明显与赫拉克利特式一个宇宙跳棋手的概念有关,这个概念也包括了每个灵魂都按照其相适宜的命运而分配。但是这个神义论的关键问题是,灵魂自身应该为其自身拥有的命运承担多大的责任,并且在多大程度上取决于全知全能的众神。对于柏拉图而言,这是非常真实的问题,从他对神明的描述篇章中可以看到这是显而易见的,在那里,他接着将神明描述为"所有事物的监管者",并且作为"王者",这些论证对前面把众神作为全能和全知的描述将予以更多的支持。

他的解决方式具有相当的独创性,也是非常有历史影响力的。他所表明的是,冥冥中神明已经建好了不同且相反的处所,使得好灵魂和坏灵魂以同类相随的原则在其中各就各位。在希腊神话中,这些相对的位置被描述成天国和地狱;各自通过不同的众神,按照他们自己的奖惩系统进行掌管。但是,柏拉图坚持说,这并不是某种命运的问题,因每个灵魂的终结都是因为对其选择的形体类别负责,同时也是为他所呈现的品格负责,并且为其在生活中结交哪种伙伴负责。因此，我们是我们自身命运的主宰，由于灵魂是运动的本原，并且它能够改变其道德所处的位置。

雅典人强调(904e)整个道德世界是通过神圣的"万物的统治者"制定的不可改变的命令而来统治的。这个原则便是——当灵魂变坏，它便会和那些坏的灵魂一起，并且吃尽因这些灵魂以邪恶的方式而相互影响的苦头。相反，一旦灵魂变好，它则会与好的灵魂一起，并且得享与其相随的福报。事实上，神圣的立法者建立了一个宇宙正义的系统，在这个系统中会自动根据所犯的罪予以惩罚，不过仍然可以自由选择是否去犯罪①。

这个系统对于处理一生中表面上荣华富贵而实际上犯了罪的僭主这种明显的反例是非常重要的，这种例子正是此处所处理的那种病态的不虔诚的理由之一。尽管表面与此相反，雅典人坚持(905a-b)认为不管是活在世上的时候，还是在地狱中，抑或是在一些更为可怕的地方，每个人都一定会得到诸神的应有惩罚。任何一个对这种诸神不可更改的命令无知的人，对其生命中的幸福和悲哀永远都不能作出适当的解释。这种解决方法与柏拉图在《王制》IX中的主张保持了一致，在那里，柏拉图说僭主是最为悲哀的人，不仅仅是因为他与自身作战，还因为他被迫与坏人为伍。更进一步的是，从他的有生之年开始，对他的惩罚会一直持续到地狱中，在地狱中他会遭遇到可以想象的最为残酷的刑罚折磨。针对众神可能统治着的宇宙存在德性和幸福之间的根本分离②这种不虔诚的观点，柏拉图运用了最重的修辞笔调。

---

① 参《法义》，V，728a-b，柏拉图称这个惩罚系统严格意义上同司法处罚系统有区别。
② 德性与幸福之间是否具有必然的关系，这个问题在《王制》中已经提出((I, 332d; II, 367e, 369a; IV, 427d, 443a-b V 472b-IX 576c 588b-X6I2b)，继续参看柏拉图在《法义》的观点(另参. II, 660e-664b; V, 742d-743c; VII, 816 c-d; IX 858d; 870b-c, 879b-c)。

这看上去是反对第三类人的论证说明(《法义》X,905d-e),这类人持有最不敬神的观点,认为诸神能够被祈祷和献祭收买。雅典人考虑到诸神本质特性,以致于显示出他们绝不会因为我们提供好处的诱惑而干坏事。因为他们永久地管理整个世界,他们必定是统治者。但是,问题是他们较之于人类的统治者,诸如战车驾驭者、船长、军队指挥官、医生以及农夫,是更好还是更坏呢。

作为预备性论述,雅典人提到他们之前的一致意见,天空是充满着善与恶两种事物的;以致于在天空中存在着善与恶的无休止的争斗,这就需要十分注意神支持哪一方。他坚持认为,在这个战争中诸神和精灵们是我们的盟友,因为我们是他们的拥有物;正义与节制,并且这两者与智慧相结合使我们避免邪恶。相反,毁灭我们的是不义与傲慢,并且这两者与愚蠢相结合。

或许为了解释这点,雅典人描述(906b)牟取暴利者患病的灵魂,他们已经获得了不义之财,并且他们的灵魂有着十足的兽性。他们用祈祷和咒语奉承讨好诸神,以便让他们能够继续从人们之中牟取暴利而不需要受到任何严厉的惩罚。他们的策略说明——如果从不义取得的财产中拿出一份给诸神的话,他们相信诸神会宽大仁慈地对待他们这些不义之人。这种正义就好像狼群将自己的猎物分一部分给牧羊犬,目的是为了贿赂牧羊犬,以致于在牧羊犬的关照下狼群能够袭击羊群。这个生动的比较再次提出一个问题——那么哪种统治者和护卫者是诸神。这些不敬神的人将他们比作弄翻船的那些醉酒的船员,或者因为受贿而放弃比赛的马车驾驭者。

然而,克莱尼阿斯和雅典人一致同意(907a-b)这样的比较是不能容忍的和不敬神的,并且他们也认为这样看待诸神的人是所有人中最无耻的不敬神。事实上,诸神是所有护卫者中最伟大的,他们守护着宇宙中最为伟大的东西。雅典人解释(907b-c)

他已经找到了在论证中战胜这些无赖的方法,因为担心如果这些无赖赢得了论证,他们将肆无忌惮、为所欲为。事实上,一些历史证据显示,象克里提亚(Critias)以及阿尔喀比亚德(Alcibiades)人们曾使用诡辩式的论证为他们的行为做辩护,这只是反映了他们自己的邪恶欲望。

4. 对不敬神的惩罚以及它们的目的

在他全部采用劝说论证的方式详细论述了序曲之后,雅典人认为(907d-e),需要有个合适的陈述作为解释者对法律进行的补充,以警告所有不敬神的人转变为敬神。随后颁布一项法律宣布,如果任何人犯有不敬神的罪,不管是言语上的还是行为上的,这个犯罪的人要被任何亲眼目睹了这种不敬神的人带到管理此事的官员面前予以处治。接下来,如果有的人被判为不敬神,他将被囚禁,但是监狱的种类以及被囚禁时间的长短之量刑却有不同,根据不敬神罪中包含的种类区别对待。与我们可能会倾向于尊敬这种"诚实的无神论者"相反的是,柏拉图认为(908d-e)那些散布流言蜚语的人应该为其丑行而遭受惩罚,这些人在其他人面前公然批判众神。然而,因为他们还有药可救,故而将处以他们相对较轻的惩罚。在囚禁期满之后,这些得以改过的人可以与任何人接触,且都不受到干扰,只要他们没有再次被判定为无神论。然而,再犯则被裁定为不可救药,并被处以死刑。

对不可救药的无神论者实行严厉的处罚,说明柏拉图认为不敬神的犯罪已到达了何等严重的危害程度,但是他用最为严厉的措辞和办法对付那些所谓"讽刺的"或者伪装的无神论者,这些人将他们最为真实的观点掩盖在外表虔诚的面具之下。这类人其本质上就是诡计多端,且狡诈异常,通过以献祭、祈祷和其他的咒语贿赂诸神的承诺,他们可能要么变成占卜者,要么变成宗教专家以赚取轻信者的钱。可以肯定的是,这些人是所有不敬神的人中最为败坏的一类,因为他们认为众神对人类事物是粗心大意的,并且能够像腐败堕落的官员那样被收买。这些欺世盗名之徒被描绘成如四处觅食的野兽一般,以他人为猎物,对于这类人,要给予他们与之相应的严厉惩罚,因为他们为了钱毁灭的不只是个人和家庭,而且也毁灭整个城邦。①

如果任何一个伪善的无神论者被发现犯有此罪,他都将终身被囚禁于一个与世隔绝的乡村监狱中,在那里除了奴隶给他带去定额的食物之外,他不能与任何人接触。在他死后,他必须被扔出国境线以外,就像叛国者一样,不得埋葬。如任何邦民将他埋葬的话,可能受到不敬神之罪名的控告。要施以如此严厉惩罚的理由,看上去是因为柏拉图将这些伪装的无神论视作类似于一种威胁整个城邦的传染病,或者视作类似于叛国罪中最为败坏的一类,因为它对所有的神圣事物,都陷入一种愤世嫉俗的蔑视。这揭示出,其它种类的不敬神之人都属于这一类,他列出了僭主、民众领袖(damagogues)、将军、以及城邦中那些密谋通过智术策略获得权力和威望的所有人。这些人共同的特征是完全忽视法律,并且不尊重城邦中使法律神圣化的众神。这是另外一种迅速蔓延的个人主义,这是智术理论的产物,并且试图暗中侵蚀城邦的忠诚。

在接近第十卷尾声的全面总结中(909d-e),雅典人强调需

---

① 参《王制》Ⅱ,364-365。要确切理解柏拉图心中的欺世盗名之徒是困难的,尽管他可能提到了四处游走的占卜者与预言家,这些人在公元前四世纪,以魔力以及宗教净化发迹。可能柏拉图要将这样的欺世盗名之徒与类似埃庇米尼得斯(Epimenides)区分开,其中克莱尼阿斯(Lg.Ⅰ,642d)提出在波斯攻击之前要净化整个雅典的城邦。

要一种普遍的法律,这种法律用以鼓励大多数人在言辞和行为中少犯渎神之罪。这样的法律禁止在宗教信仰中非法交易,同时达到使它们具更少的非理性之目的。这个讨论中的法律禁止任何人在私人的住宅中设置神龛,要求他们去公共的神殿献祭,并且将他们的献祭物品交给受到委派的祭司。雅典人对这项法律明确的解释(909e)是,要建立一所神殿并不容易,如果这项工作要做得妥帖的话,我们需要更慎重。可以肯定的是,通过确认所有对诸神的崇拜是公共的和共同的(910a-b),同时通过法律的详细规定,柏拉图希望防止私人崇拜导致的离心倾向。

这个法律要防止第三类不敬神者,在他们私人的住宅中设置神龛和祭坛以进行坑蒙拐骗的活动——这是给出的另一个理由。当然,他们这样做的目的是希望通过献祭和起誓而希望获得诸神对其私下地宽恕,并且借此比其他邦民得到更多的好处。雅典人坚持这种不敬神会有极其严重的后果,不仅仅会害了他们自己,而且会危及其他邦民。尽管最明显的传统意图是与污染的观点相联系的,但这里柏拉图的想法是什么,并不是十分清楚的;也就是按照俄耳甫斯神话所说,因为一个人的罪,诸神将惩罚整个家族并且会扩展到整个城邦。

当柏拉图提出非常严厉的法律以反对私人崇拜并且坚持所有公共崇拜需要通过法律以详细规定之时,我认为柏拉图的想法并不是那么传统。他知道家庭中私人的众神,甚至每个村落的众神与英雄,象征着对城邦统一是一种长期的威胁,通过公共节日不断的增强城邦众神的影响,据此来促进城邦的统一①。

---

① 在 Lg. V, 738b-d 中,雅典人说道,立法者不要改变德尔斐、多多纳以及阿蒙所制定的崇拜仪式。每个团体和部落(deme)都要以属于它们自己的精灵或者英雄,以致于他们能够庆祝公共的节日,由此,使得邦民们彼此相识,并且结下友谊。这个目的明显是为了提升社会的凝聚力。

这个严肃的事情中的某些迹象表示——柏拉图对待不敬神之犯罪的目的是为了挽救城邦中最高层次的行政官员,这些人同时也是夜间议事会的成员。他们的主要工作便是保障这些法律的基础,这类最坏的不敬神的例子,会彻底地败坏这些法律。他们还有一个任务便是对于法律改革进行指控,他们这些人在某种意义上是可以治愈的,他们能够被劝说,放弃他们关于众神不存在、或者众神不关心人类事务的观点。因此,当雅典人稍后简要地提到这些行政官员的教育课程的时候,他顺便提到了诸如天文学和辩证法这类课程。因为他们代表的是整个城邦的大脑(或者nous),他们也将要学会如何模仿上天(诸神)在他们自己大脑的完美理性(以及周期运动)之内的神圣秩序。因此,第十卷本身就是护卫者神学教育部分的典型例子。

结　语

　　因此,我的一个主要结论是,神学是这些属于夜间议事会的法律护卫者理论活动的重要组成部分。当然,柏拉图在此没有讨论称作神学的知识,这些知识与他为护卫者设置的研究课程——辩证法及天文学相区分。然而,毫无疑问的是,如同众神存在以及他们的神意那样的神学主题将组成这些研究的一个组成部分(另参 VII, 966c 以下)。如果他们要为马格尼西亚的邦民提供有说服力的理由,使其相信体现在他们法律中的整个价值体系,比如,将更大荣誉给予精神德性而不是身体德性;那么他们必须要能够证明,在所有重要的方面,灵魂都是优于身体的;事实上,通过他们自己理性的活动,提供了最有说服力的例证——他们在言辞和行动都将理性(nous)置于至上的位置,将理性作为言辞与行动的来源,以及好的法律的指导力量。

作为主导所有好的立法的人和神的力量,理性的显著性质在于它是柏拉图回应关于所有人类法律起源的智术理论的一个关键部分,它为 nomos 与 physis 之间的巨大区别打下了坚实的论证基础。事实上,他指出,仅仅源自人们利益(与身体相关)的法律在目标上总是混乱不堪;相反,受到神圣的利益(与灵魂联系)指导的法律,与它们取向于德性之单一目的保持一致。这种理性与好的法律的一致性是为神圣起源的标志,并且通过服从这样的法律,人类能够得以接近神圣[①]。

法律的护卫者能最接近地到达这个近似于神(homoiosis theou)之理念,确切的说,是因为他们知道法律是如何建立于宇宙理性秩序的牢固基础之上的。一旦他们获得关于法律的这一神圣观点,护卫者就能够发现存在于宇宙以及城邦日常生活之中的德性与幸福,这两者之间清晰而一致的联系之确凿证据。然而,考虑到幸福与德性之间的任何基本分离会导致的败坏影响,要使他们的同胞邦民们相信这个不可打破的联系,成为了他们最为重要的任务。面对普通人的经历所揭示的坏人常常能够得以兴旺发达、而好人则在一生中遭受痛苦的这种观点,从此法律护卫者将承担这个神义论的持续不断的任务。这将成为那些西西弗式的任务中的一种,他们的德性特征和神学的教育将为这些任务做好准备。

[①] 就在第四卷中,马格尼西亚法律正式的序曲之前(713b),雅典人质疑那个神明正确的称谓,这个神明能够像一个至高无上的统治者一样统治那些拥有理智的人。这个答案(IV,714a)的一部分是,"法"是通过理智(nous)安排而分配的一个名称。另外一个线索在序曲的导言(IV,715c)中可以找到,在那里引入了俄尔甫斯的传说——神明是控制开端、中间、以及终点的。随后(IV,716c)阐释的意思是,只有通过节制以及中道(due measure),人类才能够变成近似于神明,神明是万物的尺度。通过与流行于希腊容易遭到腐败的表面观察之理念做对比,柏拉图清楚地提出了(IV,716d-e)一种新的内在理性的虔诚之理念。

《法义》中的快乐与责任

斯科尔尼科夫(Samuel Scolnicov)
刘 宇 译

与其他对话一样,《法义》宣称,万物的尺度(metron)是神,而非人(716c4)。但是,在《法义》中不止一次地论述道:"是正义的人提供了好行为的尺度",甚至为神。[①] 这一点无疑是有争议的:《法义》中,柏拉图的神学,至少看起来是以人类为中心来论述的。在662b1-663的论述事实上始终是以人的措辞来进行的。神并未强加给人一种被认为对人来说可耻的行为:祖先与立法者正是神的模型,神也要用他们的尺度来衡量(662e)。

在前面的对话中,柏拉图很小心地做了两个区分,一个区分是在尺度(metron)与拥有尺度者之间,另一个区分是在,通过与统一秩序中的自身或其他事物相对比来衡量的东西,与通过与一个绝对的超越性的尺度相对比来衡量的东西之间。[②]

---

① Campbell, "Deity and human agency in Plato's Laws", *History of Political Thought 2* 1981, 425.
② 比较 Migliori (1996), Scolnicov (1998). 确切而言,在《法义》792d2 中,meson 是神的状态。但这是神谕中的神,柏拉图将其设定为模仿的对象。人可以模仿这种中间状态(the meson)。尽管不是所有人,但很少有人能够模仿 the meson,至少不能直接模仿。在《王制》第三卷,出于同样的理由,英雄们被设立为模仿的范本。

判断做尺度（καταμέτρον）的事物的能力是努斯（νοῦς,《王制》第十卷603a）。但是，对柏拉图而言，努斯，理性，并不是"从两种不同的视角来表达——作为认知的模式和作为行动的模式——而这两种视角又从来不会完全协调一致"。① 如果νοῦς仅仅是"直接的领悟"，它其实就是"指导行为之规则的对立面"。② 但是柏拉图的理性就是受规则所指导的规则和行为。它是纯粹的（非时间性的）目的论，正如在《蒂迈欧》及其他篇章中那样。它在时间中的体现就是由规则所引导的辩证法和规则指导下的行动。在经验世界中，③它的这种最终形式就表现为工具理性。

与苏格拉底一样，柏拉图认为理性本质上是规范性的，而不仅仅是工具性的。规范的理性（normative reason）并不具备超出自身的目标，而且，它由于自身而被欲求。"神原初的理性行动的决定"，"本身就不是任意的（arbitrary）"。④ 柏拉图认为，不存在合理性与非合理性之间的选择，更不用说任意的选择。柏拉图的合理性从来就不是任意的。

人们可能反对说：理性只是内在地非任意的。既然我们认可理性是一种全面的策略，那么趋向于那个目标的各个步骤就不是任意的；但是，将理性本身认可为一个全面的原则是任意的。——我想，以柏拉图的观点看不是这样。很明显这就是规范理性的要义所在。一个人不能自愿地在理性与非理性之间进行选择。理性是强制性的，如果它不是这样，那是因为行动者没有服从于它，而不是因为他的（任意的）选择没有服从于他。

---

① Campbell，前揭，页427。
② 同上，页430。
③ 我用"经验的世界"以及类似的词语，指代柏拉图的 φαινόμενα［现象的］的世界。它完全不是18世纪英国哲学家所称的经验世界，尽管两者有很多共通之处。
④ 如Campbell，前揭，434所主张的。

至少从《斐多》往前,伦理的责任就是真正的原因。① 但是,与通常的设想相反的是,在柏拉图那里,伦理责任并不关涉意志的自由。② 相反:责任是受 νοῦς,而不是受必然性(ἀνάγχη)所决定。然而,Νοῦς 与必然性一样,是一种约束,甚至更有过之。众所周知,ἀνάγχη 是外在的必然性。但这并不意味着,努斯,在一种类似笛卡尔的、主体主义意义上的,是内在的。③ 相反,努斯是内在于它所适用的场合(the case,而不是内在于主体),在其中,它具体地证明了相关的各种考虑因素,并与自身协调一致。④

柏拉图确信,这些考虑因素在所有的场合下都会优先出现,他承认这是承继了苏格拉底的观点。从我们的经验出发——《法义》中的视点总是我们的经验视点——让我们把自己考虑为(644d8 ἡγησώμεθα)是诸神的木偶。我们应该这样看待自己。这就是事物向我们显现的方式。但不是从神的视点出发——这里不可能讨论这个问题。诸神有一个重要的目的,我们不知道它,因为我们是经验的人。这样,我们仅仅能够设想那些外在的目的。规范的理性从来没有被赋予这个世界。

注意这一点很有意思:在木偶的图像中(644d7-e4;804b3),并没有我们被控制的问题。从人的状况内部来看,不存在自由与决定论的问题。人被各种激情推来扯去,而且算计(λογισμός)也不过是一种绳子,尽管是一条金绳。关于算计的这种假设的优越

---

① De Lacy, (1939), 115.
② 严格来讲,法律责任中并不暗含意志的自由,如薛普斯道(Schoepsdau), "Tapferkeit, Aidô und Sophrosyne im ersten Buch des platonischen *Nomoi*", *Rheinischen Museum für philologie*, 1984 所表明的。
③ 这曾被称作"好的良知"(good conscience),这是年代错置。见 O'Brien (158), p. 81 n. 1,并且对比桑德斯 (1968)。
④ 对比 Scolnicov, "Freedom and education in Plato's Timaeus", in T. Calvo and L. Brission (edd.), *Interpreting the Timaeus-Critas*, Sankt Augustin, 1997.

性,并没有得到论证(除了在《普罗塔戈拉》中,它带来快乐,或者被认为带来快乐)。① 只存在两种决定,它们的差异并未让我们知晓,除了我们被告知一个在价值上应该比另一个更高。但是为什么? 只是因为它带来更多的好处,也就是带来更多令人快乐的东西吗? 这是可以从经验观点来理解的唯一的优越性。

显然,理性的规范性不可能得到证明,因为任何(理性的)证据都包括了预先对它的承认。菲莱布(Philebus)拒绝论证,也不可能被反驳。因此,理性不得不以非理性或半理性的手段来教导,如《王制》第二卷到第三卷那样。在《法义》中,这些非理性的手段似乎完全被接纳下来,而且使得终极目标由此消逝无踪。

然而,工具理性在经验的层面上很容易被理解(并接受)。它也具有理性的特点,也就是柏拉图在《高尔吉亚》与《斐多》之后所探寻的:它是目的论的。但是,它的目的论是外在的,也是不完美的,因为它依赖于其他事物。它并不考虑那绝对好的东西,而只考虑由于其他东西而好的东西,或者不如说更好的东西。它最终被导向对我们这些经验的人看起来的唯一内在的善:快乐。《法义》中与柏拉图其他篇一样,在经验世界里,工具理性就是那种降级了的时间性的形式,而规范理性以这种形式得以显现。工具理性判断手段的功效,比如在《普罗塔戈拉》中,而不判断目的本身的价值。它估量较高的和较低的东西(κρεῖττον, ἧττον),或者,至多是估量那最好的东西(864b7, ἄριστον),而从来不估量好本身(the good itself)。从可感世界的视角来看,它就是λογισμός,算计,在判断只与那些外在目的相关的手段的相对价值时,各种规则,而

---

① 那条金绳是 λογισμός,而非 λόγος 或者 νοῦς。而且,这就是城邦的公共法(πόλεως κοινὸν νόμον,645a,对比 644d3),这就是审慎和经验的问题。

非 νοῦς，与算计，仅仅导向信条（δόγμα，644d3），而不导向知识（ἐπιστήμη）。

最能使我们非哲学家了解一个自足目的论的就是，把我们的目光导向 νοῦς 在这个世界最好的物质表现：天体的有序循环运动。① 天体的运动不仅仅能给予我们一个尽可能接近理性之不可变性的运动的范例。它还为我们赋予了内在目的论的完美范例，一个其目标在自身之内（但它仍然是一个运动，而不是一个抽象的模型）的有序运动的范例。它被指令及引导（向自身），并且它不导向任何自身之外的地方。因此，宇宙（cosmos）就不止是"人们生活的框架与场所"。② 它是人类生活的可见的模型，是按纯粹人类的方式可以理解的一个完美和内在的目的论。但是，即使恒星的运动可以显现出来，它们的伦理的涵义也不可能得到证明。这些伦理意义必须预先就被接受下来。

有些吊诡的是，经验的人不得不诉诸快乐和痛苦才能理解理性与正义的优先性。在这个层面，德性就只是理性（λόγος）与快乐的一致，它由教育和惯习（habituation）来达成（635）。教育是就是疏导（ἐγίγνωνται）快乐和痛苦的事情——这一点至今还没有得到理解或只是片面地被理解。德性被设想为理性（λόγῳ）和快乐的和谐（συμφωνία）。这种和谐就是习惯（habit）的问题（653b5

---

① 对比 Brisson，"Le Collège de Velle（nukterinòs súllogos）"，参 F. Lisi（ed），*Plato's Laws and Its Historical Significance. Selected Papers from the I International Congress on Ancient thought*［Salamanca 1998］2000a：" 与《王制》不同的是，《法义》的城邦是在着眼于整个世界上建立的，也适用于所有人 "——但这很难被受过哲学教育的人，以及其他人解释。那些了解宇宙的人就是超越性秩序的表现；这些人把它看作是终极的实在。
② Carone，"Teleology and evil in *Laws* 10"，*Review of Metaphysics 1994*，298.

ὑπὸ τῶν προσηκόντων ἐθῶν)。这就是《王制》以及之前的情形。① 但这种一致只是外在的,产生出关于更好与更坏的东西的正确意见(δόξα),又通过只与其关联而非内在于它的快乐而得到加强。并且,作为意见,确切而言,它就总是被外在地产生。

关键问题是,要使非哲学家的公民确信正义的生活是快乐的。而且,这里柏拉图不得不引入一个外部的假设,表明上来看它并无根据:"我确切地说:所谓的坏事情对非正义者来说是好的,对于正义者来说是坏的,而好事情对好人来说真实地是好的,对坏人来说则是坏的。"(661c8 - d3,并比较 661 - 2 整段)。这里柏拉图有意对"好"(good 善)的意义含糊其辞(他处理其论证中那些核心术语时常常如此)。好的事情对好人来说是真实地(really, ὄντως)是好的,也就是从真实存在角度来看是好的。ὄντως在这里隐含着重要的术语意义。如通常一样,柏拉图在(超验的)真实与其形象之间做出了区分。但这当然改变或扩大了"好(善)"的意义。(柏拉图可以追随他的苏格拉底说,他在探寻"好"的真实的意义。)对雅典人而言,"好"在这里意指"好本身"。但是通行的理解是不同的。克莱尼阿斯(Clinias)已经承认这一事实:坏人享受好的生活是可耻(αἰσχρός)。但是他不得不被说服从而同意,根据一个绝对的尺度(μέτρον),这也是恶劣的(κακός),也就是,是绝对的坏的(662a2 - 6)。

然而,在 663b10 中真正的问题还悬而未决。在正义的生活

---

① 关于《法义》作为《王制》的延续这个主题的研究,可参见,比如 Neschke-Hentschke, "Loi de la nature, loi de la cité. Le fondment transcendant de l'ordre politique dans les Lois de platon et chez John Locke", in F. Lisi (ed), *Plato's Laws and Its Historical Significance. Selected Papers from the I International Congress on Ancient thought* [Salamanca 1998], Sankt Augustin 2000. 也参见 Montoneri, *Il problema del male nella filosofia di platone*, Padova 1968, 334.

中优越于(κρεῖττον)快乐的是什么？这个问题在这篇对话中不可能得到回答。正义就是好本身(good in itself)，并且它也是快乐的，因为正义就是正确的快乐。① 但是快乐不可能根据自身来评价。它需要一个外部的(其实是一个超越性的)标准。但是这种绝对的μέτρον(尺度)在这里不可能正面考察。

秩序(正义，理性)得到偏爱可能是由于预期它能带来实际的益处。但是选择秩序应该总是出于其本身的价值。由于政治家-教育者(statesman-educator)不能向他的公民证明νοῦς是唯一真正使人快乐的东西，他就不得不诉诸诸神(662d2)——事实上是诉诸柏拉图自己所虚构的作为善的神的观念，如《王制》第三卷所云。② 只有这样柏拉图才能弥合αἰσχρός(可耻)与κακός(恶劣)之间的裂缝。从人们认为是可耻的东西到真实地是坏的东西的过渡，只能建基于一个超越性的基础才能达到。用神学的术语来说，这个基础就是神。但是在《法义》中，与在《王制》第三卷一样，神的好(goodness)只是设定的，而没有得到论证。Logos并不把快乐与正义、好和优良分别开来，即使它没别的意义(εἰ μηδὲν ἕτερον)，至少也能说服人(πιθανόν γε)，使其愿意去过正义的生活。在《王制》，神的好是一个中介(a half-way house)，是以好本身(the Good)的理念接受其理由的基础(hypothesis)，是所有存在和价值的源泉。但是在《法义》这里，辩证法已经很少甚至没有什么明显的用场。

克莱尼阿斯最后承认了αἰσχρός［可耻］与κακός［恶劣］的等同，不是因为他能够看到其中的必然性③，而是因为他也并不缺乏

---

① 关于各种快乐的正确性，可对比《菲莱布》，37e5-8，《法义》，657a及以下。
② 也对比《法义》899b，900b。关于神的善性，参见 Burkert, *Greek Religion. Archaic and Classical*, trans, J. Raffan, Oxford 1985, 321-325.
③ 必然性不可能在这种论证的层面表现出来。如果诸神说，最正义的生活与最快乐的生活是两种不同的生活，而且过最快乐的生活的人是最幸福的，这是荒谬的(ἄτοπος)；这将与被设定的神的善性不一致，而不只是不可能。

αἰσχύνη [羞耻]①。他也不想将分裂正义与善的看法归咎于神。但是这里雅典人隐藏于他自己制造的含糊性之后。对于克莱尼阿斯来说,好可以经验性地理解为快乐;而对于雅典人,只有好本身是快乐。然而克莱尼阿斯看到,正义与快乐的分裂将会摧毁立法的一切可能性。对于玛格尼西亚(Magnesia)的公民而言,正义与快乐、非正义与痛苦的结合仍然是外在的,不可思议的——或者,至多对于那些准哲学的立法者而言,它被赋予了伦理假设的地位。

那么,普罗塔戈拉就是对的。没有 δική [正义] 与 αἰδώς [羞耻心],城邦就不可能(《普罗泰戈拉》322d5),而教育就是通过惯习(habituation)来教导正义与羞耻的问题。但在柏拉图看来他的误入歧途之处在于,他把这些东西看作纯粹是经验的事情,而没有将它们在理性中的超越性基础看作真正 μέτρον [尺度]。对于柏拉图而言,那些超越性的论证是不够的。

但是玛格尼西亚的公民不可能看到它们城邦的超越性基础。他们会遵守法律,因为他们已经接受了规训从而习惯于在那些法律中感受快乐。对于他们而言,神被他们的尺度所衡量,他们所知晓的唯一尺度,就是人类和社会的权宜及功利标准。(并且,即使立法者被迫到处使用一个小小的 ψεῦδος [谎言、虚构],像 663d8 中雅典人所建议的那样,也是如此。在柏拉图的著作中这不是第一次。)但是他们仍将出于错误的理由而做正确的事。他们看不到,如果要正确地建立起他们的那些标准,就要有一个超越性的理由(justification),如果没有这个理由,那些标准就没有意义。跟他们一样,在《王制》第十卷厄尔的神话中,选择了下一次生命的第一个灵魂过着正义的生活,但是出于错误的理由,并由于它

---

① 必然性不可能在这种论证的层面表现出来。如果诸神说,最正义的生活与最快乐的生活是两种不同的生活,而且过最快乐的生活的人是最幸福的,这是荒谬的(ἄτοπος);这将与被设定的神的善性不一致,而不只是不可能。

的错误而在下一次生命中受到应有的惩罚。《王制》第十卷里那些可怜的灵魂都没有因为正确的理由做出正确的选择,甚至奥德修斯也没有,他们通过受苦而非理解而习得。

单纯的意见($δόξα$),与愤怒、恐惧或者快乐一样,是过失($ἁμάρτον$)的源泉。它只能指向最好的东西($ἄριστον$),而不能指向绝对的好($καλόν$)。这是人在一个不完美的世界所能期望的最好的东西①,但它还不够好。我们必须说(864a4:$φατέον$)根据最好的意见($τῇ τοῦ ἀρίστου δόσα$)的行动是正义的。我们还不完全知晓为什么必须这么说。意见,即使它是正确的意见,也仍然是意见,这样它就总是有缺陷,即使在另一个层面上。NB864b7:对最好的东西的期望与意见——即使是正确的意见,也是过失($ἁμάρτον$)的源泉,正如愤怒和恐惧、快乐与欲望一样,尽管是第三种($τρίτον ἕτερον$),与前两种不同的第三种。②

不过,人们更要为他们的品质(character)负责任(862b2)③,而不仅仅为其行动负责,即使他的品质不完全由他自己控制(就算能控制一点)。他的行动可能完全受外部所决定,无疑"大部分情况下"他们是如此。但这并不是说,重要的是他的内在决定,以准康德的方式。而是说,不管行动是$νοῦς$的结果还是仅仅是必然性($ἀνάγκη$)的结果,重要的是那个理由(justification)。这里,品质作为道德评价中的决定性因素,有着最高的重要性。行动者的品质不仅仅是他惯常的行动方式。正是品质才说明了各种原因

---

① 对比桑德斯,"The Socratic paradoxes in Plato's Laws, A Commentary on 859c - 846b", *Hermes* 96, 1968, 432.
② 对于这一段的翻译与分析,参见 Schoepsdau, "Tapferkeit, Aidô und Sophrosyne im ersten Buch des platonischen *Nomoi*", *Rheinischen Museum für philologie*, 1984, 118.
③ Schoepsdau, 107,正确地指出,$ἀσικία$是"内心的态度"。

模式。在大部分情况下，我们是绳索下的傀儡，但我们多少分有了一点真理（804b3 *σμικρὰ δὲ ἀληϑείας ἄττα μετέχοντες*）。但是，柏拉图认为，真理从来不会出现在经验世界中。行动者的习性（*ἦϑος*）不只是他的各种行为，而是那些行为之外另一种秩序。如果你愿意，可以称之为灵魂（*ψυχή*）的优先性，而柏拉图在《法义》第十卷努力想将其明确树立为伦理的动力。

作为神的傀儡，人并没有充分的理由从自己的角度而提出把那条金绳加诸他人。他是在一个不同的层面上来做选择。这一点不可能诉诸心理－物理的原因来充分地解释。在社会领域中，人们为了改正自己或为了公共的善而遭受惩罚。但是他真正的责任尚在别处：就在于他无力做到从经验因果到理性因果这个几乎不可能的（或者，至少是无法说明的①）跳跃。② 然而，如果没有这个跳跃，那么柏拉图就将确信，不可能有伦理（ethics）。柏拉图最后表明，没有它，刑法在纯粹自然主义的层面仍然是可能的。③ 但伦理却不可能。④ 没有哲学（*φιλοσοφία*）就没有真正的幸福（*εὐδαιμωνία*）。

无力做此跳跃并不是行动的无力或者疏失。它是灵魂结构上的无力：这就是无能去接受理性的规范，即哲学，作为终极的价值。在柏拉图所细致界定的很多事例中，我们可能在法律上是清白的。但是在道德上以及形而上学上，我们在大部分情况下都是有罪的。

---

① 按照 Schoepsdau（前揭, 114），并不足以说，"可能性比这种"驱动力"更为强大"。
② 对比 Carone, "Teleology and evil in *Laws* 10", *Review of Metaphysics 1994*, 276，论述到，柏拉图对个别的人类事务很悲观，但是对在整体中善性的胜利很乐观，那个整体将一切潜在的恶包含在内。
③ 如 Schoepsdau（前揭）所精心论证的那样。
④ 这根本不是桑德斯（前揭, 344）所称的，从一个视角看是"对责任的否定"，而从另一个视角来看，是对"人类意志的健全性"的肯定。这毋宁是在两个逻辑层面的区分，没有这个区分柏拉图不可能看到道德品行的基础。

《法义》中的不能自制与灵魂的划分

格尔森(Lloyd P. Gerson)

刘 宇 译

如果按照古希腊典籍编纂传统的解释,柏拉图去世的时候其作品《法义》尚处于草稿状态,那么,我们大可认为这部作品包含着他关于做人(personhood)思想的最后表达。特别值得问的是,《王制》中所精心阐述的那些理论主张在这里是否被推翻或有所修正。我将在这篇论文中集中考察下面的问题。普遍认为,《法义》承认了ἀκρασία①的现象。并且很多人也认为,在《王制》中,灵魂的划分为ἀκρασία的解释提供了理论基础。但《法义》似乎并未运用灵魂的划分来解释ἀκρασία何以可能。因此,明显的问题就是:首先,柏拉图认为划分灵魂是一个错误吗?然后,如果是这样,他在《法义》中对ἀκρασία提供了另一种解释吗?

波波尼奇(Christopher Bobonich)认为,《王制》中,柏拉图对灵魂的划分是一个错误,但他在《法义》中纠正了这个错误,而且提供了一个更好的理论来说明不能自制的现象。② 我将把波波尼奇的论证作为解释灵魂划分和ἀκρασία的那种进路的一个典型代

---

① ἀκρασία的意思有二:(1)不能自制,(2)虚弱——译者注
② 参波波尼奇,"Akrasia and agency in Plato's Laws and Republic", *Archiv fuer Geschichte der philosophie 76* (1994),页3-36。

表,希望能推翻它。波波尼奇基本上为灵魂的划分提出了三个问题:(1) 很难清楚说明,是什么对比原则使柏拉图恰好将灵魂设置为那几部分;(2) 将行为者拆分为类似行为者(agent-like)的各个部分,这种灵魂理论的解释力令人怀疑(可称之为"小人问题"①);(3) 灵魂的划分为自我的统一性提出了问题。② 如果承认实体自我被划分,或换一种说法,实体自我是一个不稳固的统一体,那么就完全改变了(3)的性质。它也削弱了小人问题,因为行动的发起者(agent)总是具体的人,他或为欲望的主人或为奴隶来开动并确认自身。欲望从来都不是行动的发起者,因为行动需要理性的动力(agency)。

波波尼奇的结论是,柏拉图认为上述三个问题使得他放弃了灵魂的划分,让我们来考察一下他得出这种结论的依据何在。我反对波波尼奇的说法。我要论证,正确的理解是,《王制》中的说明依然保留在《法义》中。柏拉图在最后的著作中并没有给出新的解释。

第一段文本是在第一卷,波波尼奇也详细引用了它:

> 让我们设想,我们中间的每个生物都是一个"神圣的傀儡"($\vartheta\alpha\tilde{\upsilon}\mu\alpha\ \vartheta\varepsilon\tilde{\iota}o\nu$)③,它或者是诸神制造的玩具,或者是为了某种重要目的而制成的玩具——是哪一个我们不知道。但是我们知道,内在于我们的这些状态($\pi\acute{\alpha}\vartheta\eta$),就像某种强力

---

① homunculi problem,是心理学及心灵哲学中的一个概念,大意是:要解释心灵的认知过程及其对身体的控制,我们是否有必要设想心灵或大脑中隐藏着一个像我们一样的小人。——译者注
② 同上,页 15-16。
③ 修订词 $\tau\tilde{\omega}\nu\ \vartheta\varepsilon\tilde{\omega}\nu$ 实无必要,如(England[1921]),V. 1, 255, ad. loc.,注释。那个傀儡是神圣的就是因为它拥有理性。另参《蒂迈欧》41c7,在该处,灵魂的理性部分被称为"神圣的"。

和绳索牵引着我们,它们是相互对立的,从彼此相反的方向把我们拉向相反的行动。德性与恶性(virtue and vice)的"分别"(διωρισμένη)就在于此。因为,如我的说明所主张的,在这些牵引力中,有一个是我们任何人都应该(δεῖν)服从的,并且始终保持一致,拉着我们对抗其他的绳索。这就是金质的和神圣的领导者,"理性"(τοῦ λογισμοῦ),它有一个名字叫"国家的公共法律"。其他的绳索是坚硬的和铁质的,就像各种形状(shape),而只有这一个是柔韧灵活的,是黄金做的。我们必须总是与那最高贵的领导者合作,法律因为理性而高贵,它温和而不暴力,且需要辅助,因此,内在于我的黄金绳索就能够战胜其他各种绳索(644d7 – 645b1,Saunders 翻译)。

这个傀儡的形象可以用来说明廊下派关于命运与决定论的思想。但这并非就反对这样的解释:我们会竭力与理性相配合并普遍地促进我们的道德进步。它所反对的是这样的解释:就像雅典异方人接下来讲到的,傀儡的形象以及控制它的绳索是用来解释"胜过自己"和"不如自己"(645b1)这两个短语的。这两个短语在之前(626d, 633e)被引入来描述一个被快乐所制服的人,这就是柏拉图在《王制》中所描述的ἀκρασία。但是廊下派否认不能自制的可能性,就是因为他们把灵魂看作是行动的统一的本原(ἀρχή)。也就是说,他们拒绝将灵魂拆分。波波尼奇似乎想把柏拉图看作廊下式的人物,但同时也让柏拉图来解释ἀκρασία,而不是回避解释。

如何做到的呢?波波尼奇论证到,牵引着我们反对理性拉力的那些遭受(πάθη)或状态,并不是"类似行为者"的各部分,像《王制》中讲的那样。"比如,其中没有哪一个被描述为具有信念或欲望。"①然而,如我在其他地方所论证的,类似行为者的各部分具有它们自己的信念和欲望,它们并不是被划分开的东西。欲求快乐的人并不是灵魂的欲望部分,而就是那个人(the person)。而且,那个人与他的欲望之间的争斗,也并不是他与一个决意要满足快乐的独立的行为者之间的争斗。因此,我们不要认为,类似行为者的各部分总是适于柏拉图对 ἀκρασία 的解释。然而,与波波尼奇相反的是,廊下派正确地认为,如果没有某种灵魂划分就无法解释。目前这一段提供了另外一种解释吗?

波波尼奇认为是这样。他写到:

> 众铁索之一,比方说,欲望,拉动行为者执行某个行动 X。同时,他知道,在考虑一切情况之后行动 Y(ATC)比其他任何选择都好,且他能够做 X 也能做 Y,但不能既做 X 又做 Y。尽管他算计:Y 在考虑一切情况之后是最好的(或者做 Y 的欲望符合他的算计),但他做 X 的欲望对他的拉力更强。因此,行为者知道,Y 在全面考虑后比 X 更好,但是他有更强的动力去做 X。这种情况表明,我们必须区分开行为者对一个选项的评价与他执行那个选项的欲望或动机的强度。他的各种欲望可能强度不同,并且,他对一个选项的欲望的强度并不总是直接与他对那一选项之好处的判断相称。而且要注意,当柏拉图将一个单独的行为者所涉及的所有信念和欲望进行定位的时候,他接受这些主张:没有哪一个被定位在灵魂的一个类似行为者的部分之内。②

---

① 前揭,页 20。
② 同上。

波波尼奇的分析打破了 ATC（考虑一切情况）算计（calculation）与欲望之间的关系。这一点本身就是柏拉图在《王制》中所做的。① 但是波波尼奇希望做到这一点，并且坚持认为行为者是统一的，这一点在《王制》中的柏拉图看来却绝非如此。根据波波尼奇，行为者可能相信，在考虑一切情况之后做 X 比做 Y 更好，但是该行为者更欲求 Y。然而，"更"这个词就把问题消解掉了。如果该行为者在考虑一切情况之后认为 X 比 Y 更好，他却更欲求 Y，那么，该行为者所欲求的便少于他认为更好的东西，很明显我们违背了这个原则：没有人自愿做错事，这一原则相当于说：所有人都欲求他自己的好处。但这个原则后来在《法义》中被肯定。② 因此，波波尼奇不得不说，"没有人自愿做错事"并不意味着，对行为者来说，他的欲望少于考虑一切情况之后他所认为更好的东西。他可以算计考虑一切情况之后 X 比 Y 更好，但该算计必须完全与他的欲望分开。但如果这样的话，就很难理解"所有人都欲求他自己的好处"这句话是什么意思。或者行为者欲求考虑一切情况之后那个更好的东西，在这种情况下人们会问，该如何解释他去追求他更少欲求的东西；或者，他对考虑一切情况后最好的那个东西的算计其实与他的行动毫不相干。计算出在考虑一切情况之后他做什么最好，与他欲望去做的事情没有关系。或者，人们不得不说，该行为者事实上是根据他的最大欲望来行动的，在这种情况下他根本不是不能自制的（acratic），尽管他可能是有缺陷的（vicious）或愚蠢的。

波波尼奇的分析所出现的问题，并不在于他对一个不能自制的行为者如何行动的描述。而在于他主张这种描述表达了一个

---

① 比较《王制》439c9－d8。
② 见 731c2－3：ὁ ἄδικος οὐχ ἑκὼν ἄδικος。另参《蒂迈欧》86d7－e1。我认为，"所有人都欲求他自己的好处"，可以解释为一个 ATC 欲望（考虑一切情况之后的欲望）。

统一的行为者。的确,行为者是一个人。柏拉图在《王制》中的主张的确如此,他说,"自我控制"或"战胜自己"(τὸ χρείττω αὑτοῦ)的说法是可笑的,因为执行控制的和受到控制的人是同一个人(ὁ αὐτός,430e1 - 431a1)。但是,他直接补充道,这种说法表明,在那个人身上存在着一个更好和一个更坏的部分,被控制(ἐγκρατές)就相当于那个更好的部分统治着那个坏的部分。简言之,波波尼奇认为,柏拉图在《法义》中取消了在《王制》中说明 ἀκρασία 所必须考虑的东西,即,灵魂的划分。①

如果没有灵魂的划分,对 ἀκρασία 的解释或者不过是给那种现象一个说法,比如像亚里士多德那样;或者,像波波尼奇一样,这些解释并不成立。波波尼奇所说的行为者被欲望所制服,就像《王制》中的勒翁提俄斯(Leontius)一样。那就是他的欲望。波波尼奇解决这个问题的办法是,认为做这样的算计(即考虑一切情况之后克制行动或做其他事情)并不意味着行为者会欲求什么东西。因此,比如说勒翁提俄斯的情况,他认为应该克制自己不去看那具死尸,这样的信念并未带来抑或并未引发不去克制的欲望。与此处总体的含糊性不同,我们开始谈到的《法义》中的那一段似乎暗示,我们内在的"各种状态",包括理性在内,牵引或驱使我们倾向于种种行动。这里不可避免地出现了一个有待考虑的因素。波波尼奇似乎看到了这一点,因为他附带解释道,"对 Y 的欲求符合他的算计"。② 勒翁提俄斯克制自己不去看死尸的欲望

---

① 前揭,页 32,这样总结他的文章,"在《法义》中……并不存在灵魂的类似行为者的较低部分要被劝导,而且,对于不能自制行为的唯一最终的保护就是个人的自我控制能力。"波波尼奇的总结实质上只是柏拉图在《王制》中说法,在那里,柏拉图开始构造一个划分开了的灵魂,也就是开始解释自我控制如何可能。

② 比较,"……似乎普遍认可,这样的一个行动过程就是考虑一切情况之后最好的,即它导致对各个不可兼得的选项的欲望强度减少,而对我当下要实现的考虑一切情况之后最好的那个选项的欲望强度增加"(页 22)。

符合他的算计,即认为这是正确的事情,但是,如果这个欲望比他要去看的欲望更小的话,那么,在何种意义上他是一个不能自制者呢?因为在那种情况下他将按照他的最大欲望来行动。反之,如果他克制的欲望与看的欲望不可比较,并且他被自己的欲望所制服,那么,似乎就不可避免地要做出某种划分。

我们来回想一下,波波尼奇所偏爱的这种分析在《普罗塔戈拉》中导致了对不能自制现象的否定。苏格拉底说,"一个人尽管知道什么是好的却不愿意去做,因为他被直接的快乐所制服(355b1-3)",这样的说法很是"荒唐"。我觉得这里的荒唐性十分接近《王制》中那个常识性的词汇"自我控制"(self-control),但这种荒唐性可以通过灵魂划分而消除。就我所知,波波尼奇笔下的行为者不可能做出《普罗塔戈拉》中所坚持的事情,而却可能做出《王制》中所认可的事情,但仅当将灵魂进行划分时。只要我们能对划分给出一个解释来避免波波尼奇所注意到的问题,就要毫不犹豫地认为柏拉图仍然致力于此。公平而言,波波尼奇并不认为他对柏拉图关于不能自制的思想所做的分析没有问题。但是他认为这并未使他接受灵魂的划分。

在《法义》中灵魂分为各部分的证据虽非决定性的,却也并非如波波尼奇相信的那样无关紧要。在第三卷,雅典异方人描绘了他所谓的"最大的无知"($\dot{\eta}$ μεγίστη ἀμαϑία):

> 在那些人身上我们看到了那种类型的(无知),对于他们所相信的高贵的和好的东西,他们憎恶而不喜爱,而对于他们认为低贱的和坏的东西,他们却喜爱而珍惜。我认为,与理性信念相关的快乐和痛苦之间的这种不协调(διαφωνίαν),是极端的无知,事实上那是最大的无知,因为它属于"灵魂的群众"(τοῦ πλήϑους τῆς ψυχῆς)。因为,"在感受苦乐的灵魂中"

(τὸ γὰρ λυπούμενον καὶ ἡδόμενον αὐτῆς)的东西,就像国家的平民或群众一样。这样,只要它"反对"(ἐναντιῶται)那依自然而统治的东西,即知识的诸相、信念或理性,我就称之为"愚蠢"(ἄνοιαν),如果是在国家中,只要群众不服从统治者和法律,或者在个人中,只要灵魂中高贵的原则尚未发生效力,而出现与它们完全相反的东西。(689a5–b7)①

我曾试着以中立的方式来翻译这一段,而不以灵魂的各部分来武断地解释这个问题。事实上,我并不认为应该把"那在灵魂中感受苦乐的东西"理解为一个部分,如果"部分"意味着动因(agency)的话。在此处,柏拉图来总是认为,感受苦乐者就是那个人(the person)。然而很难否认,这种划分是由于将"灵魂中的群众"与其反对者区分了开来。另外,此处明确认可了灵魂中的对立,其方式与在《王制》中认定灵魂划分的方式一样。其实,这里我们会不由自主地想起《王制》中国家各部分与灵魂各部分之间的对比。最后,在理性的东西与产生苦乐的东西之间的对立,在行动中得到了确认,就在最后那个很难理解的句子中。一切都取决于占支配地位的是理性还是相反的原则。

在《法义》中之后有更长的一段,提出了对灵魂的类似描述,特别强调理性的统治与激情、恐惧、快乐、痛苦、欲望等等的统治的差别,前者可视为与正义同一,后者则等同于非正义(863e5–864b4)。这一段似乎与《王制》中明确断言灵魂三分的那些段落完全一致。更重要的是,柏拉图解释道,理性的统

---

① 句子(ὁπόταν καλοὶ ἐν ψυχῇ λόγοι ἐνόντες μηδὲν ποιῶσιν πλέον ἀλλὰ δὴ τούτοις πᾶν τούτοις πᾶν τοὐναντίον)有些含糊。我怀疑,καλοὶ λόγοι要理解为最后那个分句的主语,因为很难看出它们如何产生与好结果完全相反的东西。似乎更应该不严格地把段落开头提到的那个句群看作主语,也就是,苦乐的感觉。

治并不等价于关于任何实践事务的真意见或知识。对于日常称为"无意的不义"(involuntary injustices)的那些事情,正义的人可以做得很好。如果那个人像波波尼奇认为柏拉图在《法义》中所主张的那样是统一的,那么他遵从快乐并因此受其统治的欲望就是一个分裂的行为者的欲望,如波波尼奇所坚持的那样,而这是荒谬的,或者,那的确是他的欲望,只不是他是一个被分开的自我。

目前为止我的论证为《法义》中继续持有的灵魂划分做了辩护。要反驳这个辩护所能举出的一个小证据就是,在这部著作中并不明显存在灵魂的三分。并且,辩驳还可以继续,如果这个三分不存在,那么或许柏拉图所做的任何三分的努力,即使没有完全消失也可以认为大大减少了。在《法义》中有一段,柏拉图明确提出,"精神"(spirit)或者"血气"(θυμός)是"某种状态(πάθος)还是某个部分(μέρος)"(863b2-3)。我认为柏拉图这里的疑问在于,θυμός(血气)究竟是灵魂的一种独特的状态还是部分。在《王制》中这不是疑问,那里,θυμός是一个独特部分的内容。《法义》中那一段的语境非常重要。在这一段,柏拉图区分了几种冒犯法律的情形,有些我们称为重罪(felonies),有些称为侵犯(torts)。前者是非正义的(injustices),而后者只是有害的(injurious)。由精神、恐惧、快乐和痛苦、嫉妒以及欲望引发的错事就是非正义的(863e5-8)。而由理性的错误所引发的那些错事只是侵犯的错误。有了这种区分,说精神是灵魂的一个独立的部分就不成问题。如果像《王制》那样它是灵魂一个独立部分的话,这与目前这个区分就没有关系。只要理性不受控制,就存在着非正义,这一点与《王制》中所说的完全一致。对柏拉图来说以下主张完全合理:即使精神天生就是理性的盟友,在它支配之下的行动也是非正义。①

《法义》后面还有一段显著地表明了相应的人格（personhood）。这一段也支持我所主张的整部著作都存在的人格划分。柏拉图一般地谈到对犯罪的惩罚，并对关于如何对待死者加了一些解释：

> 当然，我们应该信任立法者告诉我们的一切，特别是他的这个信条：灵魂对身体具有绝对的优越性（τὸ πᾶν διαφέρουσαν），而且，当一个人活着的时候，为他标明身份的是灵魂而不是其他东西（ἐν αὑτῷ τε τῷ βίῳ τὸ παρεχόμενον ἡμῶν ἕκαστον τοῦτ᾽ εἶναι μηδὲν ἀλλ᾽ ἢ τὴν ψυχήν），反之，身体只是我们所携带的自我的表相（ἰνδαλλάμενον）。这意味着，我们说尸体是死亡的映像（εἴδωλα）是非常正确的。我们真实的自我（τὸν δὲ ὄντα ἡμῶν ἕκαστον ὄντως）——所谓我们不朽的灵魂——如祖先的法律所宣称的那样，离我们而去奔向诸神去报告自身。对于恶人而言，这个一个可怕的教义，而好人则会欣然欢迎。（959a4-b7，Saunder 翻译）

灵魂对身体的优越性已经在第十卷（896bc）分析各种不同运动的时候做了论证。这一段则提出了更加明确的论点：我们每个人就等同于一个灵魂。即使有了形体，一个人的身份还是由灵魂来提供。但是，这样的话，在何种意义上人类的身体是人格的一个"表相"（semblance）呢？下面几行谈到，我们每个人"真正真实的"形式就是一个灵魂，从这里可以看到，那个"表相"一定是表现

---

① 比较《蒂迈欧》69c5-70a7，那里，柏拉图区分了灵魂的"不朽"部分，即理性的部分，与"可朽"的部分，也就是与欲望和欲望相联的部分。但是这个区分与《法义》中那段的区分一样，并未否认灵魂的三分。

为真实事物的东西,但它并不是那个真实的事物。并且,这一点一般而言与柏拉图对现象的看法相一致。这个表相不是那尸体,而是活生生的存在体。如果不是这样,也就是说,如果作为表相的"身体"只是肉体的聚合(the mass of flesh),那它就与尸体没什么两样。因此,我们可以明确地说,一个活着的人就是一个人格的表相。那个真正真实的自我就是那离开这个生命而朝向神圣审判的东西。推测起来,按照先前所说的,这个真正真实的自我就是那个理性的主体,它在一个身体中承担了它形体的标志,并参与了肉体的生命。简言之,没有理由设想柏拉图背弃了他的形体化的三分,以及将人格等同于灵魂的理性部分的作法。

《法义》中的国家与个人：
柏拉图的遗产①

罗宾逊(Thomas M. Robinson)

徐 健 译

如我几乎无须指出，我的论文题目掩盖了许多问题，其中一个是总体性的，而其余的则为具体性的。首先是前者：如果我们在以这种特殊方式构成的题目(而不是说"柏拉图政治理论中的国家与个人")的框架下，来具体谈论柏拉图的《法义》(Laws)，那么这是否有着某种隐秘的暗示，即在其他早期著作如《王制》(Republic)中，柏拉图或许对这个问题持有某种程度上不同的看法？在这一总体性问题(当然我明智地将其展开)的框架内，进一步存有三个具体的"政治的"问题：

1. 在这两篇对话的任何一篇中，柏拉图所说的一种善或正义的国家是为何意？

2. 在它们中任何一篇的框架内，他所说的一种善或正义的

---

① 对本论文中有关性别差异与柏拉图政治理论的某些题材的更多讨论将安排在《柏拉图的〈王制〉和〈法义〉》(*The Republic and the Laws of Plato*)中，A. HAVLICEK 和 F. KARFIK 编，Praha 1998;以及对某些关于国家和个人的题材的更多讨论将安排在下一期《菲罗米蒙》(*Phronimon*)中，Journal of the South African Association for Greek Philosophy。

人（person）或个人（individual）是为何意？

3. 在它们的任何一篇中，他如何发现这相互关联的两者？

现在增加三个相应的问题，这次用"民主国家"代替"正义国家"，用"民主倾向的个人"代替"正义的个人"。

现在在以上一系列相似的问题之上增加一些问题，但这次的问题更具有直接的心理学意义：

1. 《王制》中由三部分组成的国家和由三部分组成的灵魂（psyche），柏拉图认为这两者之间有着极大的可比性，这里他表达的是什么意思，并且为何这两者均极难在《法义》中找到？

2. 如果个人在《法义》中不再被明白地看作是具有三重灵魂（tripartite-souled），那么，我们是否可以合理地推断柏拉图在这一时期某种程度上改变了自己对人之为何的看法？以及

3. 这两个问题的答案中是否存有某种观点，这观点正好提出并暗示到他对个人和国家之间的关系本质的看法有所改变？

最后，用一系列问题——它们暗含着那些仅仅被提及但其本身却是有内涵和我认为有意义的问题——来作为结束，它们是：

1. 《王制》的作者是否认为男性和女性的 psychai［灵魂］有着重大的区别，如果有的话，则这两者在那篇对话的典范国家中所扮演的这样或那样的角色是以何种方式体现这种区别的？

2. 完全同上的问题，只是现在涉及的是《法义》。

3. 鉴于我们回应上述某些或全部问题的方式，我们有何理由来认为在《法义》那里，尤其是在柏拉图晚年所构想的国家中个人的角色和地位那里，有着某种值得学习的东西？

这份清单当然可以再扩大一倍，但我想我们足以使我们为此用上多于一堂课的时间，因此，我将不再把时间浪费在 jumping in medias res［插叙］上了。

众所皆知，在作为《王制》的主要讨论对象的典范国家中，国

家或个人的正义或善是指有机体内部的一种平衡状态。这种有机体,即个人或国家的 psyche[灵魂],在一定程度上类似于集体(collectivity)的有机体。表面上看,这是一个对国家或个人之正义的非常私人化的定义,因为在没有任何讨论的情况下,苏格拉底(Socrates)就让格劳孔(Glaucon)和阿德曼托斯(Adeimantus)同意某种任何希腊人在真实生活中都难以想象的看法,从而得出了他的观点。但不管怎样,这个定义的含意却是有效的。不同于功利主义的路数,即最好的社会将是一个实现最大多数人的最大幸福(contentment)的社会,苏格拉底致力于所有目标中最令人惊叹的一个,这便是实现全体的最大幸福。在他的视野中,一个真正使人满意的社会将是一个这样的社会,即那组成它的三个阶级的任何一个中的每个成员——他们扮演了自己最适合扮演的角色——都能实现 psyche[灵魂]最高的善和自身最大的幸福,进而给整个社会——他们全体组成了这个社会或分别组成了它的各个部分——带来最高的善和最大的幸福。另外,所谓"contentment"是我尝试对那棘手的术语"eudaimonia[幸福]"的翻译。这个术语之所以非常棘手,是因为苏格拉底明白要求把这个术语理解成一个与有机体状态(state-of-the-organism)相关的词,而非一个与感觉相关的词。就如"正义"这个概念,苏格拉底在我看来似乎冒险通过使用另一私人化的定义来击碎它,但在别的地方,它又是一只必须被捕获的野兔。

让我们在这幅图景中做一短暂的停留,因为苏格拉底非常精细地描绘了它,即典范国家及其三个共生阶级的任一组成人员的"满意度"(fulfillment,正如我们将会说到的)。但每个人实现的eudaimonia[幸福]是 qua[作为]集体成员的个人的 eudaimonia[幸福];而20世纪所常挂于心的"人的"(personal)幸福——在这个世纪,几乎不惜一切代价来极力发展任何人的个人潜质的自由成了一种口号（mantra）——被苏格拉底指责为一种对个人真正好的生活和对社会真实的善的威胁。在苏格拉底眼中我们事实上只有一种恰当的才能，而"上进心"（upward mobility）这个词，同时在艺术和教育领域内如"为艺术而艺术"（art for art's sake）这种观念，都是应受到谴责而非颂扬的说法。我们能够确定，苏格拉底曾阐释过这些说法。

这样，从我们所接受的政治体制之阶梯的底端附近发现民主制，和从那些 psychai[灵魂]中间的类似位置发现民主倾向的灵魂（soul），都是一点也不令人意外的事情。因为，不同于灵魂和 psyche[灵魂]的绝对专制，民主制在苏格拉底看来是表明了国家和 psyche[灵魂]中的最大失衡，和对真正 eudaimonia[幸福]的体验的最大失败。

然而众所周知，柏拉图从典范国家转而描述《法义》中某种被认为是更可行的国家，但根据柏拉图基本的形而上学，它明显要比典范国家——一个典范国家是决不能被否弃的——更不完美些，这时，作为一种政治制度的民主制找到了一个排在完美政治之后的更值得称赞的不同位置。同时，灵魂和国家的三分说在《王制》、《蒂迈欧》和（与此没有很大关联的）《斐德若》中发展到极致后，就以主要作为古老理论的 disiecta membra[断片残简]而著称，但柏拉图在晚年似乎又回到了将灵魂划分成理性和血气（impulse）这种常见的二分法（bipartition），它曾异常醒目地出现在《王制》之前的对话如《高尔吉亚》中。从个人心理学的层面上讲，这好像对他关于个体本身的概念有点或没有影响，因为不管 psyche[灵魂]是两分的还是三分的（两者是我们正在讨论的），德性这个平衡之物都是相似的。但它是否会在个人的社会作用的层面上产生影响呢？

这个问题直接引领我们进入政治学。相比《王制》所勾勒的典范状态,在《法义》中,对一种平衡生活的探寻发生在一个此时调和了君主制(位于对模范治邦者的讨论之后)和民主制(III. 693d‐e)因素的社会架构之中,在那里,善法的德性而非好的领导者的德性得到了强调。尽管这点并没有被明确提到,但我想一个人依旧能够认为 to ta hautou prattein [各司其职]这一学说是柏拉图的思考重心,即使灵魂的组成部分现在可能再次被看成是两个而非三个。被统治者有着他们曾在《王制》中所拥有的那样的批判作用,除此以外,现在考虑到 demokratikos aner [民主人士]灵魂中明显的失衡,则一种来自君主的制约方式,即使用法律这个工具,将必然为保持制度的运转所需。换言之,《法义》中的社会将犯罪和反叛设想成制度的永久性特征,而非一种对制度在事实上业已崩溃的预示。

我们一旦看到这点,就终于能够开始问那些在一种典范社会的语境下似乎永远被排斥的问题,就像在《王制》中,一个无知或恶毒的统治者抑或一个缺乏天分或难以控制或有犯罪倾向的臣民在定义上就被排除在讨论之外。现在,我们终于能够追问,为确保守法(law-abiding)会一直战胜不法(lawless),一名君主将有何作为;周围是否总有一个由具备适当才能之人所构成的足够大的资源,来完成有关使社会运转起来的基本事务;还有,如果这个资源是上述事务所必需的,那么,女人是否会和男人那样得到恰当的训练和教育。上面那个君主现在还会不得不面对我们所谓的个人权利的问题,而《王制》又在某种程度上通过定义来遮蔽这个问题。一个公民相对其他公民而言的权利是什么,这权利不同于他相对其他公民而言的义务? Paripassu [同样地],一个公民相对国家而言的权利是什么,这权利不同于他相对国家而言的义务?

这项研究的成果在我看来似乎是非同寻常的,且像是暗示了柏拉图那里含有各种开放的可能性,而我们却很少将这点归于他。比如在教育之事上,针对任何人的某种震惊,这种震惊正是源于一种对《王制》的解读,即高级教育限于护卫者阶级,并且这种教育上的性别平等也限于那一阶级,他强调说(《法义》VII. 804-805),所有公民包括女人普遍接受教育这点的重要性,因为出于现实实践而非意识形态上的考虑,一个好的社会是对一切才干都有所需求的,唯有如此,它才能以一种可行的方式来发挥作用。至于相对其他个人而言的个人权利和义务,众多的立法——grosso modo [大体上],如果不是在精确的细节上,它们源自那些可能被认为是当时各种社会的较好实践——清楚表明,柏拉图不仅仔细考察了一种对民主国家这个概念的重估,还在一定程度上仔细考察了一种对民主个人这个概念的重估。

在我看来,在讨论个人与法律的时候,他强调了从轻量刑的情况(extenuating circumstance,IX. 864d-e)和至少在某些情况下的惩罚的矫正(而非惩治)性质(XI. 934a-b,IX. 862c),相比其他任何地方,这些学说似乎更明白地体现了上述这点。这些学说已经成为我们自己的共识中的一部分,以至于我们容易忘记曾有一个时代,那时它们至少对许多人而言是不明显的,是需要通过论证来得到辩护的。我们也可对他所强调的通过解释性序言——即一种我们本能地对其产生认同的观念,虽然我们或许会抱怨它通常缺乏可行性——来制定为公民所理解的法律这点做出同样的说明。

请允许我试图从另一个角度来理解这点,而这个角度便是设想我们对当前自由民主制的观察,是借助了一位刚刚写下以《王制》中典范国家为基础的《法义》的柏拉图的双眼。首先看看那个他可能会接受的现代民主制的特征,我想一个人会在一开始就像对待公理那样来强调我们赋予全体公民包括女人普遍接受教育这点的重要性和关键性质,正如我们已经看到的,柏拉图本人在《法义》中具体地强调了这一观点(VII. 804－805)。从法律理论与实践的层面上讲,我想柏拉图可能会对我们接受了《蒂迈欧》和《法义》所给出的详细论证而感到高兴,这些论证建立在苏格拉底的一个著名格言之上,并强调了(正如我们已经看到的)关于从轻量刑的必要性(IX. 864d－e)和在矫正是可行的情况下惩罚的矫正性质(XI. 934a－b,IX, 862c)这些观念。我想,即使是我们那个在最大程度上实现人的潜能的理想也不会困扰他,只要它被谨慎地看作是在最大程度上符合对集体合法要求的满足。假使我理解了他,则这一观点和他自己的观点之间的不同大致在于(关键的是,即使从我们的观点来看,情况亦是如此)这种潜能的广度和深度,而非这个目标是否要被实现。

至于我们的政治结构,它们的精细化和复杂性也许为他所非常折服,但我想,它们保障公共责任、那开启了普选的官员任期以及我们多年以来所阐述的用以防范权力集中和滥用的各种制衡机制这点是无法使他折服的。就像在前面的例子中那样,他的看法和我们自己的看法之间的不同(理论上的不同是在《王制》中,实践上的不同是在《法义》中)大致体现在那些被认为是行使这些特有权利的公民的数量、年龄和性别,而非被行使的特有权利的性质。依我看来,他可能乐于承认这些被行使的特有权利的性质在某些重要方面要优于他自己所无法接受的雅典民主制的特征。

必然地是,现在那近乎普遍的同意对他来说可能是不可欲的或难理解的或二者皆具的。我认为根深蒂固的观点有这些:任一基于大规模的传统奴隶制(chattel slavery)而运作的社会都不可能严肃地宣称自己拥有"正义的"这个头衔;公民权,一个社会中的奴隶其实是无法触及的,应当不仅仅是自由的成年男性阶级的特有权利;女人在接受教育上的平等应与机会平等相匹配;以及才干是多种多样且易于变化的,而不是唯一的,特别是统治或参与统治的才干并非是某种预设的 classe politique[政治阶级]成员的唯一才干。既然他在对话,特别是《蒂迈欧》和《法义》,中的总体看法——尽管他在《王制》中主张少量特殊类别的女性将组成他的护卫者阶级——是女人天生就次于男人,那么,我们能够设想,他也可能会困惑于,如果不算是强烈反对,我们对成为众多当代民主制之特征的女权的极力提倡。

考虑到一个甚至存在于学者中间的普遍倾向,即关注《王制》第五卷中柏拉图对政治上的性别差异的可能看法——准确地说,是关于政治上无性别差异的可能看法——那么,我们就应该指出,在晚年写下《蒂迈欧》时,柏拉图认同蒂迈欧(Timaeus)的说法:最初的和显然是基本的人类灵魂是男性的;女性灵魂是男性灵魂的被惩罚的形式;以及女人生来就倾向于犯各种道德错误,尤其是"怯懦",并且更普遍的是,她们倾向于作为整体的"不义"(adikia)。

这当然驱使我们以其明确的暗示来拒绝这一令人沮丧的剧幕,这暗示便是,在柏拉图看来,男性和女性没有在一个公平的竞技场上追求 arete[阿瑞忒]。这种观点只有在一个"神话的"对话中才被认同,而且/或者被小心地放在一个毕达哥拉斯派对话者的嘴里,它可能是碰巧被发明出来的,所以我们绝不能将其归于柏拉图本人。但这样的论断是不成熟的。这篇对话多次被认为是一种对万物起源方式的"可能解释"(eikos logos),有一次,它又被看作是对这点的"特别"(malista)可能的解释。正如某些译者似乎认为的那样,它绝不曾被看作对这点的"仅仅"(merely)可能的解释。

至于这样的看法即这是属于一个毕达哥拉斯主义者而非柏拉图本人的观点,它或许会有某种真确性,如果柏拉图没有在稍晚时期写下《法义》来重新回到了这个主题的话。关于女人，雅典异方人(the Athenian)在第六卷(781a-b)中说到"人类的另一半——女性——由于其软弱而通常倾向于神秘兮兮和工于心计"，这里他是 nemine contradicente［在一致同意的情况下］重述那些业已出现在《王制》和《蒂迈欧》中的盛行偏见；以及"女人——不受任何惩戒性的制约——绝不是如你们可能所想的那样仅仅造成一半的麻烦；在天生的性情(physis)上，她不及(cheiron)男人，相应地，她事实上就造成了两倍甚至是大于两倍的麻烦"。如果对我们将这里的"不及"理解成"道德上不及"有任何的质疑，那么在第十二卷的一段话中有对这个问题的解决，那里雅典人正在讨论针对很快就从战斗中弃甲逃跑的懦夫的恰当惩罚。他认为，最合适的惩罚可能就是将这个男人变成女人！

那么从表面上看，《蒂迈欧》和《法义》中的一个柏拉图（尽管这当然不一定是苏格拉底）理论是关于男性和女性之不同德性的理论。由此，我们自然推断出，《法义》最好地保留了希腊社会中女人那极为古老的角色和地位。但正如我们已经看到的，柏拉图不可思议地表明了一种独特的观点——它远远超出《王制》所曾做出的任何设想——即一个好的社会将尽可能平等地教育其中每一个男性和女性的公民，只要基于相反的做法，作为人力资源之集合的社会就是在进行一种明显不当的管理(VII, 804d-805b)，并且"男人和女人没有联合起来把他们全部精力用来追求共同的目标，是一种愚不可及的行为"(VII, 805a)。不管作为一种抽象推理的性别差异理论具有何意，如果迫于日常政治中众多现实主义的需求，柏拉图这位《法义》中的实践治邦者都打算放弃这个理论。

最后，就当代政治理论而言，柏拉图可能会毫不犹豫地加以反对的，不仅有极左派和极右派（它们中的任何一个都被看作是某种专制),还有功利主义的各种变体——这些变体被用来支持那些占有"民主的"这一头衔的政权——其有效的依据在于社会的目标不是实现像边沁(Bentham)和密尔(Mill)所认为的"最大多数人的最大的善",而是实现整体的最高的善,这种实现既是对集体而言,也是对个人而言。

　　这使我得出我的中心论点。如果一切都恰如我们刚才所说的那样,则柏拉图思想——理论上体现在《王制》中,实践上体现在《法义》中——的哪些观点依然被作为一种对当代民主理论与实践的可能有效的严重挑战?我认为,其中非常多的观点开启了国家与个人的概念。正如我之前提到的,他的国家和灵魂三分说会遭到强烈批判,最后他自己都很可能放弃它们,但是他的国家和个人理论的核心仍然使我们叹服。关于个人,我认为他那谨慎缜密的断言(对这个断言的首次讨论是在《王制》第一卷结尾,并且,它得到了他毕生的坚持)是,任何事物的角色或作用是同它所从事的唯一或最好的事务相关,个人在社会中的角色或作用将特别涉及到两种东西的最佳运作,即智慧和道德责任(后者最重要的社会表征在于公民的责任),它们是智人(homo sapiens)这个物种所独有的。因此,如果一个社会的善在于最大实现其所有公民的潜能(不仅仅是大多数人或其中任何特殊阶级),它的一个必要但肯定不是充分的条件将是体制的制定和维护,这体制促进了集体中任一成员的智慧和道德责任的最佳运作。

　　当然,这一显得幼稚的原则牵连甚广,以至许多人唯恐谈论它,而更愿意将他们的注意力转向柏拉图另外那些对他们而言似乎更容易辩护的思想。比如,我认为他的这个观点就更容易辩护,即一个正义的社会将是一个其组成部分均衡协调的合作的社会,其中每一个部分都做它最适合做的事。又如,就正义之人的灵魂来说,其组成部分的一种相似的平衡总是涉及到理性和血气,只是理性始终支配着血气。但更大的挑战依然存在,在忽视它的同时,我认为,我们就冒着忽视柏拉图主义的一个核心特征——可能是上文所提到的那个核心特征——的风险。如果我们的个人特点事实上在于理性的能力和对行为负责的能力,那么,我们就可以完全理解苏格拉底为何应该认为作为个体的我对作为个体的另一个人所能做的最坏事情是使这个人变成一个坏人,换言之,当我开始对其理性的能力和对行为负责的能力施加任何影响时,他就变成思维更弱和/或道德感受力更弱的存在者。

我们当然可以合理地认为,柏拉图追随苏格拉底的足迹,该会看到任何标榜具有"善的"或"正义的"头衔的社会的目标当是提供一种环境,除了别的以外,这一环境(a)鼓励和(b)提供最大的可能性给社会所有或每一个公民去实现最终的福祉(eudaimonia,well-being)。这个福祉在于理性的最佳运用和道德责任即公民责任的批判性展现,正如他所言,这样就会带来和维持集体的福祉。

在某一个年代,民主国家的最大灾祸通常是特殊利益群体的权力和运作。我认为,我们为此可以有益地追溯一个坦然谈论共同善之无上重要性的哲学家,尤其是当这位哲学家宣称有证据表明这样一种共同的善不仅是一个语词,而且相比任何个人的善的总和,它不多也不少。在某一个时代,我们许多民主国家中的一种新保守主义气质强调一个关于"最小"(minimalist)政府的观点。我认为这似乎又值得我们去研究一位哲学家,对他而言,在任何宣称是正义的社会中,政府和人民的任何一方将具有足够的知识来认知其共同和个人之责任的深度和范围,并且根据公民的共识(civic consciousness),将充满足够的勇气、善意和尝试以一种导向集体之善的方式来实现这两种责任的决心。

在我看来,这后面一点似乎具有特殊的意义。道德教育之于柏拉图，正如之于众多古希腊思想家，是让一个人完成作为人同时作为共同体中的公民的角色（相应地，自我得到了实现）。一个角色将职责分别归于家庭单位（the family unit）和作为个体的自我。在强调共同善的同时，柏拉图也对反复教导一种意识感兴趣，这种意识有点像我们所谓公民共识和公民担当（civic commitment）的混合物。一个人完成作为人的角色而没有完成作为公民的角色是无法想象的，正如一个人完成作为公民的角色而没有积极评价和担当共同的善是无法想象的。这些观点与公民道德相关，还与对这种道德的持续教育相关。因此，教育将必然伴随着它们，在任一正义的社会中，每个作为个体的公民和整个集体将享有这种教育，并把它作为自己要实现的目标。

在许多对话中，柏拉图向我们提供了关于实现这个目标的细节，以便我们思考。正如我已经提到的，多年以来，其中一些细节被民主社会心怀感激地接受了，而另一些（我公正地认为）则被拒绝了。尤其是，现如今的大多数人容易把在政府和人民中最大实现公民的共识和担当这点，等同于最大实现比柏拉图本人所可能认同的要多得多的个人才具和抱负。至于在确立一个正义社会的特性时，我认为柏拉图对我们思想可能最伟大的持久贡献，以及他似乎认为自己在作为典范国家的《王制》和作为可实现国家的《法义》中所做的，除去其他方面，都在于阐述最大实现——正如他所看到的——许多分离且非常不同的层面上的人类潜能——它合乎个人所在的主要阶级在这种正义社会中扮演的角色——的充要条件。至于他事实上成功地做了什么，我会说——而这点在他关于万物之功用的著名学说（《王制》卷一结尾）中得到了详细解释——他仅仅是给出了最大实现任何人的潜能的必要条件。但在我看来，这点本身就是一项重大而深刻的成就，是某种仅凭其自身就能让我们对他永存感激的东西。

创造幸福

——《法义》IV. 713b－714a 克罗诺斯神话的寓意

哈腾（Alice Van Harten）

方 旭 译

诸神在《法义》中的突出地位再怎么夸张强调也不为过。与《王制》中的理想城邦形成鲜明对比的是，诸神在马格尼西亚的社会和政治生活中占据了核心位置①。神明被假定为一切立法的起点与终点（这个问题成为《法义》的开端，"异邦人，究竟是某一个神，还是某一个人，因为制定了你们的法律而得到赞颂？"是对话中可能经常被援引的句子）。通过神明来指明时代和划分地域：每日、每夜、每月，就如同每个部落以及它们各自的分部一样都奉献于不同的神明。诸神原则上是存在的，他们照管了人类的事务，且不会通过献祭而收受贿赂，他们位于马格尼西亚的邦民信仰体系的核心位置。在宗教律法（religious laws）的前言中（到目前为止，最长最为详尽的前言，占据了第十卷的大部分）雅典异方人为这些原则进行了辩护，并且表达了自己详尽的观点。克莱尼

---

① 在《法义》中，宗教在柏拉图的伦理和政治论点中所扮演的角色，常常表现出为柏拉图式的政治观点指明了一种新方向。然而，人们也会同样对这个方向的限制被强加在《王制》中的论点上（在第二卷至第九卷的伦理学论点中，神圣的因素被排除在外）进行很多争论，这较之《法义》中的宗教主旨的争论更为突出。

阿斯的评论——"最好的法典的前言要尽可能成为一个整体"(《法义》887b8-c2),指出它们要与所有其他的法律相联系。如果邦民宣称他们丝毫不相信三个中心的神学原则,不仅仅要受到严酷的惩罚,而且要鼓励每个邦民都要积极地以他的最好的(通常是最复杂的)能力去研究这些论证,以支持这些原则。

在这篇论文,我将着重讨论的是作为城邦统治者的神明这一概念所隐含的意义。《法义》的政治制度常常、且本应归为一种神权政治,在基于第四卷的关键篇幅中,雅典异方人引入了在宇宙初始克罗诺斯统治的神话,以作为他和他的对话者所寻找的政制的理想蓝图。我将把这个神话作为我的起点,首先,因为借助这个神话,神明作为城邦真正的统治者第一次被引入,其次,因为这个神话引发了一些关于神明的统治的本质以及他的这种统治当中所涉及的基本问题。回答这些问题能够帮助我们理解《法义》的政治计划,以及宗教观念在邦民信仰体系中的显著地位。

有人认为《法义》中的柏拉图,只是投机取巧地利用传统希腊对诸神的信仰,将其以作为正义的守护者,或者引入神明仅仅是为了把至高无上之地位赋予已经发表的法律。虽然这两个说法理应能够在整个对话的各个方面被看到,我将不满足于如此简单的解释神明在城邦中的突出地位,我将论证,《法义》中的政治计划是,邦民将会理解神明统治城邦和宇宙,并且认为这种统治是最好的统治。而我将这样做——通过解释神明的统治是让城邦有德性,而达到幸福的这个过程中的至关重要的因素,①这不是通过压制邦民的理性能力(如果引入神明的目的仅仅是为了恐吓邦民以使其顺服,就会是这样),而是通过拓展他们的理智视野。

---

① 因为在《法义》中,如其他地方所言,柏拉图认为德性是幸福的主要的(必要的)组成部分,培育邦民的德性是使城邦幸福最好的方式。

1

在《法义》的第四卷中,雅典异方人引入了克罗诺斯统治的神话,作为他和他的对话者建立政制的理想蓝图。① 他排除了所有其他所谓的政制,比如君主制和民主制,在这些政制之中,城邦的一部分服从城邦的另外一部分的统治,这些组织仅仅服务于统治党派的利益,而非共善(common good)。他宣称,如果城邦②是完全按照它的统治权力命名,他应该用"真正统治着那些有充分理智的人们"(tou alethos ton noun echonton despozontos theou,《法义》713a2-4)的神明来命名。克莱尼阿斯追问到,"这个神明是谁?",雅典异方人引出他在克罗诺斯照管下的生活的论述:

> 流传至今的传统说法告诉我们,当时人民过着非常幸福的生活:他们被赐予了丰饶的物产(aphthona),而不必作出任何努力(automata)。理由据说是这样的:正如我们曾说过的③,克洛诺斯当然知道,人之天性决不能完全控制住人类的一切事务,当拥有独裁一切的权力时,不变成傲慢(hubris)和不公正的自负的人。他牢记这一点后就向我们的国家委派国王和统治者。国王和统治者都不是人,而是一种超人的、

---

① 因为雅典异方人用他们的法律建立一个城邦,所以为新城邦立法和建立城邦在同时被提及(Lg.712b6)。事实上,在这篇对话的其余部分,雅典异方人制定的不仅仅是刑法,还包括宪法。
② 雅典异方人所说的是城邦还是城邦的政制? 从这篇文章来说,他肯定说的是城邦的政制名称,因为在《法义》的704a1-2中,他已经提出了应该给新城邦赋予什么样的名字的问题。也可以参看,《法义》中的 848d3、860e6、919d3、946b6、969a6,中"马格尼西亚人"作为新殖民地邦民的名称。
③ 参看《法义》711d6-e7。

更具神性的秩序的存在物——精灵。我们遵循着今天我们放牧羊群或其他畜群一样的方法:我们不叫牛去管牛,羊去管羊,而是由我们自己来管,因为我们是万物之灵。所以克洛诺斯也一样,由于他爱人类(philanthropos):他把我们交给超人的存在物——精灵来照管。对精灵来说,照管我们的利益是件非常容易的事儿,对我们而言却是一种极大的恩惠,因为它们关注的结果是和平,对他人的尊重(aidos),自由(eleutheria),绝对的公正,世界各族之间的幸福与和谐的状态。(《法义》713c2 - e3)①

由于这样充满喜乐的生活是属于悠远的过去,②但是就目前而言,失去了克罗诺斯的任何直接统治,按照雅典异方人的说法,如果他们想要成功地建立一个善的城邦,当前的城邦应该以模仿克罗诺斯的统治范式。

  这一传说甚至在今天对我们都有一种道德上的教训,它包含着大量的真理:哪里国家的统治者不是神而是凡人,那里的人民就离不开辛劳和不幸。教训是,我们应该千方百计模仿传说中克罗诺斯领导下的人民的生活方式,③管理我们的公共生活和私人生活——协调我们的家庭和城市——顺从我们身上的哪怕是一丁点儿的神的因素,就地理分布范围规定,理性地给予(ten tou nou dianomen)"法律"的名称。但如果有一个人,或某个实行寡头政治的政府,或者一个民

---

① 除了表达的意思相反,这些翻译都属自译。(本文所录入《法义》的译文均参考张智仁,何勤华的译本,但在少数地方进行了改动——译者注。)
② "在我们前面描述过的那些城邦建立之前很久很久",《法义》713a9 - b1。
③ 另参《法义》713b3 - 4。

主政府,沉溺于寻欢作乐希望满足其所有的欲望——像瘟疫一样袭击了它的邪恶贪欲的贪得无厌的牺牲品——那样的话,正像我们刚才所说的,如果这样一种权力统治城市或个人,把法律踩在脚下,那么就无可救药了。(《法义》713e - 714a8)

克罗诺斯统治下的显著特征之一在此被描述为"极乐"(mal'eudaimon,《法义》713b1 - 2);同样,克罗诺斯所派遣的精灵直接统治人类,而人类的幸福则来自于精灵《法义》713e3,另参713c3)。当然,因为克罗诺斯式的统治为目前的政治计划提供了一个模型(事实上,为了它们的邦民,任何城邦都应该着眼于最好的政治),雅典异方人如此卖力地强调这种统治所产生的幸福和喜乐,便一点都不让人感到惊讶了。然而,一个问题便产生了,如何说明幸福为人类而产生。凭什么说人类在克罗诺斯的统治下会觉得幸福呢?

如果我们考察一下《治邦者》中的"伟大神话",这个神话中包含了柏拉图关于在宇宙初始克罗诺斯统治的另外一种说法,①对于克罗诺斯时代的人类生存条件,我们注意到存在一种更为令人质疑的说法。在此,埃利亚的异邦人(Stranger from Elea)明确宣称,纯粹的天国之乐——也就是,照顾到所有人的身体需要——并不是幸福的充分标准。埃利亚的异邦人说,为了达到幸福,在克罗诺斯统治下的人类必须参与哲学:

> 受到克罗诺斯精心培育的人因此获得大量的闲暇,且有能力通过言说,不仅与人相交往,而且与兽相交往,它们运用

---

① 不考虑《高尔吉亚》开篇的末世神话。

所有这些有利的条件,在它们与兽的交往中以及彼此之间的交往中研究哲学,并通过对每一物之自然的探究来学习,以了解每一类型(para pases phuseos)自身所特有且有别于其他类型的能力,从而集聚并增长智慧(epi sunagurmon phroneseos)。若是这样,那末,很容易就可以下判断说,就幸福而论,那时候的人要比现在胜过一千倍。但是,倘若它们整天只满足于口腹之欲,彼此之间及与兽所谈论的,也不过是现在我们所讲的有关他们的那一类的故事,那末,这也是很容易下判断的——至少根据我的意见,这是可以断言的。(《治邦者》272b8-d1)①

然而,埃利亚的异邦人对于在克罗诺斯统治下的人们实际上是否在做哲学,并且是否为此感到非常幸福,持有一个最终的判断。当代的评注家在评估克罗诺斯统治下的人类生活品质的时候,尽管对于这个神话的解释存在很大的分歧,但是他们普遍同意,神话中的人类并没有符合幸福生活关键要素②。他们基于以下论点中的其中一个,或者两个,以得出这样的结论。第一,在克罗诺斯式的宇宙结构中,人类的理智活动被认作完全是不可能的,因为宇宙反向旋转也会导致人类生活方向的反转。人类从地底下出生,充分生长成人,并在他们的生命过程中越变越年轻,直到他们完全消亡(《治邦者》270d3-271c2)。③ 第二,有人认为,他们(身体)所有的需要都由精灵照管,并不需要人类使用他们的理

---

① 采用罗伊(Rowe),Plato, Statesman, Warminster 1995 的翻译。(本文所录入《治邦者》的译文均参考洪涛译本,但在少数地方进行了改动——译者注)
② 有一个重要的例外便是罗伊(Rowe),前揭,193ad《治邦者》272c5-6。
③ Scodel, Diaeresis and Myth in Plato's *Stateman*, Hypomnemata 85, Goettingen 1986, 81 注解 9。

性能力，更别说从事哲学了。①

这两种立场导致了更为普遍的说法——对于宇宙作为一个整体而言神明的统治可能是最好的，但不是对于人类而言是最好的，并且善之整体以及至少某些善的部分并非一致。这种缺乏一致与我们在《法义》第十卷中发现的立场并不相同，在那里，雅典异方人强调说，何为宇宙作为整体的利益，以及何为个人灵魂的善——"由于他们共同的起源"(《法义》903d1-3)，两者之间是一致的，并且我们能够从《蒂迈欧》中抽出类似的论证路径。这个立场描绘了这两者之间是没有联系的——一方面不仅对于宇宙而言何为最好的，另外一方面对于个人灵魂何为最好的。而且甚至还描绘了阻碍这些利益的结合的不同可能性。因为在柏拉图看来——包括在《治邦者》中，都承认这样一种观点，如果他们从事哲学比不从事哲学更为幸福，并且在克罗诺斯时代，任何其他的好处都不会超过从事哲学的损失，那么，以下两点不可能同时为真，(1)在克罗诺斯时代，人类不从事哲学，并且(2)在所有的时间里，世界将变得更好，更为幸福。

因为我们主要关注的是《法义》中神话的版本，我不会长篇大论以决定是否要取消(1)和(2)的宣称，而只是否定(1)，对此我将提供一些论证。与罗伊(Rowe)一道，我认为《治邦者》271c2——"神明不会改变所有这些人的命运"——表明在克罗诺斯时代，至少某些人在从事哲学。由此看来，宇宙的旋转的时代从事哲学是不可能的这种说法并不真实。如果这样的话，我们或者不得不接受，比如罗伊和布里松②对《治邦者》神话的三个阶段解释的版本，这些反转的位置处于一个转型时期，夹在克罗诺斯时代与宙斯系

---

① 罗森(Rosen), "Plato's myth of the reversed cosmos", *Review of Meataphysics* 23 (1979), 82 注解 11; 布里松(Brisson), 358; Nightingale, (1996), 84.
② 布里松(1995b); 罗伊(1995b), 13, 189ff.

统之间,或者为了确切地指出哲学思想的方向,用比喻的方式重新解释宇宙的倒转①。第二个论证则支持(1)的宣称,即,人类不需要从事哲学,因为精灵照管了他们需要的所有事情,依靠这个假设,从事哲学是进行实践理性的结果。这个假设是值得质疑的,因为我们能够同样地论证,只有当我们拥有闲暇之时,从事哲学才是可能的,并且,我们还可以论证,进行实践理性的目的是为了闲暇(还包括,理想的,以及哲学探究)。② 也就是说,克罗诺斯的统治,为实践哲学创造了基本条件中的其中一个。③

在《法义》的神话中,并没有为了幸福而从事哲学的说法;雅典异方人也没有指出,克罗诺斯的主题便是从事哲学。然而,令人惊奇的是,《法义》的篇章中微妙地重新调整了《蒂迈欧》90a2 - 4 所暗示的幸福(eudaimonia)词源含义。在这两段文章当中,幸福的名称都与支配一个人的精灵所处的适当状态有关。但是,在《蒂迈欧》中这种精灵被视为一个人自己的理性(注意,精灵被说成是神明赐予我们的礼物)等同,正如在《治邦者》中,幸福是通过

---

① 这种解释,参看 Delcominette, *L'inventivité dialectique dans le politique de Platon*, Brussels2000, 175 - 93。
② 参看一些例子——《法义》中禁止邦民进行体力劳动,并且在《泰阿泰德》的离题中强调从事哲学需要闲暇。我非常感谢 David Johnson 帮我搞清楚这个问题,同时还需要感谢的是 Lane, Method and Politics in Plato's Statesman, Cambridge, 1998, 131,他充分地说明了,柏拉图的技艺(technai)是从属于哲学的。正如 Chris Bobonich 向我们指出的那样,虽然实践理性发展在构成制造和获得物质性的善,对于我们人类作为一个整体的世界以发展获得理论理性的能力是必要的,在克罗诺斯式的系统中,这样的需要并不是一个问题。精灵统治着服从他们的人类,用一种教育直接培养他们的精神能力,因此,要通过自然的缺乏以增加分配的压力。
③ 在这里值得提到的是普洛克罗(Proclus)对克罗诺斯时代论述的比喻,在那里他将人类与脱离肉体的灵魂相等同。这些个体,脱离了肉体的约束,完全参与理性思想。普洛克罗, In Cra. 63, 28, 8ff.;参看 Dillon, "The neoplatonic exegesis of the Statesman myth", in C. Rowe (ed. 1995), *Reading the Statesman. Proceedings of the III Symposium Platonicum*, Sankt Augustin 1995,页 371。

一个人理智能力的实践而组成的,相反,《法义》中所描述的这些精灵,是对于人类是外在的,并且作为克罗诺斯造福人类的力量的人类。

然而,在《法义》所提及的词源学篇章中,包含了一个暗示——理性(nous)以神圣之名义(克罗诺斯)统治。通过选择这个特殊的神明,柏拉图在《克拉底鲁》中提供给我们关于克罗诺斯一个传统词源学的隐含意义——"纯粹理性"(koros nous;《克拉底鲁》396b5-7)。① 在随后对这个神话的解释(或译解)中,法律在当前的城邦取代了克罗诺斯的精灵,它在另外一个词源学的解释当中,被引入作为理性的安排(ten tou nou dianomen)。② 因此,似乎柏拉图提高了外部理性在城邦之中的存在与统治,不再认为个人幸福要求人们通过自己的理性而统治。在此,我们想到《王制》590d3-5中描绘的"第二好"的情形:"神圣理性的统治对于所有人而言都是更好的,最好是来自于他自身内部,否则就必须从外部强加……。"③

2

当柏拉图起草《法义》的时候,他心中所想的是这样吗?难道我们应该认为柏拉图开始拥有一个认为人类可以随心所欲、有能力创造属于他自己的幸福的观念,随后却认为人类只是服从于较

---

① Robinson, "κρόνος, κορόνους 和 κρουνός in Plato's *Cratylus*", in L. Ayres (ed.), *The Pssionate Intellect*, New Brunswick and London 1995 给出了这个词源学的启发性的解释。对于《克拉底鲁》文本哲学性的解释,参看 Sedley, "The etymologies in Plato's Cratylus", *Journal of Hellenic Studies* 118(1998), 152 以下。
② 在《法义》957c6-7 中礼法(nomos)的词源学被再次提出。Charles Kahn 告诉我们赫拉克利特(Heraclitus)暗示了相同的词源学。
③ 译自 Cooper & Hutschenson 中的 Reeve 译文。

高的存在——或者,在城邦中有一系列固定的、神圣的、有约束力的禁令——是德性与幸福生活的主要组成部分?因为马格尼西亚的政治是仿效克罗诺斯式的组织建立的,这好像体现出同样关键性的评价这个评价在《治邦者》中构成了克洛诺斯式的格局(按照传统的解释),即,它并不把人类看作自我指导的、独立的理性行为者。这恰好说明了为什么一些评注者认为,在克罗诺斯统治下的人类生活的并不幸福。如这种观点所体现——这将让我们以一种悲观的态度去理解《法义》,例如,Gould 所说"服从是《法义》最大的德性。服从那扮演着法律角色的神明"。①

有一种方法能解释我们所观察到在柏拉图的《治邦者》与《法义》两书之间人类在克罗诺斯的统治下生活状况的差异,便是赋予《法义》中神话版本中所使用的政治词汇重要性。② 或许这种政治组织能够说明《法义》中描述的克罗诺斯式统治下的人类幸福。总之,这可以普遍认为是宙斯时代的一个巨大进步,宙斯时代在《治邦者》的神话中紧随克罗诺斯时代之后。在后一个时代中人类"接受神明的照顾,没有政体(politeiai)"(《治邦者》271e8),相反,人类生活在宙斯时代,因为缺乏神明的直接统治,第一次实践政治技艺(techne)。在《法义》中的克罗诺斯统治的版本,神明好像自己使用了某种政治结构:神明派遣精灵、王者以及统治者管理我们的城邦(《法义》713c8 – 9)。③ 更进一步说,雅典异方人列举的来源于克罗诺斯的统治的那些善,通过精灵来协助统治组成了如下这两种善的一个混合体——一方面是克罗诺斯的黄金时

---

① Gould (1955). 104.
② Vidal-Naquet 以及 Lane 使用这一点作为《治邦者》与《法义》中神话之间的关键区分(Vidal-Naquet [1986], 296; Lane [1998], 116)。
③ 但是要注意赫西俄德,Op. 119; poleessin。

代所独有的那些善①——和平和自由②——另一方面是具有重大的政治隐含意义的那些善——敬畏(aidos)和正义(dike)③——有趣的是,普罗塔哥拉在著名的对话中提到宙斯赋予人类敬畏与正义(《普罗塔哥拉》322c7 - d1)。

但是,《法义》中的政治词汇并不能提供给我们充足的理由——为什么在克罗诺斯统治下的人类的生活被认作是幸福的。因为在《法义》中的克罗诺斯时代,人类仍没有被描绘成能按照自己意愿管理政府——这与《治邦者》中的宙斯时代的人类不同。④

---

① 参看穆勒(Müller), *The philosopher in Plato's Stateman*, The Hague 1980, 45 以及 Vidal-Naquet, *le chasseur noir: formes de pensée et formes de société dans le monde grec*, Paris 1981; *The Black Hunter: Forms of Thought and Forms of Society in the Greek World*, translation by Andrew Szegedy-Maszak, Baltimore 1986, 288。
② 按照 Burnet 和 Dies 的说法,我建议理解为自由(eleutheria),而不是良好秩序(eunomia)。这些手稿几乎平等的分为两种理解——是应该理解为良好秩序(A 以及 L 和 O3 的空白之处),还是应该理解为自由(L 和 O,以及 A2 的空白之处)——译者注,A 代表亚历山大里亚版本,L 代表拉丁版本,O 代表东方版本。在 Julian 看来,这个词是存在的,并且敬畏(aido)是直接紧随于好正义(aphthonian dikes)之后的(并且将重音 de 置于之前)。自由能够产生更为复杂的理解:神明只有在处于他的专制之下才是正义的(《法义》713a4),再进一步说,雅典异方人强调对于城邦只有一种奴役的方式,那便是邦民成为法律的以及他们的专制者的奴隶。(《法义》715d4 - 6,这段话让人回想起了《法义》714a2 - 8 对神话的解释)。良好秩序可以通过注经师对神话的注释的理解而得以解释,在他们的解释中,以前神话中精灵的统治者就相当于当前城邦所指的法律。由此可知,精灵本身也进步了一点,他们将优良秩序引入了他们的统治中。按照这种解释,自由作为越难理解的地方就越值得关注(the more difficult reading is the stronger)应该被认为原初的理解。然而,值得注意的是,立法者的主要任务之一便是使得城邦"自由"(以及智慧与友谊与城邦相伴"wise and friendly to itself"),这在对话的开头的前面几卷被说的很清楚了。(《法义》693b3 - 5; 701d6 - 9)
③ 参看人种作为 astasiasta(《法义》,713e2)。
④ 即使把良好秩序理解为自由也不能提供我们任何解决这个问题的方案:因为良好秩序被列为通过精灵统治的好的结果中的其中一个,并不是列为一种方式,因此应该采用它的"好的秩序"的意思而不是"好的法律系统"。

与后者是自治的相反,在《法义》中,生活在克罗诺斯统治下的人类是服从他治的(heteronomy)。更进一步说,不仅仅人类被描绘为不参与政治,而且通过神明而导致人的统治的成功被归因为这样一个不争的事实——人类并未被授权统治他们自己。在神话中,克罗诺斯被描绘为知道人类统治自己的局限性:"克罗诺斯(知道)人之天性决不能完全控制住人类的一切事务,当拥有独裁一切的权力时,不变成肆心(hubris)和不公正的自负的人"(《法义》713c5-7;另参716a4-b1;值得注意的是,这个观点已经通过立法者在《法义》691c1-4 中说明)。因此克罗诺斯把统治人类的权力赐予级别较人类的更高者——精灵。

我们可以从神话中确切得知,人类不适合统治他们自己,即,"哪里国家的统治者不是神而是凡人,哪里的人民就离不开辛劳和不幸"(《法义》713e4-6)。终究,这正是引入神话的理由:只有基于神圣权力的政制的统治之下,才能够得以建立善的(整体)的城邦。在第九卷中,雅典异方人拓展了这些理由:他认为这几乎是不可能的——某些人不仅知道对于整个城邦而言什么是最好的,此外,他还能够控制自己的欲望,以至于能够摒弃自己对快乐与荣誉的渴望,实行共善。这种能力只属于天赋了不起的天才——知道什么对于每一个邦民而言是最好的,以及能够培养他们的善(《法义》874e7-875d5)。而现在的情况是,不管这些邦民是否拥有善,民主政治、寡头政治和专制政治的统治者并没有提升他们邦民的德性(《法义》832c4-7)。① 因此,整个城邦的利益只能当神明统治的时候才能得以保证——在神话中,克罗诺斯被描绘成一个爱人者(philanthropos)。(这个说法提醒了我们《蒂迈欧》中对"造物者"(Demiurge)的描绘,造物者通过他的良善和

---

① 另参《法义》712e9-713a2。

毫无嫉妒,希望创造出一个善的宇宙;《蒂迈欧》29e1－30a2)①神明的性格并不像人类一样表现为过分的自爱(参看《法义》731e－5,另参731a2－3)。不能留给人类的统治者来完成让城邦幸福的任务,雅典异方人规定,城邦的统治应该完全交由作为神圣理性分配的法律。

但是仅仅拥有理性秩序的法律,其自身并不足以让法律统治的邦民幸福——因为同样的理由是——如果我们忘记了宇宙的秩序的话,作为一个合理有序的宇宙的部分并不能导致幸福。当然,每种宇宙秩序都需要我们对其进行考察;更进一步说,因为我们自己是这种目的论秩序中的一部分,我们天生就最能够掌握这种宇宙秩序(想想《蒂迈欧》中关于人类生理学的说法)。但是直到我们获得对宇宙神圣秩序的理解——这包括对我们的(理性)自我的理解,它作为这种天赋秩序的一部分和产物而向之趋近——我们才会获得幸福(尤其参看《蒂迈欧》90a2－d7)。

《法义》描绘了适用于法律系统的类似推理过程。要使法律真正有益,每个公民就必须(至少在某种程度上)理解那掌控法律的理性。通过颁布法律,立法者应该教给邦民,在什么意义上德性就是他们的最大利益,这是法律的主要目标。② 他在一部分情况下是这么做的——通过使用置于单法(single law)之前的前言。这些前言的目的在于劝说邦民服从法律,如果可能的话,在法律中,运用强力的威胁是已经制定的禁令的内在属性。拉克斯将前

---

① 这种克罗诺斯的描述也与《法义》第十卷中猛烈批判的"实用的异教徒(functional heretic)"相联系,这些人认为诸神是存在的,但是不照管人类的事务。
② Bobonich, "persuasion, compulsion and freedom in plato's Laws", *Classical Quarterly 41* (1991)对于这个前言的功能给出了一个解释。

言后一个功能阐述得最为清晰,①然而,他认为前言大部分都没有体现一种理性的论证,而是,要么使用"修辞性的赞美和批评",要么借助法律程序以外(extra-juridical)的神圣奖惩功能,利用传统的神话素材劝说邦民服从。但是唯一例外的是拉克斯提到的关于宗教法规的前言。②

在此,我并不希望讨论一个这样的问题——是否存在任何其目的在于教导邦民而不是鼓励他们服从法律的前言。③ 但是,这显然是不一致的——恰恰是宗教法的前言最鲜明地体现了理性的论证。因为正是对神明的本质的研究——即神学的研究——在《法义》第十卷的论证中有着大量的例证,卓越地为邦民提供了对神圣理性的观点,神圣理性既掌管城邦的法律也掌管天体的运动。

3

《法义》第十卷的前言主要讨论和分析了关于宇宙是善和有秩序的,并且这是因为神明始终全面地照管了宇宙的这一些宣称。但是,对关于宇宙的这个事实的知晓何以帮助邦民去理解:这法律的目的在于最好的生活?《王制》可能暗示了这样一个事实就如任何其他人所表达的一个道德论证一样,其主要部分强

---

① Lakes, "Socrates and Plato. An introduction" in C. Rowe and M. Schofield (edd.) in association with S. Harrison and M. Lane, *The Cambridge History of Greek and Roman Political Thought*, Cambridge (Cambridge Univ. Press) 2000, 285-90.
② Lakes, "L'utopie législative de Platon", *Revue Philosophique* 181 (1991), 427 以及前揭,285-90。
③ Bobonich,前揭,对前言的主要功能给出了一个劝说性的解释,通过法律的规定作为邦民采取信仰以及行动的理性理由。

调的①内容并没有提及诸神与他们的意旨。但是《法义》则认为远远不止这样。在《法义》第十卷中,雅典异方人宣称知道对于过好生活神明是必要的这一事实:"你们现在轻率地对待的一切事情中最重要的事情,即正确地思考(dianoethenta)神明,就等于过得好,否则就不好(e me)"(《法义》888b3-4)。② 然而,可能有人会指出《法义》最后部分(《法义》908b4-c1)提出的"正义的无神论者"这个(臭名昭著的)例子,来表明,柏拉图在《法义》中认为否认了神明意旨的生活仍然可能是正义的。我将为这种宣称做辩护,即,尽管《法义》中关于德性的例子显然不单单依靠这个神学的论证,③无论如何,对于获得以及维持德性的生活这些都是至关重要的,并且"正义的无神论者"不过是一个悲哀的例外。这样做的话,我将不能展现全面的理论背景,而只是概述关于神明的知识支持邦民(所承诺的)德性的一些主要方法。④

(1)天文学形式的神学(以第十卷的那些论证为例),对于每个邦民的课程而言,是一个基本要素(820e8-822c6;这个需要在890e6-891a7中说明,每个邦民都要尽他们最大的能力去研究神学论证)。在第七卷中,雅典异方人概述了包括算术、几何、测量学、天文学的教育课程。与其他数学研究一起,天文学作为最为高端的学科(不像《王制》那样,和音(harmonics)没有包括在数学

---

① 这样的观点产生于阿德曼托斯在《王制》第二卷发表的强硬派(hard-line)的论证,在那里他为这种观点辩护,正义的生活与诸神的关系是有疑问的,我们应该将这样的讨论完全放置在一边。(《王制》362e1-367e5)
② 我赞同 England, The Laws of Plato, Manchester 1921,2 卷对此的评注,e me 应该视作诸如此类的省略:"或者,不能正确获得诸神的思想,就得过坏的生活。"
③ 其他篇章的目的在于回到这个论题,即,德性始终是最好的,例如这些篇章处理神圣与人的诸善(《法义》631b6-d6),并且处理了第二卷中正直(dependent)和不正直(independent)的诸善(《法义》661b4-d3)。
④ 在我的博士论文中给出了充分的解释,注解 1,以上。

研究中),起到将人们带离可见世界的作用,并且教会他们不可见的价值的存在。通过领会世界是善的和有秩序的,并且知道为什么是这样的(因为理性安排的宇宙是最好的),邦民便能够理解存在着独立于感觉能力的原则(比如,仅仅对于观察者而言,那些控制天体的运动,看上去是徘徊的,822a4－c5)。正是这些尽管是在一个较高的标准之上相同的主题研究为夜间议事会的成员的统治所必备(966e1－968a4),尤其因为理性统治着城邦与宇宙。这些研究甚至可能构成了伦理知识的本身的一部分,并且并不仅仅是对伦理知识本身的一个准备,如果我们接受 Burnyeat 的以下观点,①柏拉图的价值观念本质上是数学的。通过否认与宇宙善的秩序密切相关的神明的天意,这个"正义的无神论者",并没有掌握一种重要的伦理学知识。他所说拥有的正义很可能只不过是自然的正义倾向。②

这样的一种神学概念与《王制》中所采用的神学概念有着根本上的区别。在那里,神学只不过是被净化的神话,目的是借助向邦民提供神圣的行为模式以灌输正确的习惯(《王制》377c6－383c7)。正如随后在《王制》中所指出的那样,这样的教育其本身不能使邦民远离生成世界而面向存在世界(522a2－b1)。接受教育的好处在于能够行正义——这是为哲人王阶级保留下来的。在《法义》中,面向真实的存在世界不再是哲学家的特权,尽管充足的数学教育只是为夜间议事会的成员所保留。③

---

① Burnyeat, "Plato on why mathematics is good for the soul", in T. Smiley (ed.), *Mathematics and Wollheim*, Oxford 2000
② 参看《治邦者》309a8－b2。
③ 因为这种区分成为道德意义,我们不得不接受这样柏拉图看待真正的德性的条件(或者真正德性的程度)的观点,以及(或者)不得不接受从《王制》以来他观点在他生命中的几个时期是变化且发展的。Bobonich(2002)具有说服力地认为柏拉图的伦理学将随着这两条路径变化。也可以参看 Irwin 关于《法义》中的德性变化的情况的论述(Irwin, *Plato's Ethical*, Oxford 1995, 350－3)。

(2)《法义》第十卷中的神学论证也为理性统治的道德因素中的实际含义,首先作为宇宙中首要完美的例示①,并且也作为城邦中的法律系统的例证②。"末世性"的神话部分反驳了诸神没有照管人类的事务这一宣称,雅典异方人与之前提及的年轻异教徒(我将称他作实用的无神论者)的观点针锋相对,"如果诸神完全没有照看人类的正义,那么存在的正义有什么意义呢?"——在《王制》中阿德曼托斯和格劳孔提出了同样的问题。(在神话之前的论证中,雅典异方人通过解释神明对整体宇宙的照管——事实上,任何照顾了整体的手工艺者——必不可少地存在于宇宙之内,并且甚至表达其自身在整体之内,并且照管了它的个体部分,889d6-903a8 质疑年轻人的理论观点。)

然而,神话并没有开始于解释正义究竟如何有益于道德行动者。相对而言,神话的前半部分(《法义》903b4-e1)对实用的无神论的错误以及私心进行修正。神话试图说清楚这个观点——我们不能将我们自己的幸福作为我们的道德世界观的目标,但是把宇宙整体的概念作为我们的道德世界观的目标,而我们自己只是宇宙整体的其中一部分。通过强调宇宙幸福要较之它的部分更为优越,雅典异方人的目的在于消除《法义》中我们随处可见的倾向——将每个单个的人作为他的本质中内在的部分,即,以他人的善为代价以追逐每个人所认为对于他自身而言最好的东西。正是这个特征被认为导致了人类如此不适宜于统治自己。这个关于整体宇宙的善为柏拉图的正义观念增加了一个新的维度。

---

① 《法义》966e2-4,967b5-6. Menn, *Plato on God as Nous*, Carbondale/Edwardsville1995,6-13,提出了关于理性在柏拉图的宇宙中的排列顺序,这个话题的深入细致的讨论。

② 参看 Bobonich, *Plato's Later Ethics and Politics*, Oxford 2002). 96f. 因为借助法律的理性统治的局限性是不可避免的。

在《王制》当中并没有暗示义人有责任将自己对他人所关注的范围拓展到城邦以外。相反,根据《王制》来看,只有在不同情况下当义人对于城邦有一个具体的义务,或者对城邦有所亏欠之时,他才有义务照管优良的城邦。①

雅典异方人接下来着手于解释,我们如何从理性控制的宇宙生活中获益(《法义》904a6 - 905c4)。神明采用适当分配的原则对待每个适当的灵魂,正义的灵魂向上升至较好的位置,而坏的灵魂则下降到更坏的位置,按照这种方法来安排宇宙。灵魂所移动到的那些位置的不同的品质应该理解为它们如何有益于道德进步:上升的灵魂将加入到其他正义的灵魂的队伍当中(这里甚至暗示他们加入了神圣灵魂),这将助长他们的德性,不正义的灵魂将与其他的坏的灵魂为伍,产生坏的影响,产生了一种越来越不正义的状态。②

因此,雅典异方人对实用的无神论者的回应的主要方式,不是通过宣称神明基于我们的道德情况分配了幸福和痛苦,而是通过揭示神明的统治如何产生一个宇宙以支持我们道德选择。神明不是首先通过分配外在于德性的诸善来表达他对人类的照顾③(对于一个有德性的人而言,将产生一个逐渐增加的幸福,因为柏拉图在《法义》中认为,在德性之外存在着另外的幸福的组成部分④)。相对而言,神明的宇宙组织的目的论,通过提供义人以适当的环境以发展他自己的德性,帮助他的道德进步。为了更加重视这个事实,有必要将德性看作幸福的主要组成部分。也就是,神话并没有先提供给(迄今为止)不义之人动机,而是保证(已经)

---

① 参看哲学家回到洞穴之内的讨论,《王制》520a6 - c6。
② 另参《泰阿泰德》176e2 - 177a8。
③ 尽管《法义》没有完全排除这种可能性,参看《法义》732c4 - d7。
④ 参看例如,《法义》631b6 - d6,661b4 - d3。

正义的人,尽管这个人不是一定要完全正义。①

但是,神话最终巧妙地揭示了人类幸福与追逐整体的善(而不是个人自己的善)之间的关系。神话的目的在于强调,如果我们不知道我们自己对整体的贡献,我们就不能开始掌握幸福和痛苦(《法义》905b2-c4)。与在这适用于不义灵魂的例子相反(他们没有认识到因为他们对待他人的不义,他们自己产生出属于他们自己的不幸),从这篇文章中的一句话纠正了这样一种完全的私心,我们知道了这个适用于灵魂的相对面追逐着整体的利益(《法义》903d1-3)。通过认同个人灵魂利益与整个宇宙利益的结合,雅典异方人使邦民却行,通过采取整体之善作为我们自己道德目的(并且这样分享神明的目的),我们也以最好可能的方式助长着我们自己的利益。

于是,我们已经看到,神明或者理性的统治并不是两个善的较小者,正如《王制》590d3-5所暗示的:"对于每个人而言,神圣理智的统治是比较善的,神圣理智最好来自于自身内部,否则必须从外部强加……"《法义》在关于这一点表达得非常清楚,我们并未被给出两个相互排斥的选项。因为在这个对话中,柏拉图向我们确切地揭示了,正如神明和城邦的法律所示,理性的统治如何产生出由理性所支配的灵魂本身。②

---

① 较好灵魂向上转化的形式的回报可以说是提供给"已经较好"的灵魂的,而不是仅仅给正义的灵魂(《法义》904e6)。如果这个回报仅仅是给完美正义的灵魂的话,那么神明的分配将变得毫无意义,如果不是多余的话。此外,对于这种相对复杂的论证,它只会受到已经被评判为正义的人的认同,(传统的)修辞使用的目的在于避免那些不认同对幸福的有正义分配的人去行不义。

② 我将要感谢我的导师赛德利,波波尼奇,阿多梅那斯(Mantas Adomenas),朗(Alex Long)以及约翰逊(David Johnson),还要感谢在耶路撒冷第六届柏拉图专题研讨会(VI Symposium Platonicum)上的听众,因为他们对这篇论文早期的版本进行的批评。我被允许阅读波波尼奇的《重建乌托邦》(Utopia Recast)未刊稿,并从中获益良多。我非常感谢朗和阿姆斯特朗(Jackson Armstrong)以他们批判的眼光规整(subjecting)我的英语。当然,文中存在的任何错误都应由我自己负全责。

公正：柏拉图与希腊人有争议的德性

桑德斯（Trevor J. Saunders）
崔 崑 译

第一部分 考古研究

引言

柏拉图赞颂德性，既关乎大写德性（Virture），亦关个人品德，这已无需说明。恰如拙述，柏拉图对某一特定德性，极度怀疑，乃至充满敌意之时，会皱起眉头，要求合理解释。那德性音译为"厄庇艾柯亚（Epieikeia）"，常译作"明智"、"公正"、"正派"、"得体"，或更正式地译为"公正（equity）"。① 我的论文，及文中所作解释，是且仅仅只是，我目前所准备的希腊思想中对"公正"的分析与历史的一部分。这些内容，或将包含对亚里士多德相关文段的翻译与评注。因此，此处所呈，即为此进程中前期工作的研究报告。

---

① 笔者在此文中，并不研究该词的词源学意义，仅关注其使用。

初步的分析

首先,将文本分为三类。第一类文本,在其中几乎附带性提到,行为过程、个人性格及生活方式,均被誉为"公正",有时,或带有详述或评注,及与其他种类的人和行为的对比,但当并无"非公正"的行为、事物或人,出现此结构中时,情况亦是如此。在后一情况中,如果读者停下来思考,想象如此之事并不难;若读者不愿:第二类文本便接踵而至。

第二类文本,论及一些过分的,不切实际的行为举止,尽管这些行为在普遍情况下是难以忍受,不得人心且需要被改善。在适当地估计哪些行为可以且应该被修改后,一些具有"公正"德性的行为就会取而代之。①

第三类文本是对第二类文本的应用:提到了一些冲突的发生,以及怎样将受伤一方期待的极端报复措施降低到可以接受的程度。

在第一类文本的模式中,推理往往会被掩盖:在共同体的社会经验完成之前,推理就已然结束很长时间;某一正确的标准,业已成型,且恰如其分,为人所接授,为其辩护也理所应当。此外,在第二类文本和第三类文本中,行为过程的可选择性,得以详细讨论,在原则性的估量过程中,这些行为与"公正"行为形成对比。在第二类文本中,估量是低调的,可行的;第三类文本则产生指责,事故责任,社会地位冲突,个人感情冲突以及诸如冒犯者和被冒犯者之间一报还一报之类的麻烦。但是在二类文本和三类文本中会有一些理想的,极端的行为,据说这些行为要么已经,要么应该被以案例阐述或暗示的方式所改善。

第二、三类文本,自会免于渗透。第二类文本中,个人因素可

---

① 极端的例子是,有时会放上负面的德性,参《奥德赛》,卷3,行335。

能影响评估,而且在个人的和道德的范围内,一些现实的解决方案也许会使人处于不利或至少是不满意的境地。尽管如此,那类冲突起于沉思之中,是副产品,而非先于沉思而进入存在之物,恰如在第三类文本中。相反,第三文本中,道德估量只会被现实因素所限制。

到目前为止,常用"公正"(epieikes 或 epieikeia)术语,属于第一类文本,这是我整个调查中的难点所在。第二类文本和第三类文本运用,有趣而更具技术性,在整个古希腊文学中(除亚里士多德笔下较长的分析文章中),相对稀少,且 eonomine(显而易见)。因为,极有可能,古代作家描述具有公正性的事件,却丝毫不提到公正一词。Mutatis mutandis(加以修正后)同样用于所有其他古希腊道德术语中:实在很难,为支撑它们的理据,定下界限。

荷马

现在,考察古希腊道德术语,定从荷马笔下的证据着手;①荷马向人展示,或至少说让人惊异,这些人熟知亚里士多德在《伦理学》和《修辞学》中谈到的公正概念。首先,提到术语中的几点。荷马笔下,第一,形容词 epieikes,通常为中性,偶带不定式(四个例子),或有 hos epieikes(4)为标志;②第二,动词 epeoike(4)和 eoike(8);第三,形容词 eoikos(4);第四,否定形容词 aeikes。Epieikes 一词描述个人庄重的性格,以及抽象名词 epieikeia,这

---

① 参霍夫曼(M. Hoffmann, 1914,页 51);相比之下,阿格斯提罗(F. D. Agostino, 1973)完全忽视了荷马的作品。荷马作品是某些历史社会的证据,桑德尔(1991a, 9-11)对如此看法的理由有简单描述。

② 德若米莉(J. De Romilly)的文献收集与评论(1979,页 53-63),十分有用,她认为(页 53,注 2),关于标志的例子有 7 个,均出自形容词的 21 个例子;但雷登(M. Radin, 1934,页 214)提到的形容词,不超过 10 个。

两个词的用法均非荷马式的。

三类文本的分析结果如下。大多数的例子均可清楚而直接地归于第一类。第二类的情况为数不多。首先,阿喀琉斯命令希腊人为帕特罗克洛斯(Patroclus)修筑英雄冢(tumbos),不要求很大,但要"合适"(epieikes,《伊利亚特》,卷23,行245-248)。也即是说,此时的英雄冢仅为权宜之计,随后阿喀琉斯也将与其合葬,那时应建更大的坟墓。其次,宙斯对一些事务,进行区分,某些内容需严守秘密,某些内容"适合"让赫拉知晓(《伊》卷1,行544及以下)。最后,欧律马库斯(Eurymachus)真诚地感觉到,追求者们向其他女人们求爱是"合适的",此时,他说当佩涅洛普(Penelope),这个完美的女人,无人迎娶时,这些追求者却不能向她求爱(《奥德塞》卷2,行207-207)。此处的三种情况均较特殊,epieikes 意指何物,随情况而定(*ad hoc.*)。

第三类情况,均无任何例子。不过,却有几处例子,提及事实上的或沉思中的报复行为的修正,原因多种;这些修正,是有人意图在这些情况之下,展现个人的温和(meilichos)或文雅(praos),*vel sim*(桑德尔,1991a,页14-18;德若米莉,1979,页37及以下;阿朗[A. A. Long],1970,页129及以下)。此处立即能想到的是,在《伊》卷9中对阿喀琉斯的请求,求他不要让报复太严酷、太冷漠。尽管此插曲较长,但在其中,以及在其他对复仇的削弱之中,epieikes 一词均没有出现(尤参页496及以下),也没有任何文段,将 epieikes 和温和相联——就算是在最初法院的标准和程序的描述中,也未有出现(桑德尔,1991a,页90-91)。① 笔者认为,

---

① 另参《奥德赛》卷24,行481中的 epeoike。或许,在《伊》卷19,行145及以下中,有某种含蓄的削减:阿喀琉斯并不要求礼物。在《奥德赛》卷12,行377以及以下中,此点便是,赫利俄斯(Helios)不要求,那不同于简单事物的、额外的补偿。参桑德尔,1991a,页25-27。

荷马笔下有诸多好斗的关系,在这些关系中,荷马式的人物,或许准备承认 epieikes 的因素得以呈现,然而,在荷马的 28000 行诗行中,却只字未提。可以列举词汇上的证据;它看上去十分有说服力(参布兰斯维格[J. Brunschwig],1996,页121)。

笔者以为,荷马笔下,epieikes 一词,强烈暗示着常态与公正,在这些情形中,能从第一原则得出定论的情况,十分稀少。尤其是,将这样的运用扩展到削减程度的情况中,确为荷马之后的作者所为,在每种情况下,to epieikes 均大概要重新理解。

在第一类文本中,epieikes 等词的使用,显得不可辩驳,然这在某些情况下,却具有欺骗性;因为,在一些人看来,十分合理的事,在另一些人眼中,却未必如是。所有这些用法均出现于言辞之中。① 说话人正收集事实,意欲说服他人。该词并非对某些完全非争议性事物的短暂认可,而是极具说服力的价值评估。当阿伽门农认为奥德修斯和墨涅斯提俄斯(Menestheus)未尽其责之时,便严词提醒他们,理应率军队参加战斗,如此方是"合适的"。雅典娜急欲帮助希腊人,却受到赫拉的劝阻,赫拉认为,让宙斯在希腊人和特洛伊人之间,做出裁定,方是"合适的"(卷4,行341;卷8,行431);最清晰的例子出现在《伊》卷23中,著名的对比写法中:在关于帕特罗克洛斯的葬礼上,先是安提罗科斯(Antilochus)和阿喀琉斯之间发生争执,接着又发生在安提罗科斯和墨涅拉俄斯(Menelaus)之间(卷23,行 262 及以下,尤参行 499 及以下)。

五个参加马车比赛的选手排序如下:狄俄墨得斯(Diomedes)、安提罗科斯、墨涅拉俄斯、墨瑞俄涅斯(Meriones)和欧墨洛斯(Eumelus);尽管欧墨洛斯自己,及其战马都有明显的优势,但他在马车上受了伤,因而排最后;安提罗科斯排名第二,本

---

① 参雷登,1934,页215;他强调了社会等级的重要性。

来墨涅拉俄斯会排第二,但安提罗科斯用计谋阻碍了他(卷23,行417-441,行514-527)。① 当分发奖品时,阿喀琉斯同情欧墨洛斯,并提议将二等奖颁给他,因为就欧墨洛斯的德性来看,如此是"合适的(epieikes)";这个想法,得到大多数希腊人的认可(卷23,行534-538)。

布兰斯维格(1996,另参加加林[M. Gagarin],1986,页101-102),在其最近阐明的关于公正的讨论中,他发现,第二个完成比赛的,就获二等奖,这是第一规则,理应遵守,然基于公正原则,有时会出现放弃此原则,此处就存在一个简单的冲突。可以如此理解此事,即在阿喀琉斯看来,欧墨洛斯不应该最后一个完成比赛,如果情况正常,或是处于理想状态之下的话,本不会发生这样的事情。于是应该对他做些补偿,把他列入最后的次序中。(理应看到,"本会"以及"应该"两种说法,在雅典法庭的关于正义的争论中,十分重要。)但正如布兰斯维格所问,"为何要将二等奖送给比赛的最后一名,而不是一等奖,或是三等奖?"答案十分明显,荷马告诉我们,基于此事的简单资料,安提罗科斯玩弄聪明(metis)太过,行为已有欺骗性(卷23,行316及以下,515和590)。② 诗人清楚此事实,但观众们并不知情(尽管观众以为他们能知情;卷

---

① 安提科洛斯遵照涅斯托尔(Nestor)的建议,运用智谋(metis)。
② 布兰斯维格已经留意这一点,不过却将其忽视(1996,页122,注10);布兰斯维格明确认定,在欧墨洛斯眼中,阿喀琉斯行为的唯一动机以及对其目的的解释,即是同情和友谊(《伊》卷23,行534,548)。如仅限于此虑,他们会为欧墨洛斯另外奖励一些东西,而不是让欧墨洛斯拿走安提洛科斯的奖品。唯有安提洛科斯的欺骗行为,方能说明此问题。不过,整场比赛的技术细节问题,并不清楚(加加林,1983)。荷马用来描述安提洛科斯计谋的词是kerdea,即"获利"(卷23,行515,另参行322),该词在此语境中(除卷10,行225-227),至少表达出某种卑劣的含义("并不是真正的错误,但也不是如人们所认为的那样作风好")。如果安提科洛斯没有此种意义上的欺骗行为,为什么他不愿意发誓问心无愧呢(卷23,行582及以下)?

23,行 448 及以下)。就算观众们看到安提罗科斯阻挡了墨涅拉俄斯,他们也不大可能看出,此事究竟是安提罗科斯一时的疏忽,以至其马匹违反主人意愿,失去控制,恣意乱闯,还是安提罗科斯故意将马匹引入墨涅拉俄斯的路上。因此,阿喀琉斯的建议十分巧妙。他机智地允许安提罗科斯做出选择,要么自愿将奖品让给欧墨洛斯,以此赢得诚实与大方的美誉,要么基于自己的立场,坚决按照第一原则,获取奖品。第一种选择,可以让阿喀琉斯赢得"空间",以在基于"正义"的基础上补偿欧墨洛斯;第二种选择亦可让阿喀琉斯有所作为,他可从自己的奖品中拿出一份来,作为给欧墨洛斯的安慰奖——事实上,安提罗科斯做了第二种选择,即坚定地站在了自己的立场之上(《伊》23 卷,行 539-562)。

然而,若是说阿喀琉斯在寻求智谋,那墨涅拉俄斯则在引发事端。墨涅拉俄斯生气地置问安提洛科斯,要他发誓没有起坏心眼。安提洛科斯不愿发誓,事实上,已经承认自己的罪行,并放弃了奖品;不过,安提洛科斯恳求原谅年轻人的无知与鲁莽,以酌情减轻惩罚。于是,鉴于安提洛科斯前面的良好品德与行为,墨涅拉俄斯大方地将奖品还给他,以免被人视为傲慢而固执的家伙(卷 23,行 570-611)。

插曲的反讽意味,终于出现。这并不是一种对比写法(diptych),而是极具教育意义(didactic),或者至少说,明显是三点对照(triptych)。

首先,最为左倾的讲法是,安提洛科斯先是拒绝了某人基于正义的劝说,此方案会造成他自己极大的损失。

其中,居中的讲法即是,安提洛科斯被墨涅拉俄斯更强硬的策略所迫,不得不放弃第一原则。

第三,最为右倾的讲法是,墨涅拉俄斯自己放弃了基于原则应享有的权利,而忍受损失,以遵从一种事实上的公正论述,此论述为他自己所采纳:安提洛科斯先前的性格与行为符合此论述。①安提洛科斯,已经拒绝对他人的公正,尽管从中渔利。墨涅拉俄斯成为亚里士多德笔下 epieikes 人的原型,尽管在法律上处于有利地位,也所拿甚少。亚里士多德描述这样的人是 elattotikos。②

此时,现在正义的述求,却站到了罪犯一边,请求减缓复仇和补偿的强度。在这些例子中,受伤害一方的憎恨,如果有的话,将不仅被导向那个罪犯本人,还有那些代罪犯求情的人,请求给予罪犯公正。不过,在某些情况下,如阿喀琉斯和安提洛科斯之间的事,就不存在安提洛科斯仇恨的罪犯(当然不是欧墨洛斯),而安提洛科斯的仇恨仅仅针对求情的人,即阿喀琉斯。在两种情况中,都会发生损失,但在前一情况中,可能的损失者拥有双重的仇恨对象(罪犯和求情者),而在后一情况中,仅有一个(即仅针对求情者)。在法庭的论辩中,如若没有发生实际的伤害,而诉讼当事人可运用正义述求,以使案件对诉讼当事人有利,在他的对手眼中,如此行为,到此为止,由于那样的诉求,就变成为犯罪之人(offender)。第二类文本的某种情况慢慢变作第三类中的一个。正义成为论争与怀疑的对象。

通过前文的简略考察,十分明显的是,在荷马社会,存在下述可能,即遵守第一次序的规则,区别于基于公正原则,即对该规则的放弃或削减。此结论本身并不令人激动。同样明显的是,就这

---

① 笔者以为,这是进一层的反讽,安提洛科斯的正义(dike,卷23,行542),被墨涅拉俄斯的正义所战胜(行579)。依附于某种规定的正义要求,为另外一种证明所打败,原因在于,后一证明表明,该正义的要求依附某种规定,需有先决条件,即非欺骗性的行为,而此要求未达到。

② 亚里士多德著,《尼各马可伦理学》,卷5,页9,1136b20;参布兰斯维格(1996,页124-126)关于损失的总体讨论(参阿喀琉斯和赫利俄斯,《伊》卷9,行496及以下)。如在第三类文本中的所有其他情况一样,削弱被称为 epieikes。墨涅拉俄斯却说 hupoeixomai(卷23,行602):此口头表达,难道本意会与 epieikes 相关?

些情况的本质及其罕见性上来看,基于第一次序准则的强硬立场,事实上十分强硬:安提洛科斯觉得有能力对抗全体(en masse)希腊人的意愿。如果安提洛科斯的行为并无过错,阿喀琉斯仍然可以提出公正的诉求,以支持欧墨洛斯。狄俄墨得斯、墨涅拉俄斯和墨瑞俄涅斯也无过错,不过,只要他们中的一个,立刻无条件接受此公正诉求,此事便得以成形。因此,阿喀琉斯选了一个最软弱的目标,安提洛科斯;然则,阿喀琉斯也不愿意让此目标占有强势,于是他只是让公正的诉求失效了。

公元前五世纪

在荷马至公元前五世纪之间的两三百年间,形容词 epieikes 几乎了无踪影。的确,存留的文学作品并不丰富,不过,事实上,仍有一些对第一类文本的简短评论。一些早期的哀歌和抑扬格诗诗人,激情满怀,论述社会与政治问题。人们也会期待,公正与正派行为的概念,作为暴力与 stasis 等时常提及的极端行为的对立面,会常常以 epieikeia 的名号出现;但事实并非如此。诗人们的个人偏见,或将此事排除在外。但这并不意味着,正义行为并不存在,也不意味着,正义行为无法正视、认识或评论,而只是说诗人们用其他术语来观察此问题。①

直至公元前五世纪,该词才再次出现。重要的文献证据,可追溯至约公元前 400 年,但资料有限,难以全面展示。笔者将以下两类排除在外,即第一类用法,和演说者的言辞,后者存留到较晚时期。

智术师:恰如我们所期待的那样,智术师将 epieikes 带入了

---

① 如,在争斗的社会各阶层中,就其需求,达成平衡,参索伦(Solon,5);另注意行 4 中的 aeikes。

与城邦(*Polis*)价值的关系中。

第一,德谟克利特(Democritus,B252 DK)认为,人们应该将城邦的动作摆在至高无上的位置,"不应争议或偏爱那些有违 epieikes 的胜利",亦"不应接受有违城邦善好的力量或权力"。此处,公正用以控制雅典人社会与政治社会中过度好斗的品性。B291 DK 的思想与此相同:"审慎之人,耐于 epieikos 式的贫穷";或许,受压制的思想,不仅仅是"不过分抱怨"(或参欧里庇得斯[Euripides],残篇 274N),而是"不卷入内部争斗之中"。

第二,高尔吉亚(Gorgias,B6 DK),取自一篇就阵亡军士所作的葬礼演说。为突显这些军士的品德(页 285,行 15 及以下),高尔吉亚声言,"在许多事务之上,军士们并不固执于正义,而是温和的 epieikes;① 在许多事务上,他们不愿固执于法律的严苛,更追求言辞的正确,关于这一切最神圣,最普通或最公众性的法律,说和不说,做和不做,均取决于情势的要求……"。跟着是一长窜掷地有声的词汇,将德性与特殊情况下的行为相匹配——明显包含遵守"最神圣、最大众性的法律"。

设若对高尔吉亚风格的冗长与夸张保持耐心,且不惧过度阐释的危险,当能发现某种更精确的服从,和一种重要的劝告。"不屈的正义"(笔者认为),乃因"法律的严苛"所造成,而"温和的 epieikes"(笔者认为),乃因"言辞的准确"所造成,也即是说,法律的用词,并非基于其严格或狭窄意义,乃基于这些语词的普通及公众的认可。② 这是最神圣和最公众性的法律,成为什么,以及如

---

① 将 praon 解读为 MSS 中费解的 paron。
② 丹尼斯顿(J. D. Denniston,1954,页 258)暗示,在许多事情上,……许多事情并未"传达"出真正的对立面,这就使得(对 de 的)强调,毫无必要。此文章,在我看来,似乎是对功能性平行的回想(严苛产生了固守,而词语的准确则产生 epieikes),以交错法的配对表达出来,即 abba 结构,ab 代指结果,ba 代指源头或因由。

何作为,得以长段论述,并且论述的范围,在行为领域也要远广于正式的法律(通常意义上的"说"和"做"起着过渡的作用)。换句话说,那些有品德的故去者,推崇的是两种事物之间的同化:其一,即是在法庭和其他正式文本中所要求的正义行为的标准;其二,在这些文本中语言的使用,对高贵行为的描绘以及日常生活中语言的通常使用方法。此处对法庭请求的暗示,十分明显。

历史学家

第一,希罗多德书,卷1,段21-23。在讨论尼罗河洪水的敌对解释之时,希罗多德排除了一种解释,认为"其解释不对,尽管目前为止最 epieikes",也即是说,"到目前为止,最合理"。排除该解释的原因,正在于它并不是"很妙",也并未基于非公开的那些看法。然而,希罗多德宣称,此解释经不起检验(并给出了原因)。明显该文本是智力性的,非实践性的或是道德性的。对比要在某物的真正品质,或真实与表面之间进行。如此可疑的用法,在其他文本中,可轻易地暗示,某种给定的道德状态或实践行为,尽管表面上看来合理,事实上却是伪善而有害的(参"貌似真实"的可疑用法)。

第二,希罗多德书,卷3,段53。培利安得洛斯(Periander)的密使,也是他的女儿,想办法劝服培利安得洛斯的儿子,吕柯普福隆放弃不妥协的回绝;吕柯普福隆受到培利安得洛斯的虐待,因而回绝父亲的请求。培利安得洛斯的女儿劝他回到自己的家中:"许多人是把道理放在正义之上的"。

在修昔底德(Thucydides)[①]十次提到该用法中,卷三、四、七

[①] 相关译文,另参修昔底德著,《伯罗奔尼撒战争史》,徐松岩、黄贤全译,桂林:广西师范大学出版社,2004。——译者注

和十一的用法，最有意思：

第三，修昔底德书，卷1，段76-77：雅典人站在强者的立场之上，论述说，他们统治其附属邦国，遵循温和的精神，持守的正义，也远超过强力所自然赋予的。然则，这样的行为却为他们带来了损失。"然而，我们的公正（epieikeia）却使我们遭到责难，而非赞扬，这是极不合理的（ouk eikotos）"。公正合理（Reasonableness）被暂时用于现实政治（Realpolitik）：所谓强者统治弱者的自然法则，以如下的方式得以施行，即强者主动在弱者的利益中享有某种优势，这种方式本身被认为是 epieikes 的。

第四，修昔底德书，卷2，段74：阿奇达姆斯（Archidamus）拿被驳回的 eikota 的建议，与正义的惩罚和理应降临在侵略者身上的惩罚进行对比。

第五，修昔底德书，卷3，段4：米提列涅人（Mytileneans）希望"在合理的协议下"，雅典舰队能撤走——实则暗示了某种对比，即定协议与投降或作战。

第六，修昔底德书，卷3，段9：对于某城邦来说，背弃同盟国的"合理借口（epieikes prophasis）"，潜在地与不那么重要的理由进行对比，后一理由不允许发生背弃。参卷2，段62，不合理（即过分）的悲观，潜在地与合理的悲观进行对比。

第七，修昔底德书，卷3，段37-48：米提列涅人的论辩。克里昂（Cleon）在力主对米提列涅人采取极端报复措施时，谈到了合理（epieikeia，段40）：在对权力有害的事物中，合理是其中之一，另外两个分别是同情心，还有偏爱花言巧语（宽恕也受到攻击，原因是它对于主动的犯错，不太合适）。Epieikeia 只能针对那些在将来会有用或是会变得友好的那些人。狄奥多图斯（Diodotus）起而反对，他承认人们不能"过度地"受同情和 epieikeia 的影响。"过度"的问题出现在其演讲的其他部分：报复时，保持温和是审慎而有用的(原因有多种)。两个争锋相对的演说者却有相同的理由:雅典人的利益占据首位。克里昂相信,最有效的确保雅典人利益的方法,是严守正义,而狄奥多图斯则认为,应受 epieikeia 的控制。①

第八,修昔底德书,卷3,页66。忒拜人(Thebans)对普拉提亚人(Plataeans)说:"若是我们从某种意义上讲,不合理地(anepieikesteron)进入(普拉提亚),而未得到普通民众(的支持)……",将此行为与普拉提亚人背弃盟约,发动进攻的行为进行对比。anepieikesteron 的用法委婉而温和;这又是一处极具说服力的描写。

第九,修昔底德书,卷4,段19。斯巴达人(Spartans)认为,如果参战一方处于完全的劣势,以合约的形式,来结束这场战事,根本就不可靠。基于多种审慎的原因,占据优势的一方要注重 epieikes,要在德性方面胜过对方,并采用那些对手料想不到的温和条件。

第十,修昔底德书,卷5,段86,米洛斯人(Melian)对话的开场部分。米洛斯人在变向区分劝服与胁迫中,对比温和命令中婉转的 epieikeia,与雅典人随时随地的武力威胁。

第十一,修昔底德书,卷5,段90。在同上的对话中,米洛斯人机智地论述到,既然雅典人用武力强迫他们不顾正义,仅谈利益,那么就应考虑对大家均有益的原则,给予身处险境的人"合理而公正的事物"(eikota kai dikaia),也即是从关于"那最确实或最严格事物"的论述中,获得利益。大概最残忍的是,雅典人是强者;但(米洛斯人宣称)这并不妨碍灵活变通,若是米洛斯人能劝服雅典人不要在每件事情上均坚持自己的方式——但得保证雅

---

① 关于对论辩的全面分析,及更多资料,参桑德尔(1991a,页127-131)。

典人的权威不受到挑战。米洛斯人的策略是模糊 epieikeia 与使用武力之间的冲突，epieikeia 在这样的冲突中，没有存身之所。

第十二，修昔底德书，卷 8，段 93。在一场内乱危机中，简要地请求那些明显 epieikeis 的人，稍安毋躁，并让其余人保持克制，以求阻止极端措施，防止国家遭受重大损害。

戏剧

相关内容并不多。

第一，阿里斯托芬，《云》(*Nubes*)，行 1437－1438：儿子打父亲，是 epieikes，就像父亲打儿子一样，这是基于一种华而不实的回报性正义。在具有说服力的赞扬中，此处该词的用法是反讽性的诙谐文字。

第二，索福克勒斯，残篇，703N，"……那不知道 epieikes 的激情，既不优雅，也不友好（charis），却偏爱绝对的正义"。

第三，欧里庇得斯，残篇，645N，行 5－6，此处明显轻蔑地提到那些人，他们认为"合理的（事物）先于正义"。①

概观

第一，明显的是，epieikeia 已经远远超出荷马笔下该词的限定范围，该词的使用，已然凭借自身力量，拥有清晰的概念，并以不同的方式，使用于各式文本中；该词的性质和范围，已经成为分析与论辩的主题。对修昔底德分析性的思维的注意，尤其引人注目。

第二，广义上来讲，该词的出现及其相关论辩，原因无疑有

---

① 另参米尔斯（S. Mills, 1997，相关索引，epieikeia），他谈到希腊戏剧中关于公正的某些情形。

二：首先，书面法律系统的成长，及其执行与管理问题的出现；其次，智术师运动的发展，促成系统检验道德语汇的开始。

第三，显著的是，该词还被用于犯罪行为的文本中，既包括法律方面，也包括政治方面；该词被用于对抗各式的极端，无论是仅仅针对特定行为，或是某种"严苛"法律和正义的概念。除了区别于正义以外（历史学家，第四），合理还能与正义相协作或相等同（历史学家，第十一）。

第四，两个历史学家的大部分例子，均取自于言辞之中：正像在荷马笔下一样，该词是劝服的工具，有的时候的使用，极为复杂。明显地是，克里昂（历史学家，第七）认为该词属于批评与严格的限制，而狄奥多图斯称赞该词，却认为应该小心地处理它；米洛斯人（历史学家，第十一）试图在该词与严格之间制造某种兼容性。

第五，做到 epieikeia，就需要接受损失，此事（历史学家，第三）业已讲明。① 不过，此损失并非毫无理由的：此类损失能带来更大的好处，以作为补偿。

第六，此处有明显的缺失：即"间隙"的概念。Epieikeia 的作用是作为对某种极端的削弱，而非填充规则和法律的某种疏忽。

公元前四世纪

阿提卡（Attic）的演说家。

大部分现存文集（corpus）出自公元前四世纪，少部分出自公元前五世纪晚期。此处只要有相关文献，便能找到公正概念的大面积使用。在法庭上和评议中，由于其性质使然，存在大量的机

---

① 参伊索克拉底（Isocrates），卷1，页38；卷7，页68－69。

会，以在对行为和政策的抗辩或赞扬中，实现合理性（reasonableness）的要求，另有机会存在于对法律严格条文的松动，或是对惩罚的减轻。然则，如此情形却很易令人迷糊，至少在关于词汇层面上易如此。尽管有大量的文集，但 epieikes 和 epieikeia 却十分少见。两个词仅在演说词中频繁出现，尽管有些乏味，然这些词仍是对温和与得体之人的系统褒扬，属于第一类传统文本。①

减缓（Mitigation）。就减缓犯罪和惩罚所作的请求，往往基于某个或更多的各式各样的特别理由（例如，非故意、不幸、无知、不可抗力、醉酒、不可控制的激情、后悔、罪犯良好的品性和为社会的贡献，以及罪犯家中失去他之后令人可怜的情况，等等）；这些理由，均将证明对罪犯的态度是合理的（如同情、纵容和感激）。② Epieikes 和 epieikeia 出现的机会并不多，且每次出现，均有特别意义。

第一，有人尝试确定 epieikeia 的范围与运用。伊索克拉底的两段文字，所用观点，僵化死板，即 epieikeia 不得与减少对法律和誓言的遵守有关。③ 此处，公正（equity）对于法律来说，是潜在的

---

① 如吕西亚斯（Lysias），卷 14，页 13；狄摩西尼（Demosthenes），卷 34，页 40。某些演说者争论与假定的想法，正是 epieikeia 的证据，该词所包括的内容，可参吕西亚斯，卷 16，页 11；狄摩西尼，卷 21，页 207；卷 25，页 86；卷 36，页 59，参索福克勒斯，《俄狄浦斯在克勒洛斯》，行 1125 - 1127。

② 最后一个句子是对桑德尔论述极其粗暴的概述（1991a，页 106 - 118），桑德尔文中，大量证据，成系统地排列。此处仅需呈现特例与总体说法的混合便可，这通常指明何时同情等情绪是合适的，何时又不合适：安提普弗（Antipho），卷 1，页 27；*Tetralogia* I, B 13；吕西亚斯，卷 20，页 34 - 36；卷 30，页 27；卷 31，页 10 - 12；狄摩西尼，卷 21，页 182 - 183；卷 22，页 57；卷 27，页 53；卷 58，页 24；卷 59，82 - 83；希波里德斯（Hyperides），*adversus Philippum*，页 9；狄纳尔科斯（Dinarchus），*Contra Aristogitonem*，页 3；*Contra Philoclem*，页 20；*Contra Demosthenem*，页 55，页 57；柏拉图，《申辩》，34b 及以下。

③ 伊索克拉底，卷 7，页 33 - 34；卷 18，页 34；参狄纳尔科斯，*Contra Demosthenem*，页 55，页 57，文中提到，原谅与正义相对。

危险。然而,在其他地方,伊索克拉底的文字更加微妙,而文本语境则与军事相关,而非与法庭论辩相关。雅典人给予斯巴达人巨大帮助,因此,斯巴达人理应表示感激,以显得 epieikeia,而不得对雅典人进行军事打击。若是这些考虑已经大打折扣,则应采用"最精确的论述",即古老的传统(卷 4,页 63)。此处,epieikeia 和被称为"法律"的东西,均在同样的方向上受到削减。公正(equity),并非规则的基础(rule-based),而是对约束力的放松与缓和,已然足够;本还会提请注意到一些不必要的"法律"。此处的公正(equity)对于法律来说,并不是一种危险,而是对法律的某种受人欢迎的替代。尽管伊索克拉底并未言明,但此处仍有重要暗示表明,斯巴达不应放弃赢得优势的机会。狄摩西尼笔下亦出现,不要固守严苛的概念。① 通常情况下,讲话人称没有必要对仲裁人的决定死守不放,而是要用互相迁就的精神来解释这些决定。此时,讲话人还宣称,坚持严格的顺从,完全合情合理,因为其对手缺乏理智。在伊索克拉底的文字中,公正(equity)并非对法律规定的修正或消减,而是某种首要的救援措施。然而,在另一例子中,讲话人却答应了别人的请求,接着了其对手的罚金,并声言这样做,才显得 epieikes。②

第二,epieikeia 曾与正义相对比,与曾与其相联系。在安提普丰(Antiphon)的《四部曲》(Tetralogy)的第一部中,③讲话人声称,不愿详述其对手的邪恶,以显得"更加的 epieikeia,而不是正义",并大概有望赢得克制的美名。但在狄摩西尼的演讲辞中,对

---

① 狄摩西尼,卷 40,页 40,及注释 23 和 36。
② 狄摩西尼,卷 47,页 44;另参卷 44,页 7—8,以及卷 56,页 14(C. Carey,1996,41,引用了相关文字,尽管两段文字中,均未提到 epieikeia)。
③ 安提普丰是希腊的数学家、辩论家和政治家,约生于公元前 480 年,卒于公元前 411 年。相关生平历来争论不一,至今没有确切的定论。——译者

手的声言简短,却引人生气,而至被忽略,因为此声言"既不正义,也不公正(equitable)"——似乎部分的原因在于,他们重新开启了一个在数年前被解决了的问题(安提普丰,《四部曲》,卷1,B13;狄摩西尼,卷38,页6)。

第三,此处有一细微却具启发意义的暗示,即如若在司法程序中,未能成功贯彻 epieikeia,那将对结果产生决定性的影响。吕西亚斯笔下的一个辩护人叙述道,因有人告密,他被以非正式的方式判处罚金,罪名是辱骂将军们,尽管法律要求,若有犯罪行为发生,定要在正式的法庭中定罪。然而,财政官员们认为他们有责取消罚金,并不仅仅因为该处罚非法,而是因为"因为敌意,也即是说因为告密者,而将某公民判定为公共债务人,不太 epieikes"。这似乎有些奇怪,因为告密的动机,既未能影响到真实性,也未能影响到法律上的可接受性。该问题的要点更应该是,罚金所造成影响的严重性,也即是将其定为邦国的债务人,就其所犯罪行的严肃性来讲,完全不合适宜(proportion),尤其是定罪又不正式,仅因为个人的恶意就遭到控诉。简而言之,公正要求取消此罚金(吕西亚斯,卷9,页6-7)。①

从这样明显的大杂烩里,能得出什么来呢?简而言之,公正的考虑,对为实现减缓法律,这在雅典法庭中尚存争议,然相关描述却不为多见。演讲者基于特别理由(如非主观故意),总极欲采纳此原则,也基于采纳人一方的特别态度(如同情)。于是,有理由设定,使用 epieikeia 一词之时,显得简明扼要,以作为整体性的

---

① 参狄摩西尼,卷29,页2-3,卷58,页70,卷59,页6-7,这些文字谈到了一些明确的责难,以针对在坚持某种苛求之时,过度强硬。另参狄纳尔科斯,*Contra Demosthenem*,页57。

术语,囊括各式原因与诸种态度。① 通常而言,亦无特别文献提到这些内容,以充实它们。公正(equity)简而用之(tout court)的呼声,十分微弱:它明显牵涉下面问题,即"基于何种理由?"。如此一来,容易让人觉得,不正当的愿望凌驾于法律之上。个人的原因和态度,更有教益,更加生动,也更具有修辞效果(参 C. Carey, 1996,页 42)。

法律的解释:关于法律的减缓中,对公正的采用,仅谈这些。在法律的解释中,公正的使用问题,极具争议。法律的减缓,与法律的解释,这两种用法中,有何相同点和不同点?

相同点:两种用法的出发点均是一种极端,在法律的减缓中,起点是极端的报复;而在法律的解释中,起点是固守严苛的法律条款。因此,两者均可作为,也已被作为某种方式以避免过度苦痛的处罚,并以此作为正义的实现。然而,在法律的使用中,无论是减缓,还是解释,均未在将来修改或改变了法律本身:每一用法,均使法律完好无损,不被撤消。

不同点:关于正在讨论的减轻问题,没有暗示表明,所涉及的问题不会陷入现存法律条款之中:公正(equity)的问题直接涉及的正是我们现今称为"微调"的东西。然而,解释则更为技术化,也更加复杂。解释所要论及的问题,尤其是意图表明实践中,就算进行中的案例,未陷入某个特定的现存法律中,它也会陷入某种假定的,却是高级的法律中;此类法律极容易从某种特定的现存法律条款或原则中推导出来,或是从某些其他的现存法律中推导出来。"推定的"法律或许过于夸张:以下说法亦同样合理,即"副条款"、"其他条款(further provision)",或是对现存法律的

---

① 参狄摩西尼,卷 21,页 90;"同情与 epieikeia",后者大概包括了一整系列的事物,如原谅、纵容以及"缓和(softness)"等等,而这些内容,正是雅典公民在法律之下能够享有的。

"说明与改进"——或如亚里士多德所述,"填充空缺"。但是,无论采用何种术语,最重要的是某种新的东西被创造了出来:某种附属性的、补充性的规定同源于、建基于或者说,来源于某种现存的法律条款。

这就是事实上发生的情况。表面上却有些令人迷惑;因为原告们自己却不会提到这些术语。原告们更关注制造如下的印象,即他们所作的公正论述(equity)所展现之内容,确是现存实在法律本身的部分或分枝(part or integral),而不是对法律的背离。为何会如此?众所周知,雅典的法律以高度概括性的文字写成;就这些法律在特定案例中的恰当使用问题,争论十分激烈。基于目前已经分析过的言辞来看,笔者认为某些提出的论述,极端依赖对公正(equity)的考虑。但这些考虑并未显露在外,这令人想到,雅典人易对此概念感到不安。原告喋喋不休提及的对法律的高度崇敬,从某种程度上讲,无疑使解释的公正论述,令人生疑,因为其产生新的位置,外在于法律,并因此不同于法律,甚而至于与其相对立;简而言之,是对法律的一种削弱(参 C. Carey 1996,页 36,43)。直到亚里士多德分析公正的德性与实践,它才作为法律的强化,获得全面的认识。

篇幅所限,此处仅分析伊塞俄斯的《论西隆的财产》中第 8 段演讲(Isaeus, *On the Estate of Ciron*)。[①] 如同文集中大多数的演说辞一样,涉及事实与法律的要点,诸多模糊不清之处,而相关论述一如继往,迂回含混,极端褊狭,实际上却是滥用一气。但就我们的目的来说,演说者希望我们去想的问题是,现有这个问题,与这个问题曾经所是的一样,同等重要;这样的呈现,无论是否真

---

① 伊塞俄斯(Ἰσαῖος):生活于公元前世纪早期。阿提卡演说家之一,伊索克拉底的学生,狄摩西尼的老师。——译者

实,都从某种程度上讲,揭示了论述依赖公正的(equity)程度。

故事梗概,十分简单。西隆有一个女儿,先西隆而死。不过,她已结婚,留下两个儿子,其中之一便是原告。西隆死后,没有其他后人,唯有这两个外孙;于是,西隆没有自己的孩子,可作继承人。由于这种缺失,并明确按照未立遗嘱继承的法律,西隆兄弟的孩子继承了财产(狄摩西尼,卷43,页51;D. Schaps, 1975,页54及以下;1979,页22及以)。这段诉讼出自西隆女儿的某个儿子,他认为,自己和自己兄弟,也即是西隆的后人,应该继承财产,而不能仅将财产归于旁系的亲属,即西隆兄弟的儿子。

为支持该观点,也即是,在这样的情况下,直系的亲属要先于旁系的亲属,演说者却并没有提到相关的法律,大概是因为没有相关的法律可依赖。因为,似乎在阿提卡的法律框架中,女儿若先于父亲而死,那么外孙就不应该再享有继承权。想必雅典人亦从未面对过这种不太可能发生的事。若果有这样的法律,原告应该会加以引用;那事实上,这个案子也就不会闹上法庭。① 于是,演说者不得不从更远的地方寻找支撑。他案件的要点,正靠近诉讼的中心部分,页30-34。

第一,如果西隆还活着,且生活窘迫,那么此原告和其兄弟,将按照法律规定资助西隆,哪怕西隆没有什么遗产。然而,西隆的确留下了遗产,那么不让这两兄弟继承,就有违正义。如下情况是不公正的,即在某种条件下,会导致某人不得不耗费财力,却在某种自然的相关情形下,却不允许某个获得收益(参伊塞俄斯书,卷1,页39-40)。

第二,财产通常交给直接的继承人,这些继承人要先于旁系

---

① 格尔内特(L. Gernet)认为演说者的问题是"继承的规定,并非依法律而定,而是取决于不成文的内容"。但据伊塞俄斯看来(卷8,34),如果并无先例,又如何成为"规定"的?

亲人;"旁系亲人在继承权方面并不亲"。当前的这个案子,或许并无先例,仅为特例。①

第三,若是原告的母亲比西隆还活得长,而西隆的兄弟娶她为妻,并因此成为 epikleros;但这个母亲从西隆那里"继承"来的财产不会成为西隆兄弟的,而是按法律规定,要传给她的子女(狄摩西尼,卷46,页20)。再说,就算原告的母亲嫁给了旁系亲属,法律也不会把继承优先权交给旁系亲属,而是要直接交给死者的直系继承人,原告和他的兄弟正属此类直系亲属。② 那么,更不必说,或者至少基于相同的理由,他们两兄弟应该享有继承权。

此演说者的案子,明显是基于法律与公正(equity)的结合,法律上的异常产生不公平的压制。就此案子,至少如所表现的一样,含有同情之心,亦属正常。演说者没有直接提到公正之名;但是,第一,他就"如果……,案子会怎么样"侃侃而谈;第二,他反复强调,他自己和兄弟享有继承者是"正当"而"恰当"的(伊塞俄斯,卷8,而 6、30、31、37 和 45)。原告所用的词是 prosekon,其意义与 epieikes 本身相近。他争辩说,事实上同其他法律相类比,应该有某种法律能够解决他的案子。正是在这层意义之上,他要求"出自"法律的正义(伊塞俄斯,卷8,页1,另参页30)。有暗示表明,他的要求受到现存法律的影响与规定,这很具有迷惑性。③

若是更全面地观察在法律减缓与解释中的公正(equity)论

---

① 参"在原则上",haplos,页30——但是,似乎对总体原则的陈述,因提到西隆而被打断,特别之处有必要于此处说明,即相关论述,似乎是一种循环。

② 参夏普斯(Schaps)的生动评论(1979,页123),他认为,原告扮作"对手的儿子"是不正确的,因为,原告声称其为西隆的直接的后继之人,而这本会成为立足点,以使可称自己为西隆女儿(作为 epikleros)的儿子,若是有这样的人的话。

③ 因此,事实上,原告要求陪审员践行审慎,此品质乃是陪审员就职誓言的组成要素(狄摩西尼,卷39,页40)。在此论文的第二部分中,会涉及陪审员誓言与柏拉图对公正的处理之间的关系问题。

述,则能清楚地辨明原因,为何在相关的描述中,关于公正的整体论述,并未有向前推进。因为,早在荷马笔下,公正(equity)便已经进入到两派的冲突关系中,在如此冲突中,或是某人为另一人所伤,或是某人强于另一人,那么前一人或经劝服,或未经劝服,均会大方地对后一人做出退让,并因此而遭受损失,如墨涅拉俄斯的例子。但此处并非是审判中对立双方关系的例子。公正论述也不是一方针对另一方所发,而是一方对第三方所发,即陪审团。若是劝服成功,那将由陪审团将公正判给某方,但陪审团中每一人均需忽略自己的希望与利益——因此,这些陪审员将不得不 elattotikos,且在道德感上不 epieikes。大方的退让与损失的概念,已经从公正(equity)的概念中删除了,仅留下强制的公正(equity),这很难说是完全的正义。

经由上述分析,可以明确,我的观点与"实证主义"的相冲突,但却有不少学者长时间内坚决同意我的看法,即雅典法庭上的论述,为公正留下了极小的空间,或者根本没有,但是这些论述不仅在表面上,也在事实上,唯受忠心(或缺乏忠心)的引导;此忠心是诉讼当事人对严格的法律条款的忠心。原告明确提到 epieikeia 的地方并不多,但这并非前述论题的证据。雅典法庭上对法律解释的争论,十分复杂,此处不宜多谈。① 此处不得不暂时搁置如下两个相关问题,首先是公正与先例的关系问题,其次,在同样类型的案例中,雷同而又重复的公正例子,究竟能在多大程度中修改

---

① 争论可追溯至西利格(K. Seeliger, 1876),他简洁而中肯地论述,公正论述在伊塞俄斯笔下的显现;相反情况的两个主要支持者是迈尔劳伦(H. Meyer-Laurin, 1965)和迈内克(J. Meinecke, 1971);希尔格吕博(M. Hillgruber, 1988,页105-120)明确攻击此看法,而劳勒斯(J. M. Lawless, 1991)在则其书第3章中,再次回顾此问题;另参页25-28以及页131-134针对西隆问题的论述。劳勒斯的研究以及他惠寄相关资料,使我大受启发和帮助,于此致谢。

实体法律,如果可能的话。①

第二部分 《法义》中的公正问题

　　此论文的第一部分,笔者希望已经阐明,为何将 epieikeia 看作"有争议的"德性。无论怎样,我们已经拥有柏拉图的"考古学"了——"传下一堆事物",包括假设、实践和冲突,这些问题,在柏拉图最后十年写作《法义》时,理应意识到了。在《法义》中,柏拉图详尽描画了次好的城邦(utopia),并有对法律的大段详细描述。表面看来,理应期望公正能在此系统中,占有显著而明确的位置:法律目的在于正义,而在雅典思想中,正义是通过公正(equity)实现的;在雅典人的思想、柏拉图的思想中,甚至于在亚里士多德的思想中,均认为法律无可避免,在表达上是总体性的,而在实际运用中,需要进行合理的修改。然而,在关于法典(code)和政府与法庭等的机构的论述中,柏拉图却并未对公正的作用进行系统的描述;这些机构正是保障公正的地方。仅有极少的地方,柏拉图提到了公正之名;而大部分的论述中,柏拉图均是拐弯抹角地涉及公正,这样的方式,唯有经历"考古学式"的研究之后,才会清晰可见。因此,留心《法义》的字里行间隐义,总是十分必要的。那些被阅读,甚至被细究的字里行间,涉及的主题十分广泛,不仅包括民法与刑法本身,还包括个人道德、经济问题和政治理论与实践。结果是这样:如传统的理解那样,柏拉图想在实践中,使社会、政治与法律的规划中的事物,充满大量的公正——抑或是要在实践中将公正精神排除在外,因为其是邦国实践中的危险品。

---

① 对零星改动问题,已开始有效讨论,却并未提到公正,也没有来自原告的证据,参布兰斯维格,1980,页 525-526。

柏拉图真正做的,恰是限定公正的范围,重新定义,并重新安排,方式各异,既有含蓄的,亦有明确的,文本也各不相同——然后,再给出其新的、非传统的模式,此模式含混不清,却在其法典中举足轻重。此论文的第二部分,将尝试重构法律体系(jurisprudence)中的根本性的步骤;并且,还将通过对比,谈及亚里士多德《修辞学》、《伦理学》和《政治学》中,公正(equity)的作用与本质。当然,对于亚里士多德来说,公正是绝对具有价值的实践原则——但其价值所基于的原因,却不同于柏拉图。

经济方面,卷 5,736d2 – 737a5:初选的这段文字,乍看之下,似乎有违该论文宗旨。从 d4 到 a2,雅典异乡人称赞公正,将其作为有效措施,以避免因土地和财富方面的极端分化而引起的内部冲突。从文字的行文来看,雅典异乡人并未谈论玛格尼西亚(Magnesia);①因为玛格尼西亚是新的基地,于是此处的土地和财产可以遵守严格的规定,以避免上述麻烦——但在相关论述进行几页文字之后,准确地讲,到第 5 卷末尾处,详细说明了土地占有方面的平等,和关于可动财产的规定,只是限制在相对狭小的范围和相同程度内。唯有在已建立较长时期的城邦范围内,如下政策才是必需的,即采用"费边式"政策,②对土地重新分配,以在大地主方面贯彻 epieikeia 精神。③ 相对说来,在玛格尼西亚,经济方面的问题,早在建立之初,就已一锤定音。就此而言,epieikeia

---

① 玛格尼西亚(Μαγνησία):古希腊城邦;位于安纳托利亚(Anatolia),面积较大,重要的商业与战略要地。——译者注
② 费边(Fabian):公元前三世纪古罗马一位因主张等待时机、避免决战的战略而著名的将军。19 世纪后期,流行于英国的一种主张采取渐进措施对资本主义实行点滴改良的资产阶级社会主义思潮。它是英国费边社(Fabian Society)的思想体系和机会主义路线。1884 年一部分知识分子创立了费边社,该社成员认为社会改革应循序渐进,并以罗马将军为该社命名。——译者注
③ 参该篇文字的全面分析,参 T. J. 桑德尔(1972,注 2)。

的实践变得多余,因为需要 epieikeia 的条件消失了,而且是永久地消失了。在这样的情况下,柏拉图当然希望人们永远不要想去改变经济方面的规定(参卷 5,739a-e;卷 7,797a 及以下)。如果人们妄图改变,那么 epieikeia 就将发挥抑制作用,以防止改变,而不是引起改变;而 epieikeia 引起改变,则将发生(希望如此)在正遭受经济冲突的现存城邦中。

有两点十分重要。第一,据我所知,在整个希腊文学中,没有哪段文字曾提到 epieikeia,以作为一种修复措施,改变不平衡和不尽如人意的经济状况。毫无疑问,epieikeia 在某种程度上含蓄地表现于对温和的请求之中,如像在索伦(Solon)的政治诗作中,然而,在土地和财富的占有方面,极端两极分化,且已经牢不可破,很难受到如此微弱力量和认可的影响。第二,在所有渐进与和平的改革进程中,坚持心理性的基础,正是典型的柏拉图模式。柏拉图意图将某些内容,投入到那样的基础之中。E2 中的 metriotetos 为常见的公正概念提供了某种联系。现有的富人会认为,占有财富不会减少贫穷,反而只会增加贪欲,我们又会作何建议(a3-4)?谁贫穷?谁占有财富?谁有贪欲?若是我们在每个例子中,均提到"穷人",那么该建议会显得十分奇怪:为什么富人会认为,穷人的贫困不是财富占有的减少,而是贪欲的增加?如果是富人的(预期)财富受到置疑,那我们感受,即道德感会好多了。柏拉图对富人讲,"你没有必要担心,若把你的财产分一部分给穷人,会使你自己变穷(从字面意义上讲,这样的担保是真实的)";"但若是你的贪欲继续增加的话(富人的贪欲总是如此),从心理上讲,你会变得更加贫困"。换句话讲,贫穷是一种心理状态。此悖论在柏拉图其他悖论中占有一席之地,即僭主们能为所欲为,却是世上最可怜的人,且寻欢作乐的人,往往是最痛苦的(《高尔吉亚》507c-e,525d 及以下;R. IX,576b 及以下;参 *Lg*. 第 5,

743a－c)。柏拉图告诉我们，鼓励 epieikeia 精神，是一种信念，但此信念远不同于就实践公平而常常提出的考虑。从某种程度上讲，柏拉图就特别的经济文本，重新解释了该品德。

宪政建制(Constitutions)，卷5,757d1－758a2。文章的后面部分，将考虑雅典异乡人提及的"有序政治"(kosmos politikos)，此政治应建立在经济稳健(moderation)之上；有序(或译宇宙，kosmos)，"恰恰适合这样的安排"，而 katastasis，则指在现存城邦中，无私的个人行为。目前的论述，要转向政治问题，因为这虽未影响到经济(kleroi 等的平等与不可转让)，却影响了明显的柏拉图式城邦玛格尼西亚的政治建构。此处柏拉图对 epieikeia 的态度变化十分显著。这段文字紧随一大段系列论述之后，在后者中，雅典异乡人解释，治邦者在其政治建构中的目标应该总是平等——不是数学意义上的份额的平等，即"每人享有一份投票权"，而是如下的平等，即在政治权力中，给予有教养、有品德的人更大的份额，而在这些方面有缺失的人，则享有较小的份额。柏拉图认为，就 epieikes 和 sungnomon 而言，"纵容、宽容(e1)"会妨碍这样的政治安排，柏拉图称此安排为"直接的正义"(e2)。然而，柏拉图的希腊语，神秘而费解，难以翻译。

d1 allen：表除玛格尼西亚以外。

d2 touto："不同的"或"几何意义上的"平等，如像 D5 中一样，ison, anisois。

d5 ge men：小品词的不常见组合，强调"然而"的意思。

d6 kai toutois："甚至是这些词汇"即"平等"、"不平等"，在其精英教育的政治意义及实践上，也不同于他们在民主概念与宪政中的用法。

d6 paronumioist："以粗率而现成的方式"，或"以不太准确的意义"；参《智术师》268C 中的 paronumion。从某种意义上讲，智术师(sophist)也是有学问的(σοφός),只是并非真正或完全地有学问。在玛格尼西亚亦是如此,应采用 isos 一词,并强调在其"几何的"意义上的那类概念,但在实践中,偶而(pote)会有修改。

d6-7 polin hapasan:"城邦作为整体"与区别于"某个部分"(e1)。

e2 paratethraumenon 是最主要的困难。笔者以为,此困难是由 e1 中的 meros(即部分)所引起的;而 para,表"出自",属于 paratethraumenon 一词,应放到 tou teleou kai akribous 之前。柏拉图所用形象,十分具体,是精致而完美的对象,唯有边缘和角落处有些许"破损"或"脱落"。从完整与严格(几何意义)的平等之上,发生脱落的内容正是,对民主情绪所作的退让,最明显的便是在玛格尼西亚的宪政建构中,采用抽签的办法。在城邦中,破损的内容,事关理想的平等与民主情绪的冲突,并因此 stasis 得以产生(D7)。这或许是对希腊某极坏(desperate)文本的极坏描述,但它至少展现了文字的要旨。

然而,这段文字,确实包含了另一种不公正(原文为 uniquity,如果这也是一个词语的话)。在其他的希腊文本中,已经无法找到用于宪政建筑文本中的 epieikeia 一词。使用该词,意义何在呢?首先,笔者认为,普通人的确应合法地要求自己的政治权力(参卷 6,756e,767e-768a;卷 12,950b;参亚里士多德,《政治学》,卷 3,页 13,1283b30-35)。因此,让这样的普通人享有某些权力,则是"合理的",也即是说,减少那种几何学意义上的平等在实践中的极端倾向——尽管当然不会让这些权力如民主理论所要求的那样多。那或许便是 sungnomon 的要义,即某人"沉溺于"有限制的要求中,但或许涉及的范围远大于某人所应有的要求。然而,主要的想法当然是,面对民主压力而让出权力,对于那些想要实现完全的政治掌控的人来说,象征着一种损失。

这是至此我们得出的结论。柏拉图似乎做了两次改动,将 epieikeia 引入至以前从未明确提到的地方。两处地方,柏拉图实际上均使德性在玛格尼西亚显得多余,仅因为德性的影响已经在那里建立起来,永久而不可改变。

女继承人的婚姻生活(epikleroi),卷 11,922a6-926d7,尤参 923e4-6,924d-925c3,925d5-926d7。Epikleros 指女儿成为继承人,因为父亲死后,没有男性继承人,并且也没有生育或者是自愿收养一个"儿子",通常来讲,父亲的某个近亲,成为"女继承人"的丈夫,并受委托管理(而非拥有)财产,最后将传给他们所生下的后人。923e4-6 提到过,在玛格尼西亚,如何在有生之年,选择这样的一个"儿子",是一种明显的革新,即此"儿子"并非委托人,而是实质上的财产拥有者。毫无疑问,柏拉图试图以此措施加强玛格尼西亚的土地系统。然而,在雅典的全部无遗嘱死亡案例中,人们会按照一定的优先序列,将死者的近亲安排成为"儿子"和丈夫。在玛格尼西亚,情况相似,但优先次序完全不同,此地明确要求(925d5-926a3),拥有优先权的亲属,理应成为儿子和丈夫(924e1 及以下)。极有可能的是,柏拉图希望检查一种下降的趋势,因为,他本认为是纯粹利己原因的那些东西,却成为女人与财产的索赔人,而不顾社会的巨大压力。① 但柏拉图的主要原因,应是要避免在 925a 及以下出现的情况,完全缺乏合适的原告。极有可能的是,成为财产所有人的期望,变作强制行为的某

---

① 参狄摩西尼,卷 43,页 54;安多喀德斯(Andocides),卷 1,页 117 及以下;伊塞俄斯,卷 1,页 39;莱西(W. K. Lacey),1968,页 140,麦克道尔(D. M. Macdowell),1978,页 97-98。近亲若是不愿意娶女继承人,那就要提供嫁妆,将她嫁予别人。

种补偿。①

此时,强制性的法律,尽管其主题已由长长的序文所恰当地减缓(卷11,923a2-c4),但此法律仍热切地敦促在所有的事务中按遗嘱(wills)办事,而所有人不必判断,就应对继承心满意足,因为无论个人还是家庭,均非属于他们自己,而是属于城邦,并且个人是次于城邦的——就算某人能忍受那一切,且拥有世上最好的心肠,要与出于某种原因而心中排斥的他或她成婚,也是十分困难的事。若是要法律作此要求,自然是太过于极端;这就要求某种减缓,以削弱法律的严苛,柏拉图恰当地提供了一种方法完成此事;而文中所用术语,十分有趣(卷11,925d5-926d7)。

一、在第十一卷,926a2中,个人在如此情形之下,不能做立法者所告诉他的eikotos之事。明显的是,此人需要一个行为的选择过程,以此他能做eikotos之事。也即是说,此人需要在epieikeia精神的决定之下,对施加于其身的严苛要求进行某种程度上的缓和。此人与法律制定者之间的关系,并不能被准确地定义为epieikeia之一,而应被定义为互相谅解。但正如我们以前所见,公正与谅解常常形影相随。此外,人们面对公职人员争论相关案例,这些公职人员被视作仲裁人,即diaitetai(a6;c5)。据亚里士多德所述(《修辞学》,卷2,页13,1374b20-1),仲裁人的功能便是要考虑公正(equity)问题,而陪审团任务则是遵守法律。(此处,柏拉图的写法有些让人误解:仲裁人可在控辩双方做出妥

---

① 对雅典和玛格尼西亚法律的描述,忽略了某一复杂细节,幸运的是,那与我们的主题并不相关。更全面的论述,可参如下资料:贝克尔(W. G. Becker),1932,页316-31;格内特(L. Gernet),clix-clxi;哈里森(A. R. W. Harrison),卷1,1968,页132-138;莱西,1968,页139-145;麦克道尔,1978,页95-99;夏普斯,1979,页25-47;卡拉贝利亚斯(E. Karabelias),1983,尤参页185-190;托德(S. C. Todd),1993,页228-231。继承权与女继承人的相关法律方面的混乱与争论,可参 Anthologia Palatina,卷9,第二部分。

协,即双方让步,以达成协议[梨分两半];但关于婚姻的案件,仲裁者作为中间人,必须做出肯定或否定回答,以明确地支持一边,或另一边。)此决定受控诉支配(d2-7),如像在玛格尼西亚所作的大部分判决一样,尽管在雅典并非如此。简而言之,这段文字包含柏拉图式的对已知概念,即公正的独特用法。文字的篇幅较长,恰如惯常一样,表明柏拉图知晓他正在从事革新。

二、尽管文本以摘要的形式,提到"人们中无数的妨碍(d8-e1)",但唯一真正引述的妨碍却是"心理或身体的疾病或缺陷(e3-4)",和"疯症以及其他身体和灵魂的巨大不幸(b4-6)"。这听上去并不像(或认为),仅仅是放肆的坏脾气,或身体方面无魅力,更不像仅仅是未来的参与者个人之间的不协调——尽管事实上,在卷11,929e及以下文字中,脾气之间的不合,是离婚的原因之一;并且,在卷11,924c-d的文字中,据说,仍然健在的父亲会努力为自己的女儿寻觅丈夫,考虑的正是性格和习惯。而当结婚是为了保护未立遗嘱的财产所有者oikos的安全时,这些考虑就被排除在外,而可承认的妨碍被看得更紧要。

三、立法者与个人之间的冲突,是以两个不能来表现的(e9-10;a2)。立法者总是关心共同的善,不能照顾到个人的不幸,而那些个人也不能遵守立法者的秩序。第一个不能明显是永恒的;因为法律是以笼统性的原则表达出来的;而第二个不能却仅仅是"偶然的"(a2)。第一个不能,明显残酷地凌驾于第二个之上:个人要比立法者做出更多的让步。①

---

① 让步的概念很容易转变为"同意"或"同情"的概念:个人要在精神方面有所保留,与事实上损害其利益的法律保持一致。Sungnomon意为"同情",参卷6,770c4。在卷5,734e-735a有一处十分含混的比喻:一块布中,坚固的线就好比城邦中的统治者,而那些较软弱的线,就好比统治者,具有"某种正义的温和、柔软和顺从,即epieikeia"。把"正义的"一词用来修饰线,有些奇怪,从整个的 (转下页)

四、柏拉图描绘的公正的过程,明显依赖于个人判断。就好像在经济与政治领域,公正常常被尽可能地嵌入到机构之中,并受城邦需求与标准的支配;《法义》中 15 个护卫者,作为"仲裁人",已是大地上最高级的官员。但如 d2-7 所示,他们的决断仍非不带重大风险,即可上诉(appellable,原文疑有误)。

五、若是立法者仍健在,并表明他不会逼婚,那么,拒绝婚姻的人所做的庄严陈述,便是一种以"若是……,情况会怎样"为模式的表达,而这种模式,正是基于公正的请求的特征。

六、基于公正的决定,亦有如下的特征,即双方定有一方会遭受损失;此处,他们互相"原谅",大概为避免造成某种损害。笔者以为,若是原告一方受损,那么损失便是他不得不与不喜欢的女人结婚,并原谅立法者定下的法律,无从避开,又顽固不化。然而,如果原告获胜,那他又会对立法者造成怎样的损失呢?也许就是破坏了法律的权威性(参卷 6,715d)。麻烦的是,柏拉图已经在立法者和个人之间,用斗争性的语汇,建立起了关系,且此关系并不容易与相互原谅的概念相协调;因为法庭上的控辩双方常常不容易因某事而原谅对方。

最后的想法。理应注意,在我们这一长段的论述中,并非出现 epieikeia 一词。但正如笔者在第一部分已经提到,这并不意味着什么。重要的是假设与实践的模式,而不是词汇本身。柏拉图明显是在讨论 epikleroi,但他并没有提到这个词。柏拉图笔下的女继承人与雅典的女继承人,地位不同,而且他的公正也不同于通常意义上的公正。

(接上页注①)表达来看,该词更应用在人身上。这样的话,暗含的意思便是,epieikeia 仅是针对被统治者的要求。然而,此比喻可本意仅用于玛格尼西亚的建立的语境之中:注意"被测试的",卷 5,735a4;以及卷 5,736c2 中对承认的第一次申请的"检测"。

陪审员的谨慎,卷9,875d3-876e5。每年在就职之前,雅典的陪审员均须发誓,此誓长而细致。① 两条特别的条款,与我们相关:第一,"我将就起诉的主题作出判决";②第二,"就那些无法律明文规定的,我将根据判决(gnome,"观点"或"感情"),做出决定,以使其最为公正"。③ 第一条大概是原告起诉的基础,即事实本身(to pragma,"事件"、"事实"或"问题中的要点")已经足够证明其案件,无需再借助于修辞手段。④ 第二条的意思,大约并不是,陪审员会面对没有法律定下惩罚的行为,因为这样的起诉很难通过最初的听证会:应该至少有初步的立案可能(prima facie),以让所控诉行为符合某法律对犯罪的规定。关键似乎应是,法律本身不能是全面的,尤其是法律仅能陈述法律犯罪行为,及对其施加的惩罚;既没有对犯罪给出准确的定义,也没有能全方面描述整个依情况而定的原因,现在我们应称这些原因为法律学意义上的,如暴行或犯罪纪录而加重刑罚,和因无知或年轻而减轻刑罚。这些情况,除某些例外,均交由陪审员个人的正义感判定,以回应抗辩人的呈请,不受法律或任何法官的控制,也不必要考虑判例。因此,原告所展开的论述,范围出奇广阔,不受局限,仅考虑哪些内容会更好地影响到陪审团。也正是在此语境下,正如我在第一部分所述,可以找到两类公正的论述:第一,罪行减缓,由于考虑到温和与正义,意图减缓或甚至避免判决,以免带来

---

① 最全的文献,参狄摩西尼,卷24,页149-151。另有补充内容,参卷19,页179,页20,页118,卷23,页96,卷39,页40;埃斯基涅斯(Aeschines),卷3,页6;哈里森,卷2,1971,页48;麦克道尔,1978,页60-61;托德,1993,54-55。
② 狄摩西尼,卷24,页151,参亚里士多德,《政治学》,卷3,页16,1287a23-27;《修辞学》,卷1,页14,1375a27-31。
③ 如狄摩西尼,卷39,页40。
④ 如狄摩西尼,卷57,页7,常常在此演说中;另参吕库戈斯(Lycurgus),*Oratio in Leocratem*,尤参页34,67。

极端的苦难与痛苦;第二,对法律的解释,例如,根据与现存法律的类比,以公正的方式,为某个具体的判决提供牢靠的法律根基——如像在伊塞俄斯书,卷8中一样,相关内容,笔者已作一定程度的分析。

玛格尼西亚的陪审员在就职之前,也必须发下誓言;令人苦恼的是,柏拉图并未谈及誓言的条文。而我们所能知道的内容,虽十分有趣,却仅是某种总体性的讨论,事关玛格尼西亚法庭中能被允许的审慎程度。再论述相关内容之前,应先提及四个要点。

第一,玛格尼西亚的法律所覆盖主题问题的全部范围,注定要比雅典法律所覆盖范围要更受限制,最显著的因素是大部分商业法律的缺失(卷8,842c-e)。从某种程度上来讲,在整个的法律体系中,实践审慎的范围会更加稀少。

第二,范围的减少,还因为在法庭上,坚决地将感情与修辞性的诉请排除在外,也拒绝利用法律机构以赢得案子(卷9,876b;卷11,937d-938c)。此处,恰是公正论述的有效领域,也受到实际上的限制。

第三,另一方面,随处可见的暗示表明,柏拉图希望存在于玛格尼西亚的法律能在事实上十分细节化。柏拉图不仅想要这些法律尽可能永不改变(如卷6,772a-d;卷7,797a-800a,816c;卷8,846c;另参卷2,656-657b),并且能渗透到生活的各个方面(卷5,746a;卷6,779d及以下;卷7,788a及以下),还要求人们绝对地、毫不置疑地遵守法律。在关于不成文法和非正式的习俗方面,亦是如此态度(卷7,793a-d,822c及以下)。重点是在强调,个人的群体性控制和以牺牲个人主动权和决定权为代价的公共行为(卷12,942a-c;参卷11,916e)。在某些方面,柏拉图抛弃法律的细节化,也不再让其侵入私人生活,并非柏拉图不再认为在这些方面,如此做法是可欲的;实则不存在此类情况,而是在这些方面,如此做法不再可行。笔者以为,在玛格尼西亚,"无法可依的事件"要远少于雅典。

第四,不只是法律的缺口会更少,而且,从概念上讲,实际法律也更不会无限制;玛格尼西亚的居民不仅受精心细致的教育过程的制约,而且还常受法律序言的制约:他有清晰而牢固的概念,知晓何为真正的正义、品德、异端,以及好和坏的艺术标准。笔者以为,在玛格尼西亚被称为"法律环境"的事物,比在雅典不仅更加综合,而且更加集中。事实上,玛格尼西亚人被强烈要求学习法律(卷7,811c 及以下;卷9,855d;卷12,975c),而陪审员也与在雅典不同,当需要做出判决之时,会相互协商(卷9,876b)。

关于陪审员判定的文字(卷9,875e 及以下),由有关伤人法律的序言末尾的思索所"引发",即知识和理智应该拥有普世性的力量(Universal)。既然极少有人能掌握这些品质,那就有必要求助于第二套方案,即 taxis kai nomos,即规定与法律。但这些内容,仅能照顾到"大多数",也即是整体性的原则,不能照看到"整体",即个人情况和犯罪种类的整个集合,而这些种类和情况,变化多端,难以全面覆盖(875e2 - 876a3)。柏拉图将此实行上的困难,视为法律中的缺陷:若是法律能够覆盖一切,那么柏拉图的法律定亦能覆盖一切(参卷5,728a - b)。所以,当立法者为某些事务定下法律之后,柏拉图做出让步,觉得理应把其他的事情交由陪审员去判定。但这样的判定却不是一件让人高兴的事,因为要涉及到普通人的成熟的责任与自由。这是更大的错误(faute de mieux)。柏拉图一以贯之,继续论述(卷9,876a 及以下),允许陪审员判决的范围,会按照定例而变化,主要依据陪审员受教育的品质、性格和其在法庭中的行为举止。柏拉图认为,玛格尼西亚的陪审员,其乐观主义虽受抑制,却能直率表现,于是他们将"尤其适合作这些事的审判员",所以"大部分的事务要交给他们决断"(epitrepein,这段文字中"给予审判权"的标准语汇)。"尤其"或"非常""合适或恰当"则是"ouch hekista emmeleis",该表达小心谨慎:赞誉之词,却缺乏热心与激情。

简略提一句,笔者以为,柏拉图此处强调陪审员的教育标准,与亚里士多德在《修辞学》一书中对修辞学的论述,紧密相关。众所周知,柏拉图在其他地方全面非难当时践行的修辞学,说其道德败坏,充满假象,挑逗情绪,还尽是谎言。马加比(Mccabe,1994)新近的论文,确有说服力,他认为,突然插入亚里士多德的讨论,是为建立起某种有名的修辞,道德方面极具原则,论述又合符理性(enthumemata),以此方能让聪明的陪审员接受高贵的教育与健全的道德原则。事实上,如此论述,依赖于听众的资质,方能取得效果。柏拉图坚持在玛格尼西亚推行好教育的标准,于我看来,表明他承认(或许有些勉强),由亚里士多德设想的那种卓越的修辞学。① 事实上,如果柏拉图从整个玛格尼西亚人中挑选大多数的陪审员,以构筑成熟的法律体系,他如何可能避开上述的承认? 就我们的目的而论,随后将要呈现出的是一种不同,即亚里士多德明确承认公正论述是修辞学中不可避免且令人向往的部分,但柏拉图却并不承认这一点。

话说回来,现在柏拉图所做之事正是施展计谋(卷9,876d6)。他表示,"无论如何"(ou men alla),他应该提供"一个大纲和模式,以避免那些人超出正义(dike)之外行事"。接着,就伤害问题,柏拉图定下了详细的法律,远比雅典人的法律要更加详细(就我们所能分辨的内容而言),②论及了不同的种类,还添加了

---

① 另参卷11,937d-938e。
② 相关分析和评价,参桑德尔书,1991a,页258-267。

不少的解释和补充材料；整个复杂内容，在斯蒂凡努斯（Stephanus）所编柏拉图全集中，占据两页半的篇幅。某些惩罚是强制性的，如像意图谋杀的各式伤害行为；另外一些，不带谋杀意图，仅出于愤怒，则属于可自由决定的范围。总的说来，似乎犯罪者一方，在脾气和意图方面愈少有邪恶的成分，那么陪审员在审判时就能获得更大的自由裁定权。① 但这更容易引起误会。重要的是，陪审团自己要断定所有事物中，何者最为重要，是其他事物的基础，即罪犯在犯罪那一刻，以及稍后所具有的心理状态，为重中之重。

区分玛格尼西亚陪审员的特别责任，与基于案件事实所做出的决定，亦是重要之事，这些事实是："何种伤害？什么样的受害人？如何发生？何时发生？因为在这些案件中，细节很多，各不相同（卷9,875d8）。"柏拉图说，应留给任何陪审员去判定"这些事情中的每一件，是发生了，还是没有发生"。笔者以为，这意味着，陪审员要判定，某一实际发生的"事实"是否符合法律条文中对犯罪行为的直接而正式的规定。② 唯有在做出这最基本的判定之后，他们才能考虑特殊情况、减缓等等，理想的情形下，法律应对后面的内容做出特别说明。

事实上，柏拉图笔下的陪审员须要成为成熟的心理学者，他把刑罚学作为整体来考虑，已可清楚显示这一点。我们可以注意到，在卷9,876e中，陪审员的教育使他们能够就以下事情做出判决，即"许多与已查明罪行相关的事，他们究竟应该遭受什么或付出什么"。现在这一切已经足够直接；但关于柏拉图的惩罚原则，仍有特别的意义和目的，并且随后将阐明，这些内容将eieikeia的

---

① 该政策是以极端的形式得以描述，关于次一级的陪审员，可参见9,876b-c。
② 如亚里士多德所述，《修辞学》，卷1，页13,1373b38及以下。另参卷1,1354a27及以下。

实践排除在外。既然已经花费了诸多篇幅来论述其刑罚学的理论与实践,此处仅对其作简要陈述。

雅典的刑法系统,从本质上讲,带好战性和复仇性;此系统关注于,用痛苦的惩罚来报复所忍受的痛苦。原告们为他们自己寻求最大限度的补偿,而形式通常并无其他,仅为要眼见其对手承受痛苦,以带来绝对的满足,尤其是死亡、罚金、放逐以及其他形式的剥夺公民权。很少时候,原告会考虑到罪犯的改过自新,原告们往往只想,通过施加刑罚,让罪犯将来再不敢犯罪。玛格尼西亚的法律体系,相对来讲,是完全非复仇性的(至少理论上来讲如此,而在实践中,仍有不少困难和紧张的地方)。① 补偿是一个非刑法问题:补偿是用支付款项实现的,但是其目的却是让两方达成和解,而非加剧两方敌意。施以刑法,也即是使其遭受某种形式的痛苦,其本身远不同于补偿。刑法是严格意义上治疗性的(curative),至少理论上来讲如此。然而,遭受痛苦仅是诸多措施中一种,这些措施原则上来讲均能用来让人承受。② 问题的关键是何种措施有效:某措施被用于某罪犯的心理状态,以治疗他灵魂中的犯罪倾向,③把他变作一个更道德,或者至少说更不雅典的人,情况会如此吗?简而言之,惩罚成了一种教育手段,或是教育的补充。惩罚并不只想起到威慑的作用。实际上,相关文段中(卷9,876d3-4),已经提到了刑罚的两个方面:陪审员们需要为每个独立的犯罪行为,赋予遭受痛苦(即惩罚)和事实的"功用或

---

① 主要的文段有:卷9,857a-864c;卷11,933e-934c,桑德尔对此段文字,及其他相关文字,作了详尽分析。
② 参刑法性宣言中的列表,卷9,862c-e:行为与说话;快乐与痛苦;荣誉与羞辱;罚金与奖励。
③ 笔者将桑德尔(1991a,187及以下)笔下心理状态的长长列表,收集起来,玛格尼西亚的陪审员关注的正是这些内容。

价值,axia",而事实即为由破坏或伤害组成的犯罪。卷 11,933e -934a 中已经清楚讲明区别。

此刻,有充分的理由解释为何公正论述在此系统中难以占据地位,或根本毫无地位。

没有人会遭受损失,无论是自愿的,还是被迫的。第一,受害人已经得到全面的补偿。也没有要求他要放弃什么。既然受害人要与罪犯和解,就不能要求受害人放弃看到罪犯受惩罚时的满足感;何况,那样的情绪,受害人本不应去感受,并且无论如何也与和解不一致。第二,罪犯也没有损失什么。就算罪犯在雅典法庭上失去了减轻刑罚的机会,也算不得损失,因为从定义上讲,所受刑罚,经由精心估算,最能使他变得更有品德,而根据著名的柏拉图原理,变得更有品德,就是变得更加快乐。假定刑法已经在最开初时准确估算,在此基础上,减轻刑法的严苛程度会有损其效用。笔者强调,在柏拉图的刑法学说中,不像通常所想象的公正情况那样,而是每个人均是赢家——理论上来讲如此。

关于效用的问题,值得深入讨论。在雅典法庭中,刑法的减轻会基于一大堆的考虑,包括合理、正派和温和、同情、纵容,部分基于本能或个人原由,部分基于原则性的理由或减缓。从某种意义上讲,罪犯感觉不到他"理应"承受十分严苛的惩罚性刑法。在玛格尼西亚的法庭上,"赏罚(desert)"的概念,用法不同,它用于"需求"的层面:由于某种不正义的心理状态,需要做些什么,来改变此罪犯?事实上,玛格尼西亚的陪审员,拥有心理状态的一个列表,表示可以减轻刑法(卷 9,863b - c;卷 11,934a;卷 12,943e);但表中提及人,仅指那些虽拥有不正义的心理状态,却容易治愈之人:因为,在这些情形下,严苛的惩罚与治疗都会没有效果。两类减刑的处理或许会,又或许不会基于同样的理由:事实上,他们看上去十分相像,而且也用同样的术语;① 但是两类处理并不必定会得出相同的结论;如果罪犯的心理状态,尽管在雅典不值一提,却恰巧在玛格尼西亚的特别情形下,被认为十分可恶的话(参如"贪婪",卷 11,938c),按柏拉图的刑法学,就会规定强化惩罚。公正的论述,是报复性和回顾性的,公正来自于正派等一系列含混的考虑之中;柏拉图的刑法学论述,可能并未提到什么正派或感觉,而仅是提到了治愈的目标本身。而那正是玛格尼西亚的陪审员在审判中所要达成的任务;公正并未诞生于其中。在雅典,审判包含着公正;在玛格尼西亚,却将公正排除在外。

紧随而来的简短文字(卷 9,876e5 - 877b5),表明柏拉图的严格基于心理学的刑法学,是如何能够与公正相冲突的。柏拉图论述说,某人谋杀未遂,仅造成伤害,并不值得同情(大概会因某种并未真正发生的事,而被判死刑),而可根据他谋杀的意图,将其视为真正的杀人犯,并以此名义受审判。如果被证实有罪,他不会被执行死刑,而是会判终身流放,但可保留其财产收入;并且他还要为其受害人作全面的赔偿。柏拉图为此减轻刑法提出的理由,严格说来,与他自己的原则相对(谋杀的意图是无法治愈的),也不是公正原则之一,即同情因不存在事实而受极刑处罚的人;但是,"应该考虑到,他的机运不算坏,而他的精灵(daimon,或译守护神),同情犯罪者和受害者,将后者救出死亡之地,而又让前者免受厄运的诅咒(大概就是死去的牺牲者会加于其身的诅咒)"。不是采用简单的公正,我们看到的是,特别的虔诚,十分神秘。为什么我们不可以同情那未遂的杀人犯,而杀人犯的精灵却可以?公正就仅仅是保持神性?(参卷 5,729e)

---

① 参桑德尔(1991a,章 16,尤参页 352 - 354);关于此现象在柏拉图政治谋略中更大的重要性,参本论文末尾。

事关公证的论述用于解释法律,且将其条款扩展至相似的案例,这种情况似乎不大可能经常在玛格尼西亚出现,或者被此地所接受。事实上,一个十分受欢迎的陪审员,可以发明新的特殊条款,以避免立法者的控制,但这情况就柏拉图的某个劝导言辞而言,自然是不太愿意看到的景象:事实上,可以将此情况理解为对法律的不忠。当然,柏拉图还得面对法典的修改与补充;不过,在一段时期之后,大约是十年之后,柏拉图明确表达,希望这些修改与补充,不容易发生,也不经常发生。高级官员,尤其是法律卫士和夜间议事会成员,本会牵涉其中。柏拉图没有系统描述其过程,我们也只能满足于一点点的暗示。①

让我们回顾一下,已经谈及四个领域:经济、政治、继承和刑法。在经济方面,epieikeia 显得多余,从某种意义上讲,epieikeia 已经建立在城邦的经济结构中,或者说对于它的需求已经被此结构排除在外。政治方面,对 epieikeia 作了最小的让步,但均在宪法性机构的严格规定之下。在女继承人出嫁的问题上,应考虑到 epieikieia 的问题,但仅在少见的极端案例中。但具体施行过程,不得由个人染指,而应移交高级官员,这些官员们行为准则,在于能推动公共利益。最后,若是严格按照柏拉图的刑法学说,那么公正的作用很小,甚至根本毫无作用。整个模式十分明显:即严格的限制和综合性的公共控制。将此做法讲得精确而文雅便是,柏拉图将个人德性国家化。而且,将其他德性作类似研究,也十分有趣,可看清这些德性在玛格尼西亚会发生何事。

若可以稍微谈及其他内容,那如下重点,须得一提。若柏拉图真将公正融入到基于规定的体系中,乃至于不异牺牲个人的道

---

① 参卷 5, 769c - 771a, 772b - d;卷 12,951c,952b;莫洛(G. R. Morrow),1960a,页 570 - 571。

德品性,那又有何证据表明,此做法亦是柏拉图处理整体意义上的道德品性的方法? 笔者以为,此模式至少在另一例证中得以体现,即关于 andreia[勇气]。卷 12,942a 及以下,措辞强硬,要求每个士兵必须随时服从指挥官的命令,哪怕是最细微的小事,绝不可自作主张,而是经服从命令,以成为集体中一员。似乎柏拉图更愿意让玛格尼西亚的军队由机器人组成,而不是真正的人组成。当然,柏拉图希望士兵们英勇,并且还详细描述了对胆小的惩罚。然则,柏拉图过分强调,在任何时间和任何情况下(他将此要求写成规定,也用于公民生活的各方面),都得谨遵命令,且唯命是从;如此强调,让笔者怀疑,他是否并不重视在表面上鼓励的那些德性。在某些情况下,如在战争中,由于无人下命令,而某位勇敢的士兵就不能战斗,他虽可成就勇敢之名,却也将死于非命。以苏格拉底的模式来论述此问题,真正拥有勇气的品德,难道不意味着掌握某种知识,即关于应该真正害怕什么,以及关于何时应该勇敢,以及什么情况下勇敢,还有针对何种对象勇敢? 我们的文字中并未提到这一点,绝对的服从,据说是确保胜利最为有效的方式(卷 12,942c4-6)。还有,执掌军事指挥权,应该接受怎样的训练(卷 12,942c7-8)?

不过,先将这些大问题放到一边,而在柏拉图政治理论与实践中,某一方面(即公正)的重组,若笔者看法正确,或大致不差,那么,研究《法义》四十年所形成的总体信念,则会大受鼓舞。玛格尼西亚是典型的希腊城邦(polis):它语汇丰富,观念杂多,又建立在实践与宪法之上,这些当时之希腊人并不陌生,甚至对现在的我们,亦是如此。事实上,很难说柏拉图希望建立次好的城邦,即可行的乌托邦,而不愿意在言辞和宪法的基础上,建立起一个城邦,至少对早期的居民来说,听起来、看上去乃至感觉上均十分熟悉。尽管在直接的政治术语中十分重要,但这仍十分表面。在这些文字、概念、实践和宪法中,柏拉图注入了众多的柏拉图主义。所有的一切,均严格遵循柏拉图的方式——公开地对准如下视角:如同列宁(Lenin)一样,柏拉图毫不隐藏他想要获取的一切。玛格尼西亚的居民的生活,在精神和宪法世界方面,均会完全不同于其他任何希腊城邦。举两个简单的例子:第一,timoria(即惩罚)一词,随意使用;但其内容却远不同于除玛格尼西亚以外的地方。因为,该词表达的不是以牙还牙的苦痛,即报复,而是为实现道德改良而受苦。第二,通常来讲,人们会对不正义的人感到愤怒;但柏拉图沉迷于自己的核心概念,即这样的是不幸福的,就认为,我们反而应该同情他(卷 5,731cd),却把愤怒留给那些无可救药的不正义之人。对同情的用法与范围的扩充,十分显著。当然,认为语言受政治目的操控,已不再新奇;但柏拉图无疑是该危险技艺聪明从业者之一。

以 epieikeia 为结:柏拉图不大可能,在写作《法义》之前,就已经定下基调,认为"哎呀,这就是 epieikeia,不可实现;我要重新定义它,并因此在玛格尼西亚抑制它"。事实上,真实的情况更加简单:在柏拉图的城邦中,epieikeia 少有或没有地位;因为它在此地所起之作用,所实现之目的,均不同于在大部分希腊地区的情况。

《法义》中的正义

斯泰雷(Richard Frank Stalley)
梁建东 译

1. 导　言

　　柏拉图《王制》的主要目的是要提出一种对于正义的解释,并证明为何我们坚持正义是值得的。在着手这一工作时,他并不试图去分析通常的说法或措辞,读者认识到这一点是很重要的。他意识到不同的共同体以及共同体之内的不同派别对正义有着不同的看法。《王制》的任务是要去发现"正义到底是什么"。柏拉图在追求这个目标的过程中所采用的策略是基于这样一种观念,即真正的正义要到可能存在的最好的城邦中才能找到。为此,他描绘了一个他理想中的首善之城(ideally good city)。当然,这个城邦是建基于这样一个原则,即整个城邦的邦民在被划分成三个社会等级或类别之后,每一级或类的邦民们都应该严格地遵守他们各自被分派的、适宜于他们本性的任务或工作。柏拉图声称这个原则或类似于原则的东西是构成城邦的正义的要素。他还相应地提出了一种灵魂可分为三个部分的说法,并声称当某个个体的灵魂的这三个部分都各司其职时,这个人就是正义的。柏拉图自己也很清楚,这种策略就其本身而言并不能让他得出这样一个结论,即在过去曾经或将来会出现一个完全正义的城邦或完全正义的人。问题很简单,为了认识到"正义是什么",我们就有必要去观察一个完全正义的城邦和完全正义的个体。

"如果我们发现了什么是正义,我们应当要求一个正义的人与正义本身毫无区别,但是,他在各方面都必须与理想的正义一模一样吗?或者,只要他能够尽可能地接近正义本身,并比其它人更多地分有正义,我们也就满意了吗?"他说:"这样我们也会满意的。""那么,"我说。"当我们在探求理想的正义的性质并询问完全正义之人究竟拥有什么样的特质时,我们就需要一个正义的模型($παράδειγμα$,pattern),如果假定存在着完全正义的人的话,那么,同样也就会存在着不正义和完全不正义之人。"(《王制》,472b－c,英文由 Shorey 翻译)

正因为《王制》描绘了一个完美的、正义的城邦和一个完美的、正义的人,我们就不能再期望它对正义的解释能够正好与任何其它关于正义的一般性理解相一致了,但我们仍认为它与那些一般性理解之间存在着某些联系。但至少柏拉图对城邦中的正义的解释,比如在对某些类型的"公平"(fairness)或"平等"(equality)作出要求时,看上去与那些对正义的一般性理解之间是没有联系的,这是令读者感到困惑的地方。同样,柏拉图对灵魂中的正义所做的解释,看上去也一点都不像是一种对"一个正义的个体"的一般性理解。他的这种说法使得正义成了灵魂的内在结构性问题,而不是外在的行为,同时,也完全没有解释为何他所说的正义之人就应当被认为是行事正义的,同时它似乎还暗示着:在严格的意义上,只有哲学家才可能是正义的。① 此外,为什么我们应该认为柏拉图的"正义城邦"就是他的"正义个体"们的居住之地呢? 这一点也是不太明确的。

《法义》与《王制》的不同之处在于,正义已经不再是主要的论题,而且它遵照的是另一个非常不同的论证策略。它的城邦不是作为一个正义的范例被设计的,而且也不像在《王制》中那样存在着一种三分结构。因此,它也就不再可能用完全一样的方式来展示正义了。另一方面,柏拉图毫无疑问视这个城邦在可能的程度上是正义的,并在它的邦民中培养正义。因此,在本文中,我想考察《法义》是如何解释正义的,以及这种解释和《王制》之间又存在着怎样的联系。它是否表明柏拉图已经改变了他自《王制》以来对德性的看法,或者,它可否被看作是《王制》中的教义在一个真实存在的城邦中的应用? 我还将问这样一个问题,即《法义》的这些解释究竟是解决还是回避了《王制》在解释正义的过程中曾经产生过的难题?

2. 《法义》中的灵魂与城邦(624a—632c)

《法义》在开始的时候就有可能引导读者们去认为,城邦与个

---

① 有大量的文献与这个论题有关,参见 Sachs, "A fallcay in Plato's Republic", *Philosophical Review* 72 (1963), Vlastos, "Justice and happiness in Plato's Republic", in G. Vlastos (ed.), *Plato: A Collection of Critical Essays II*, London 1971 和"The theory of social justice in the polis in Plato's Republic ", in H. F. North (ed.), *Interpretations of Plato. A Swathmore Symposium*, Leiden 1977, 1-40, repr. in id., *Studies in Greek Philosophy, II: Socrates, Plato, and their Tradition*, ed. by D. W. Graham, Princeton 1995、Demos, "A fallacy in Plato's Republic?", *The Philosophical Review* 73 (1964)以及 Annas, "Plato and common morality", *Classical Quarterly* 27 1978 和 *An Introduction to Plato's Republic*, Oxford 1981 分别在第 118-123、152-159 页处对此有过讨论。

体之间的类推关系将像在《王制》中那样明显。雅典人是从这样一种观念开始的,即每一个城邦与别的城邦都处于不宣而战的状态,来自克里特岛的克莱尼阿斯和来自斯巴达的梅吉卢斯把这种观念视作他们各自所在的社会系统的基本原则。法律应该被设计用来可以帮助城邦在战争中取得胜利(626a－c)。雅典人轻易地就让他的同伴们承认,这个原则照样适用于村庄与村庄,以及村庄内的家庭与家庭之间、个人与个人之间的关系。然后,他们还赞同每一个人都处于与自己的战争当中,而且战胜自己是所有胜利中最为重要的。这使得雅典人可以彻底改变论证的方向,他声称家庭、村庄和城邦需要去战胜自己,或者如我们所说的,"自我超越"(self-superior)。某个城邦内部的较好的一部分人获得了对较坏的一部分人的胜利,就可以被认为是"超越"了"自我",而如果某个城邦内的不正义的邦民束缚或奴役了正义的邦民的话,就可被称作"自我贬低"(626d－627b)。然后,雅典人设想存在着这样一个家庭,在正义和不正义的兄弟之间发生了冲突,一位法官被请来调停这次纠纷。最好的法官既不会杀死令人感到厌恶的兄弟以让善良的兄弟管理家庭,也不会迫使品质恶劣的兄弟去服从道德较高尚的兄弟的支配,而是通过制定法律来调停这些内讧,从而使他们彼此能够像朋友一样生活在一起。雅典人接着就把这个办法应用到了城邦。最好的立法者将更加关注内部的而不是外部的战争,因此,他将尽力通过创造和平和缔造友谊来避免内战。这样的立法所导向的真正结果就是和平和友谊(627b－628a)。这里存在着这样一层含意,尽管它并不明确,即灵魂内的和平与和谐同样比纯粹的自制(self-control)要好。对提尔泰奥斯(Tyrtaeus)和塞奥格尼(Theognis)的讨论引出了这样一种观念,即最好的人(best man)是在内乱爆发时能够获得信赖的人。这需要正义、节制和智慧,当然还包括勇气,但纯粹的勇气甚至连雇佣兵都会有。因此，每一个立法者都应以实现最高的德性（τὴν μεγίστην ἀρετήν）为目的去制定法律，这最高的德性在塞奥格尼看来是"在危难时机可以被信赖的"，并且可以被称为是"完全的正义"(δικαιούη τελέα, 628a-630d)。

这里有相当多的内容会让我们联想到《王制》。尤其是在城邦的德性与个体灵魂的德性之间似乎存在着某种对应关系。一个得到了很好治理的城邦，将会是处于这个城邦中最富有智慧、最好的邦民的管理之下的城邦，正如一个品德高尚的灵魂是处于它的较好的部分（或成分）的指挥之下那样。在这两种情况中，理想的目标是这样一种状况——所有的人（或各种成分）彼此和平、和谐地共处在一起，而不是某部分人（或某种成分）把自己的意愿强加给其它的人（或成分）。所有这些对于已经读过《王制》的读者来说是相当熟悉的，但当他们读到雅典人把共同体中较好的一部分人战胜较差的一部分人描述成一场正义对抗非正义的胜利时(627b-c)，他们就有可能感到困扰了。这将意味着这种对城邦中的德性的说法是以一些关于个体的正义的观念为前提的，而在《王制》当中，城邦的正义是用来阐明个体灵魂中的正义的。

实际上，我们很快就会清楚，《法义》并不是要去单纯地重复《王制》中的道德哲学。雅典人开始批评这样一些人的观点，他们认为克里特和斯巴达的立法者们仅仅只关心如何向人民灌输勇气的思想。这意味着他们的法律将只会关注德性的某一部分，而不是全部(630d-631a)。真正的立法者必须以实现他所谓的属神的善为目标。明智(φρόνησις)居于这种善的首位。紧接着就是"依于理性的节制"(σωφροσύνη μετὰ νοῦ)。这两者之后是正义(δικαιοσυνη)，第四是勇气(ἀνδρεία)。立法者必须向邦民们声明，属人的善，如健康、美貌、力量和富有皆从属于"神的善"，并且所有"神的善"都依赖于理性，理性是它们的引导者(εἰς τὸν ἡγεμόνα νοῦν ξύμπαντα βλέπειν)。立法者在立法时必须在他的思想中牢记这一点(631b-d)。

在此段中,有好几个令读者感到困惑不解的地方。① 较明显的一处是智慧的德性在这里被称作是"φρόνησις"而不是"σοφία"。也许更为重要的一点在于,这些德性是按顺序进行排列的。智慧第一,节制第二,而正义被放在了第三位,并被认为是由前两者与居第四位的勇气相结合而形成的。在《王制》中,正义是关键性的德性,根本原因在于它被认为是其它德性之所以存在的一个条件。然而,在这里,德性似乎是经由其它德性的组合才产生的,因而也就是它们共同导致的结果。把勇气放在第四位也是令人感到奇怪的。对于正义而言,勇气看上去与节制一样是必不可少的。从逻辑顺序上看,它似乎应该被放置在节制的旁边,或至少是第三的位置,而正义则应该在第四位。此外,正义似乎应该放在第一,而其它共同产生了它的那些德性则应该紧随其后才对。假设这个文本是可靠的话,那么唯一的解释可能是柏拉图在这里首先考虑的是立法的问题,并且他想要指出,克里特和斯巴达这样的社会体系所追求的主要目标——勇气,完全不是需要考虑的最为重要的事。

对德性的解释在讨论会饮(drinking parties)的过程中得到了进一步的阐发,占据了第一卷和第二卷的大部分篇幅。这样做的主要目的是要培养年青人如何去抵制快乐(635b-c)。因此,他们提出了这样一种教育,雅典人对它作了如下描述:

> 因此,所谓教育,我指的就是善的获取,它的最初形式就

---

① 一些评论者认为《法义》的这个开始部分没有逻辑性,前后也不一致。参见 Gigon, "Das Einleitungsgesprae der Gesetze Platons", *Museum Helveticum* 11 (1954); Müller, *Studien zu den platonischen Nomoi*, *Zetemata 3*, München 1968²; Görgemanns, *Beitraege zur Interpretation von Platons Nomoi*, München 1960.

是儿童所获得的那个样子。事实上,如果快乐以及与快乐相似的东西,痛苦以及与痛苦相似的东西,在达到获得理智的年龄之前就已经在灵魂中形成,那么等这个年纪一到,由于早年在习惯方面接受的约束是适当的,这些感觉(fellings)就会与理智(understanding)一致,这种一致作为一个整体就是德性。但若你考虑到其中的一个因素,即对快乐和痛苦的状态进行正确的约束,使人从一开始就厌恶他应当厌恶的东西,爱好他应当爱好的东西——如果你把这个因素分离出来,并称之为教育,那么你就做对了。(663b－c,英文采用Taylor[1960]的译本)

因此,这一部分内容所强调的:一个方面是对我们的感觉和欲望之间的和谐的一种需要,而另一方面,则是它与知识或正确的信念之间的和谐。在《王制》中(430e－432a,442c－d),节制或自制(σωφροσύνη)被描述成灵魂或城邦内的较好的成分(或人)与较坏的成分(或人)之间形成的一致或和谐,这可能会引导我们认为它在这里是一种关键性的德性。实际上,巴克认为"自制"是《法义》的"主要动机"。① 但是,《法义》相对而言较少提到σωφροσύνη,而且似乎并没有给予它特别高的评价。我们已经看到,在 613c,不是"节制"或 σωφροσύνη 而是"理性的节制"(σωφροσύνη μετὰ νοῦ)被放在"神的善"的第二位。同样,在 696b－c,雅典人首先论证了德性没有自制就会失去真正的价值——举例来说,他认为我们都不想与一个勇敢但放纵的人生活在一起——因此,自制如果远离了其它德性的话,也就没有什么特别值得赞扬的地方。节制在这里看起来不象是一种货真价实的善,

---

① Barker, *Greek Political Theory*, 5th ed. Strand: Methuen, 1960⁵, 343.

而是其它具有某种真正价值的德性的一个条件。这一情形可能已经在710a-b处得到了阐明,雅典人把自然产生的、平常的节制,与一种被称作"节制"的品质相区分开来,这种"节制"具有更加特别的意义并被认为是与智慧等同的。对所有这些所做的清楚解释是,信念和感觉之间存在的纯粹和谐是没有多大价值的,除非信念本身与理性是相一致的。因此,与理性相结合的节制才是有价值的品质。当"$\sigma\omega\varphi\rho\sigma\sigma\acute{\upsilon}\nu\eta$"被看作一种德性或"神的善"的时候,柏拉图在其思想当中指的就是这后一种品质。

在对话的开始几页,对城邦的"自我超越"(或"自我贬低")所做的讨论是基于这样一种观念,即在城邦中存在着较好的人和较坏的人,当较好的人管理城邦的时候就是"超越",而"自我贬低"则正是较好的人被较坏的人统治的时候。既然一致认为个体可以表现出这些特性,那么,个体的灵魂或人格当中也就一定存在着截然不同的部份或成分。但是,柏拉图并没有对这一点作出明确的解释。在644b,他重新提及了这样一种观念,即好人是能够控制自己的人,然后他对此做出了说明,声称尽管我们每一个人都是个体的,但在我们每个人的身上都存在着两个相互争吵的"愚蠢参谋"。它们就是快乐与痛苦。我们同样拥有对痛苦的预期,我们称之为恐惧;而对快乐的期待则被当作是信心。除此之外,就是"深思熟虑"($\lambda o\gamma\iota\sigma\mu\acute{o}\varsigma$),由它来决定上述情况孰好孰坏。当这种"深思熟虑"被具体化为城邦的一种共同决定时,它就被称为法律。随后,雅典人通过把人类描绘成神的"木偶"来阐明这种观点。我们凡人的职责就是与"深思熟虑"的黄金之线,即城邦的法律合作。因为这种"线绳"柔软且易弯曲,所以在控制那些坚韧且不易弯曲的快乐和痛苦时,就需要帮手。这种描述可以帮助我们领会所谓的"自我超越"和"自我贬低"究竟意味着什么,并且正确地认识到城邦与个人都必须领会这种关于我们身体之内的各种力量的教义的真理。"一个从某位神或某些饱学之士那里得到这一教义的城邦,必须把这种教义确定为指导城邦与自身,以及城邦与别的城邦之间的关系的法律"(645b)。这一段内容曾经在某些时候被视为是柏拉图对其先前的灵魂三分论的抛弃。① 实际上,这两种学说很可能是可以调和的,但是,至少是在《法义》的这一部分当中,柏拉图总的说来似乎并没有明确地提及灵魂是可分的这一观念。无疑,这意味着他无法再用《王制》中的方法对德性做出精确的区分了。我们无法在理性的、精神的成分中找到智慧和勇气。节制不再被视为灵魂内的各部分之间实现的一种一致或和谐,当然,正义也不能被解释为是灵魂的各个部分可以各司其职的条件。

既然雅典人回避讨论灵魂的部分问题,那么,他就无法再通过谈论理性成分对其它成分的统治来表述这样一种观念,即高尚的灵魂是因为它受制于理性的指挥。理性反而具体化为个体或共同体的"正确判断"(632c,644c-d)。这对《法义》的道德哲学产生了一种重要的影响。雅典人认为,法律包含了正确的理性,因此,当我们遵从法律的时候,我们的行动与理性就是相一致的。前面提及的位于645b的那个段落告诉我们,法律是由神或某些有识之士赠予的礼物。通过指出法律可能是源自某位神灵,雅典人认可了克里特和斯巴达的两位同伴的意见,但他显然也清楚,我们在实际上是无法指望神灵真地会赐予我们一整套现成的法律的。这里提及有知识的人,可能是意在呼吁出现一个像《王制》中的统治者那样的哲人—立法者(philosopher legislator)。但雅典人也经常求助于长者的判断和经验(659d,665d-e)。法律因

---

① 参见 Bobonich, "Akrasia and agency in Plato's Laws and Republic", *Archiv fur Geschichte der philosophie* 76 (1994)。

此就包含了在共同体中长年积累下来的智慧。

这里就联系到了《王制》与《法义》的另一个差异。在《王制》中,智慧是 σοφία——它正是哲学家们苦苦寻觅的。但 σοφία 经常被当作一个专业术语来使用,当它涉及可能无用或不良的知识或技巧的形式时,可能就带有贬抑的意味。在《法义》中,雅典人通常谈论的"φρονήσις"就不具有这样的含意,而且他还好几次把这种智慧与纯粹的聪明进行了对比。① 柏拉图可能仍然相信真正的哲学家是能够把握善的本质的,但也明白这种智慧是如此的稀有;假若它真的无所不在的话,那么,我们在实际上也就不需要依靠它来指导我们的私人生活或公共事务了。

在解释德性的时候所面临的另一种复杂情况是在 660d - 663d 处。雅典人在这里赞扬了克里特人和斯巴达人,因为他们要求他们的诗人去教导人民——拥有节制和正义的至善之人也必须是快乐的。他们因此而与大多数相信所谓"人的善"才是真正重要的人形成了对照。在一另方面,雅典人又坚持这些"人的善"只有在与正义相随时才是有价值的(661a - b)。他继续作出要求,在新的城邦当中,诗人们有义务去教导人民——正义和快乐是同时发生的(661b - c)。如若立法者不支持这种观点,他们就会陷入自我矛盾当中,因为他们主张人民在追求快乐的同时又要是正义的(662c - 663a)。此外,既然无法说服人民相信——一种生活可以幸福但却不快乐,那么,他们也就必须相信生活得正义就是生活得快乐。雅典人在《法义》中确实认为,关于立法目标的整体构想要求正义和快乐是一致的,但他在这一段中只把显要的

---

① "σοφία"被明确无误地用来指称智慧这种美德似乎是在 689d。在好几个段落中,这个词被用来表示那些中性的,或者甚至是具有贬抑意义的专门知识(644a, 677c, 679c, 701a),而且,雅典人多次在描述愚蠢的各种形式时,用的也是"σοφία"这个词(691a, 732a, 747c, 863c)。

位置给予了正义,则有可能引出很多问题来。其中的一个问题出现在对话的开始部分,雅典人坚持立法者应该努力向人民反复灌输整体的而不只是部分的德性思想。随后,他把正义排在了德性的第三位。现在,他又投入了如此多的注意力来关注正义,似乎认为正义要么含纳了其它的德性,要么至少就是所有德性中最为重要的一种。他没有拿出论据来证明正义和快乐是同时发生的——也就变得没有什么价值了。他所做的这些都在显示,他和他的同伴们所理解的立法正是以他们的谈论为前提的。在《王制》中,柏拉图无疑尽力去证明正义和快乐是一致的。构成其论证的第一个基本观念是——正义更为重要的地方在于它是我们灵魂的内在结构,而不是外在的行为。在正义的灵魂当中,每一部分都恰如其分地各尽其责,其结果就是所有的这些功能都完全像一个整体一样发挥着作用。正义之于灵魂,正如健康之于身体(444e-445b)。第二个最为重要的观念是:灵魂的每一部分都有它们各自的快乐,属于理性部分的快乐是哲学家们最喜爱的,它比其它的快乐要更为可取(580d-586e)。既然雅典人在《法义》中没有对灵魂的部分作出区分,那么,他就无法把正义当作内部各个部分都完美运行的灵魂的一种内在条件。实际上,他似乎认为正义等同于正义的行为。此外,他既没有提及哲学的智慧(philosophical wisdom),也同样没有提及这种智慧所带来的乐趣(joys)。因此,他就无法再宣称理智的快乐对于——正义的人比不正义的人要快乐——这种说法可以起到特别有价值的支持作用了。

关于正义的最为明确的看法是在第九卷中提出来的,雅典人在这里讨论了与惩罚有关的非正义行为(859d-864b)。他首先回顾了在对话稍早的地方曾经提出过的一种观点,即每一个非正义的人都不是出于本意要行不义的(πᾶς ὁ ἄδικος οὐχ ἑκὼν ἄδικος,731c,参见 734b),或者就像他所认为的,"非正义的人确实是坏的,但坏人并不是自愿如此的"(ὁ μὲν ἄδικός που κακός, ὁ δὲ κακὸς ἄχων τοιοῦτος, 860d)。他以此来暗示行不义的人并不是出于本意要如此的,从而与通俗的观点——虽然人们有时行不义不是出于本意,但他们的大多数行为是自发自愿的——相抵触。在法庭上,对自发的与不自发的犯罪是要做出区分的,因此,没有人自愿做错事的说法就会破坏这种区分的根据。为了摆脱这一困境,雅典人把自愿和非自愿的非正义行为之间的区分替换为非正义与伤害之间的区分。根据他的观点,假若某人不是出于本意地伤害了另外一个人的话,他就不是在行不义之事。一种行为正义与否不在于它是有益还是伤害了他者,而是取决于它是否出自一种"正义的品格和性情"(ἤθει καὶ δικαίῳ τρόπῳ χρώμενος, 862b)。当雅典人解释非正义是什么的时候,他看上去是在拐弯抹角地提及了灵魂三分论。他声称,人们也通常都这样认为,灵魂中的某一部分(μέρος),或是灵魂的某种影响或倾向(πάθος),它同时还被人们当作一种精神或激情(θυμός, 863b),是一种好斗的成分,常常通过非理性的方式来造成毁灭或颠覆。同样,还存在一种快乐的成分,与精神不同,它是通过说服和欺骗的方式来行使控制我们的力量的。做错事的第三个原因是无知(ἄγνοιαν, 863c)。我们谈到某些人被快乐或激情所征服,但没有说过还有人被无知打败了,可正是这三者常常使得某些人违背本意去行恶事。接下来的一个段落的内容在细节上显得非常含混、不易让人理解,雅典人似乎是在说一个人行不义要么在于他关于善的信仰是错误的,要么在于他被快乐征服了,或要么是因为他被恐惧压倒了(863e－864b)。如果这就是他的意思的话,那这里就是在相当详细地阐述其在先前卷次中发表的一些观点。我们已经看到,如何在正确的判断,与快乐和痛苦的感觉之间实现和谐,是需要予以强调的。这意味着,我们之所以可能会做错事，或者是因为我们对什么是善做出了错误的判断，或者是因为我们的快乐和痛苦的感觉与我们的判断之间没有达到一致，从而使我们明知故犯。智慧能够让我们做出正确的判断，而节制和勇气则确保我们的感受与我们的判断是一致的。这与第九卷中对非正义的解释一样都在暗示：行不义之举就是因为我们缺乏一种或更多这样的德性。至此，就有了这样一层意义：正义是德性的整体，在某种程度上它涉及我们的行为与他者的关系。

这种解释非常有用。比如，它将大大有助于解决《王制》在讨论个体的正义时所引发的一些问题。尤其是为正义的德性与正义的行为之间的关系作出了更为明确的解释。假如人们认可——理性将在很大程度上支持传统的道德规范——这样的观点的话，那么这种解释也将有助于弥合柏拉图所理解的正义与一般性理解中的正义之间的隔阂。面对着挪用金钱的机会，正义的人将会做出正确的判断，认定这种行为是错误的，并且在想到金钱可能会带来的乐趣的时候，也不会把节制抛弃在一旁。因此，智慧和节制的结合导致了正义的行动。反之，非正义的人可能会出于自己的利益考虑而挪用这笔金钱。此外，尽管他意识到这是错的，但仍然可能会失去节制。因此，他的ἀμαθία［没有知识］将导致非正义的行为。这种解释也为处理雅典人指派给"夜间议事会"的——弄清德性既是一又是多究竟是怎么回事？——这项任务提供了方向（963c-d, 965c-e）。每一个用来描述四种主要德性的专有名词都对应着德性的一个不同的方面。但是，如果这些专有名词都是在它们的完整意义上加以使用的话，我们就必须清楚地认识到它们彼此不能离开其它德性而得以独立存在。要想成为一个真正正义的人，就必须同时是智慧、节制和勇敢的。

为弄清楚这种说法与《王制》的关联,我们可以回忆一下,柏拉图曾经在这篇对话开始的地方采用过一种唯心主义的方法。理性之所以要求获得支配的权力,是基于它可以把握住形式,尽管这种观点在第四卷中并不是很突出,但在《王制》的稍后卷次中却变得越来越明确。既然只有哲学家可以做到这一点,那么,就意味着只有哲学家才可以成为完全意义上的正义之人。到了第九卷的时候,正义之人在事实上已经等同于哲学家了。普通人或妇女通过听从哲学家的命令,这些命令包含于法律当中,就可以获得某种正义(590e-591a)。神的玩偶这个比喻,在作为一种描述这种正义的途径时显得更为有用,因为它象征着理性不是什么来自我们灵魂内部的东西,而是来自灵魂之外的某种引导性的形式。我们可以选择是与它合作还是拒绝。换言之,即使柏拉图在撰写《法义》时仍然认可灵魂三分论,但在他描述马格尼西亚的邦民们获得正义的过程中,这种理论也已经起不到什么特别有用的效果了。

尽管这种解释能够帮助我们解决柏拉图在讨论正义时所引起的诸多困难,但我们也不得不清楚地认识到,它无法解决所有的问题。一些突出的困难与《法义》中的道德哲学有关。举例来说,即便我们知道第九卷直接提及了灵魂三分论,但我们也必须承认:精神在这里似乎是被给予了一个在《王制》中不同的角色。[1]

---

[1] 我们已经看到,在最初的卷次中,他显然没有提及灵魂的三分论,而是采用了一种心灵分析模式(psychological model),神的木偶,这种模式与那种学说是很难调和的。一般的说法似乎是这样的:在理性和情感之间存在着冲突、对立。节制是这样一种美德,即它可以使我们去抵抗快乐的诱惑,而勇气则使我们能够战胜痛苦。另一方面,第九卷的内容则更加倾向于接受灵魂三分论,尽管雅典人并没有在实际上谈论过关于部分(parts)的问题。此外,上述两种我们必须与之斗争的诱惑并不是由快乐和痛苦产生的,而是来自快乐以及精神(spirit)或愤怒。无疑,在精神和痛苦之间存在着联系,因为愤怒被认为是一种痛苦的强烈情感,但是,(转下页)

一个更为严重的问题还涉及到正义与快乐之间的关系。如果《法义》中的邦民们获得的这种正义与《王制》中的哲学家们实现的正义不同的话,那么,《法义》就完全用不上《王制》为正义的好处所做的那些论证了。但是,《法义》似乎并没有在这些问题上花费太多笔墨。

3. 城邦中的正义

《法义》对于城邦中的正义这一主题所做的最为明确的的论述是在712e-715d,其中一个段落的好几处都明显地提及了《王制》。在这个段落中,雅典人认为——民主制、寡头制、贵族制和君主制都不是真正的宪法体制,而只是一种政治安排,因为城邦中的某一部分人被另一部分人所奴役。为了解释真正的宪法将是怎样的,雅典人讲述了一个关于克洛诺斯的故事。这位天神明白,凡人要是狂妄自傲和不正义的话,就没有人有能力能够绝对地管理凡人的事务,于是,他就安置了一些神灵来管理人类。这个故事的意思是说城邦如果是由一位凡人而不是神来担任统治者的话,将永无宁日(713c-e)。因此,我们应该仿效克洛诺斯立下的规则,服从我们当中那部分不朽的人的统治——也就是

(接上页注①)其他类型的痛苦似乎与精神没有什么关系。精神也能够促使我们去抵抗痛苦,这也是正确的。这就是为何精神在《王制》中被视为是勇气的根源,但是,这不是柏拉图在《法义》第九卷中想要表达的意思。他的观点是如果我们放纵自己的强烈情感,如暴怒的话,我们就可能会做错事。因此,在《法义》的不同内容之间存在着不一致的地方。同样,在《法义》的第九卷与《王制》之间也存在着矛盾,或者,至少是明显地存在着一种对于重点的不同关注。《王制》强调的是精神发挥了正面的作用;它的任务是去成为理性的助手,并帮助理性战胜欲望(appetite)招致的诱惑。反之,在《法义》中,它却以一种负面的形象出现,成为了与理性相对立的非理性激情的根源。

说,遵行"理性的分派",即所谓的"法律"(τήν τοῦ νοῦ διανομὴν ἐπονομάζοντας νόμον)。反之,如果城邦是由某个灵魂中充满了贪欲,同时这种贪欲又肆无忌惮地把法律践踏在脚下的凡人的管理的话,这个城邦将是无可救药的(713e - 714a)。

雅典人根据通常的说法——有多少类城邦,就有多少类法律——来展开上述观点(714b)。这就再一次引发了一个关于正义和非正义的准据问题。流行的观点是:法律应该以既存政府的利益,而不是勇气或整体的德性作为目标。因此,支持这种观点的人就把法律定义为"强者的利益"。据此,他们认为每一种形式的政府都是根据自己的利益来制定法律的。他们把这些措施称作"正义",同时又把任何违背这些措施的人视为是非正义的并加以惩罚(714b - c)。此段的思想和措辞无疑都有意地让我们想起了《王制》第Ⅰ卷中的色拉叙马霍斯(Thrasymachus)。但是,以这种方式组织起来的城邦并没有实现真正的宪政。它们只是处于"党派政治"(στασιωτεῖαι, 715b)的统治下。同样,他们关于正义的主张都是毫无价值的。在雅典人和他的同伴们所构想的真正城邦当中,公职不是授予富人的,也不是根据个人的力量、才能或出身授予的,而是要看一个人是否绝对地服从法律。不止如此,在这里被称作统治者的人,实际上应该被称为法律的"仆人"(ὑπηρέτας τοῖς νόμοις, 715c)。城邦的生存或毁灭就维系于此。"我深信一个城邦的生存或毁灭取决于它的法律是有用还是无效。我也深信平安以及神灵所赐予的每一样东西,只有那些在它之内法律是主人而统治者是仆人的城邦才能得到(715d)。"

柏拉图通过有选择性地使用一些措辞让我们想起了《王制》第Ⅰ卷的内容,同时,也让我们确信《法义》和《王制》都一致拒绝这样一种观点,即法律纯粹依赖于城邦中某个侥幸掌权的党派的决定。但是,在这一节中还有其它一些重要的内容会让我们想起

《王制》。雅典人在《法义》715d 处说，法律成为统治者的仆人的城邦随时都会有大祸临头的危险；这使我们想起了《王制》473d 处的说法，即一个城邦如果不是由哲学家为王或王成为哲学家的话，它将永无宁日。当然，这两个段落之间的差别在于：《法义》把法律当作城邦的救星，而《王制》则把哲学王当成了救世主。但是，《王制》在 484c 处给出了理由，哲学家之所以被推上主管位置在于他们是最适合"捍卫"城邦的法律和习俗的人。实际上，《王制》全文中的多处内容都曾指出过维持法律和服从法律的重要性。苏格拉底把他为理想中的城邦所提出的建议或方案称作法律（νόμοι，如《王制》409e – 410a，417b，424c – e，430，458c，501a，530c），而且，他认为一些关于理性和秩序的原则是正义之人的灵魂所特有的，当他在讨论这些原则及正义之城的宪法时用的也是"νόμος"这个词（《王制》497d，587a，590e，604.a – b）。他甚至把哲学王称为"法律的护卫者"（《王制》504a，521c）。因此，这两篇对话一致认为城邦应该服从法律，并且由那些最有能力维持法律的人来进行统治。从某种意义上说，这两种统治者都是法律的鲜活化身。差别在于，能够接触到不变形式的哲学家们可以用理性洞悉法律的本质；而马格尼西亚的统治者们成为法律的化身，则是因为他们所受的教养已经引导他们专心致志于遵守一部由一位智慧的立法者制定的法律。

这暗示着，在《王制》和《法义》中，当城邦是由理性统制的时候，它就是正义的。法律被认为是等同于理性的判断。在《王制》中，柏拉图设想哲学王们能够洞悉正义和善，从而使他们成为唯一可以维持和阐释铭刻于法律之中的理性原则的人。为了确保城邦是由那些理性原则所统治，就有必要确保这些人并且只有这些人才能成为统治者。因此，当城邦中的每一个人都能恰如其分地各司其职并不受干扰时，这个城邦就可以被认为是正义的。但

《法义》中没有哲学王的说法。因此,就有必要去寻找其它一些可以用来确保理性之统治的方式了。《法义》所采取的立场是:理性或许就包含在一部由一位智慧的立法者制定并由长者们的经验加确认的法典当中。因此,重点就落在了法典本身而不是统治者的洞察力上。最重要的就是要确保统治者们绝对地忠诚于法典。这意味着公职应该被指派给那些最有能力服从法律的人。这里同时还隐含了另外一层意思,即教育和刑法机构的设立应该旨在于教诲邦民们该如何更好地理解法律并养成一种忠于法律的态度,挑选官员的主要条件是要看他们是否忠诚于法律,同时,政治机构的设立在大体上也都应该旨在于鼓励理性的决策制定。这些观点都出现在了《法义》当中。因此,尽管它关于正义的解释看上去与《王制》非常不同,但它们都基于这样一个相同的原则,即理性的统治。这两篇对话的主要差异就在于《法义》试图去阐释这种原则对于一个没有哲学王的城邦的意义。

第二个论述政治正义(political justice)的段落是在 756e - 758a。雅典人在这里事无巨细地描述了挑选议事会成员时的各种安排。这些安排与选举有关,但也存在着由抽签决定的内容。雅典人评论道,一种以此种方式实施的选举其实是一种介于民主制与君主制之间的政治模式。然后,他开始对两种平等进行了区分:纯粹数量上的平等,即分配给每一个人的数量是相同的,与适当的或成比例的平等,即把更多的份额分配给更伟大的人,而较少的份额分配给次要的人。正如奴隶永远都不可能成为主人的朋友那样,正义之人与非正义之人如果都被给予了相等的荣誉的话,他们之间也是永远都不会存在友谊的。如果不是按比例进行分配的话,那么,把同样的份额给予不平等的人就会导致不平等的出现(εἰ μὴ τυγχάνοι τοῦ μέτρου, 757a)。通过抽签的方式,数字上的平等相对来说是比较容易达到的。比例上的平等,这是最真实、最好的平等,是较难达到的,但它是构成宙斯裁决的一部分($\Delta\iota\acute{o}\varsigma\ \varkappa\varrho\acute{\iota}\sigma\iota\varsigma$, 757b)。对于人类来说,尽管它只是在一定程度上是适当的,但它给城邦或个体带来了所有的善好(good things),这才是它真正适当的地方。"分配要使重者更重,轻者更轻,给予这两者的份额要恰如其分,即适合他们各自的真正品性。授予这两部分人的荣誉要合理,也就是要相称,对拥有更多德性的人要授予较大的荣誉,而与之相反的人得到的荣誉就要少些(757c)。"这种观点构成了政治性正义,并且应该是任何创立城邦的人所追求的目标。但是,为了避免争执,这种方式在实施时是需要加以修正的。雅典人宣称,既然平等和周全与绝对的正义是相互抵触的,那么,就有必要采用抽签的方式来为此加入一些平等的成分(757c - 758a)。

这种观念,即把正义视作按比例分配的平等,使我们想起了亚里士德关于正义的说法[1],它或许更为接近艾索克拉底(Isocrates)的观点。[2] 一些学者,特别是弗拉斯托斯,曾经用这段文字来表达一种与《王制》完全不同的关于正义的看法,[3]但它本身好象又提及了《王制》中的一种观点,即苏格拉底所描述的民主是"把平等不加区分地予以所有人"。至少在表面上,"做好自己的本职工作"和"把平等分给平等的人,把不平等分给不平等的人"看上去是相当不同的。但是,正如亚里士多德在实际上指出的那样,把正义视作按比例分配的平等是纯粹形式意义上的(《治

---

[1] 参见《尼各马可伦理学》1131 a 10ff;《政治学》1280 a 7 - 12, 1282 b 14 - 1283 c 22。
[2] *Areopagistus*, 20; 参 *Nicocles*, 14 - 16.
[3] Vlastos, "The theory of social justice in the polis in Plato's *Republic* ", in H. F. North (ed.), *Interpretations of Plato. A Swathmore Symposium*, Leiden1977; 可参见 Heinamann, "Social justice in Plato's Republic", *Polis* 15 (1998)对此观点的批评。

邦者》1282b18-23)。依据所分配的事物以及接受者身上被认为与这种分配相称的属性的不同，就会产生一些关于正义的、非常不同的观点。寡头政治的执政者们认为，更多、更高的公职与荣誉应该被给予那些拥有更多财富的人。亚里士多德则认为贵族应该在公职的获取上享有更大的优势。民主主义者们所给出的情况是具有一定的限制性的，他们认为唯一与分配相关的属性是自由，因此，所有的邦民们都应该拥有平等的机会去获取公职和荣誉。但是，即使是他们也会承认——对邦民和异邦人士给予平等的待遇是不恰当的。

假设正义是一种按比例分配的平等——这种观念是纯粹形式意义上的，那么，任何关于正义的观念在事实上都可以被处理得与它是相一致的。在《王制》中，柏拉图声称存在着三类不同的邦民，每一类都拥有不同的天资。重要的是，邦民们仅仅只担任与他们的天资和训练相应的工作。特别是只有那些在哲学上具有天资并接受了相应训练的人才能担任统治者。这无疑与适当的平等这一原则是相一致的，因为天资与训练相同的人在城邦的政府中应该被予以平等参与的机会，而那些天资和训练不同的人，则相应地就不能获得相等的待遇。但是，这一事实，即一种特殊的、关于正义的看法用这种方式来加以表达，其实并没有多大意义，因为按比例的平等纯粹是形式上的。对以下问题所给出的答案可以用来区别不同的观念：(a)被分配的是哪些公职、荣誉或利益？以及(b)接受者身上的何种属性被认为是与这种分配相关的？

《王制》中关于正义所做的假设包括以下几条：

(a) 城邦应该尽可能的强大和稳定；

(b) 只有在邦民们各自从事最适合其天资的工作时，它才可能发生；

(c) 统治工作需要理性的能力；

(d) 人类可以被划分为三种大的类型；

(e) 在这几类人当中，只有一类人的理性能力获得了充分的发展。

根据这些假设就得出了如下的结论：每一个类别的邦民应该只从事最适合其天资的工作，并且只有那些拥有理性能力的才能担任统治者。当工作是用这种方式加以分配的时候，这个城邦就是正义的。既然《法义》假定(iv)是行不通的，那么它就不可避免地会得出一种关于正义的不同说法。

4. 结 论

我们已经看到，《王制》和《法义》有着不同的写作目的并遵循着不同的论证策略。《王制》想要去研究正义就其本身而言究竟是什么，其原因却是为了研究理想的正义城邦是什么。《法义》的主旨是要奉献一部能够在新的克里特城邦中得到实施的宪法。本文的观点是，这种差异所产生的主要后果是：《法义》省却了把邦民划分为三类的做法。这并不意味着所有的邦民们都被假定拥有同样的能力，但是简而言之，他们当中确实不存在着明确的划分。因此，读者无法从一开始就假定一些人是唯一可以胜任统治工作的人，而其他人则只能去做战士或农夫。《法义》保留了这样一种观点，即城邦必须由理性来加以统治，但理性现在已经被包含在法典当中了，而不是具体化为哲学王。这导向了这样一种观点，即城邦只有在得到了这样的安排并能够确保它遵从法律时，它才是正义的。这就意味着公职和荣誉应该被分配给那些最有能力去服从和执行法律的人。因此，《王制》和《法义》的政治哲学所基于的基本假设是非常相似的，但是当它们被运用于不同类型的城邦时，却导向了关于正义的不同看法。

我们可能会关心《法义》究竟是解决还是回避了《王制》在解释正义时所产生的难题。在某个层面上，这个问题的答案是——它非常明确地这样做了。因为它放弃了对城邦的正义与灵魂的正义作严格的类推，所以，它也就避免了这种类推可能导致的困境。既然个体的正义取决于那些引导我们去遵守法律的性格因素，那么，将个体的正义与城邦的正义联系起来就不再存在什么问题了。一个正义的城邦将是这样一个城邦，即在它之内，法律得到了遵守，当然，其中的邦民们也倾向于遵守法律。此外，既然柏拉图假定法律将包含大多数传统的道德观，那么，在这种正义观与通常的正义观之间也就不再存在什么问题了。遗憾的是，这并不必然意味着《法义》对正义的解释要优于《王制》。根本性的困难在于这样一种假设，即法律是理性的化身。柏拉图几乎没有去论证他的这一假设是否正确，或者说，他完全没有证明雅典人所提出的法律（它的大部分内容都体现了一种相当传统的道德观）是如何从理性中衍生出来的。如果这种假设被弃而不用的话，我们就不得不承认：法律的所有权威都来自传统的习俗，或者来自容易犯错的统治者们的决定。那么，正义就总是与某个特殊共同体的行为准则有关了。

柏拉图的法义学

——以《法义》第八卷 835c1－842a10 中性行为准则论述为例

薛普斯道（Klaus Schöpsdau）

彭 逸 译

假如只把柏拉图的《法义》(*Nomoi*)看成是他为虚构的克里特殖民政权起草的一部法典，那么我们还不可能对其内容和目的做出准确的描述，因为除了本来意义上的法典部分之外，《法义》中还包含在篇幅和份量上至少与前者等量齐观的理论论述和方法说明，包括对法典内容的理论基础的探讨和对正确立法流程的一般性论述。鉴于柏拉图《法义》中大量详尽的方法论论述，我们有充足的理由得出这样的判断：柏拉图写作《法义》的本意是为将来的立法者提供一部关于如何处理立法问题的方法论和技术性的指南。[①]

这样的方法说明和技术指导在《法义》一书中到处可见，虽然多为散论，但整体看来条理清晰，足以构成一部立法技术大全，尤其是第八卷（835c1－842a10）中有关性行为准则法的论述最能说

---

① 亨舍克（Hentschke）, Politik und Philosophie bei Plato und Aristotle. Die Stellung der "Nomoi" im Platonischen Gesamtwerk und die politische Theorie des Aristotle, Frankfurter wiss. Beitraege, Kulturwiss. Reihe 13, Frankfurt a. M. 1971 塑造了这部作品的技术观点，并为其做了丰富的阐释。

明柏拉图的立法方法论。

但《法义》的戏剧形式只是概略地阐述了上述观点。第六卷784e 的这些段落虽在结构布局上是终点,但在内容上却是确定对邦民间不正当性交的惩罚的开始。透过惩罚我们看到人们最在乎的不是对婚姻忠诚与否而是怎样才最有可能繁衍出优质的后代。这样的想法很容易导致某个已过最佳育龄的人和一个正处于最佳育龄的人发生性关系。柏拉图在他的法典中把对生育(VI.784e 及以下几页)的戒条和性行为(VIII.835c 及以下几页)准则安排在两个相距较远的位置,这同时也再次证明了柏拉图在题材编排方面的高超技能。依照书中第六卷的说明,婚姻是一段为生育而开始的新生活。第七卷和第八卷探讨的是抚养与教育这些新生儿直到他们成长为青年而参加所在城市的体育节庆和宗教节庆,在这些节庆上能为异性提供合适的相识机会(VI.772a)。① 但是因为跳着舞或者运动着的青少年和姑娘们都没穿衣服,"只要这是在羞耻感允许范围内的","青年人(835d－e)在节庆中则会带着"性爱的必然性"(参见《王制》V.458d)产生对性的渴望。正是因为性欲是我们最后出现的欲望(VI.783a),性行为的准则才成为各关系探讨中一个有意义的结点(第八卷中紧接着的是玛格尼西亚的组织),同时这也使得生命的周而复始趋于圆满:因为同样节日里青少年性意识的萌发,使这一代人的互相认识早于他们彼此的父母变得可能。②

当致力于第八卷中有争议的段落时,我们首先感到的是强烈的不自由感:究竟为什么立法者和城邦就有权干涉、调整邦民的

---

① 例如在雅典这个对性别严格区分的城市里这又该另当别论;参照 Dover, *Greek Popular Morality in the Time of Plato and Aristotle*, Indianapolis 1974, 209)。

② 参照诺赫(Knoch), Die Strafbestimmungen in Platons Nomoi, Wiesbaden 1960, 10 和亨舍克,前揭,277 的结构分析。

隐私呢？早在4世纪时的雅典就有一个很相似的想法被提出过，①这个想法是在异议中表现出来的。阿提卡的民主主义者认为，法律权力的边界应该止于邦民隐私，邦民在这方面应当拥有自由，这些也是他们所想要的。② 伯利克勒斯（Perikles）在修昔底德的祭文（II, 37）中描述了阿提卡民主主义的一大特征："我们相互之间生活得很自由，对私生活也持宽容的态度，但是在公众领域我们还是尊重法律"。

柏拉图却不是这么看待隐私和公开之间的关系的：如果在私人领域让任何人都依照自己的想法自由生活的话，那么不久后，邦民在公共领域也就不会再想遵循法律了（VI, 780a）；正是因为忽视有关私人领域的未成文的法律（参照 VIII. 793a-b）才导致了后来对成文法律的同样忽视（788b; 790b）。③ 当然，通过正式的法律条文约束私生活是存在问题的，因为在法律的约束中，每个人仍会在无关紧要的生活状况下不可避免地违反法规，这样将有损法律的威信（788a-c）；但是有一点是不会改变的，那就是对私生活的监督和约束是绝对有必要的——这一点也是立法草案的模板中所要求的。

柏拉图特别在性行为领域设立了法律，立法者通过这些法律发现了他们自身的缺陷，从而完善了其身为立法者的义务。文本中谈到，关于人类，"他们的灵魂是堕落的"（835c5-6; 84^{1}b7），因

---

① 如下参看 Cohen, "Law, autonomy and political community in plato's Laws", in *Classical Philology*, 1993, 228 及以下几页。

② 民主主义特征——自由，"做与不做都是人们自愿的"，如 DEMOSTHENES XXII, 51; XXV, 25; LYSIAS XXV, 33; ISOCRATES VII, 20; XII, 131; 柏拉图 R. VIII, 557b, 563b。

③ 不成文的法律 参见 Lisi, *Einheit und Vielheit des platonischen Nomosbegriffes. Eine Untersuchung zur Beziehung von Philosophie und Politik bei Platon*, Koeigstein/Ts. 1985, 265-278。

为他们完全被欲望奴役了(参照 838d4-5)。这就呼吁立法者以他的方式来征服这些奴役人类的欲望(838d4)。依照广为流传的希腊人的说法,①针对隐私进行的干涉是完全合理的,而且城邦还面临着培养出有德性的好邦民的任务(参照 V,742e)。为此经常用一再重复的标准来表明,立法的目标必须是邦民的德性。② 这个目标要求人们在有关性的事情上能正确驾驭欲望和本能;就像VI.782d 11 中所说的,德性正是源自这里。

现在立法者该怎么处理这种情况呢？正如柏拉图多次强调的,合乎实际的法义方法包括两步(参照 如 IV.717a；V.744a；XII.962b)：首先,确定力求达到的目标：我身为立法者究竟要做些什么？然后,让立法者必须扪心自问：如何、以及运用哪条途径来达到目标？

通过在较低的层面寻找一种新的途径实现目标,才能使目标与途径的关系从不同的层面得以复述。为了达到最高目标,对表面看似最不重要的立法目标进行的调整,实际上确保了法典内部的一致性和严谨性,而这种一致性和严谨性正是所有法律要求的。③ 就像已经提到过的,邦民的德性是立法的最高目标。此外,对欲望特别是性激情的掌控是为实现目标所必须实施的一种方法。针对如何确立那培养邦民正确性行为的准则,现在对柏拉图而言只有一个目标,那就是为实现目标而必须为立法者找到一条合适的途径。

---

① 见柏拉图的《高尔吉亚》515b 及以下几页；色诺芬, espublica Lacedaemoniorum 10, 4,《回忆录》12, 32；《论居鲁士的教育》I 2,5；伊索克拉底 VII, 39-42；亚里士多德的《尼各马可伦理学》X 10, 1180a14 以及以下几页, b23 及以下几页；《政治学》III 9, 1280b39 及以下几页；VII 1, 1323a14 及以下几页和其他地方。

② 参见 I, 630e, 631b 及以下几页；III, 688a；IV, 705d-e, VI, 770c-d, VIII, 836d；XII, 963a 以及其他地方。

③ 见 V, 746c8 ὁμολογούμενον αὐτὸ αὐτῷ 和 VIII, 836d2 ὁμολογεῖ。

首先要确定的是什么行为在性领域中是正确的行为。无疑，柏拉图描述这块领域时，是受被指责的激情而不是受力求达到定义精准的意志所控制的。如同性交这个名词，就像已在836e6作为 παιδογονίας συνουσία 类似 Ι,636c3 – 4)所讲解的，毕竟性交的目的是明显的，即为生出合法的孩子，这点柏拉图也很清楚，他希望只准许合乎这个目的的性行为。因此，柏拉图首先要求摒弃同性间的性交以及异性间的不正当关系；只认定为了生育下一代与原配妻子发生关系是合法的。

为通过否定同性恋来根本实现他的有关性行为的道德准则，柏拉图建立了两套不同的思路。

(1) 第一套思路是依据人的本性作为人类产生性欲的准则。这种自然准则源自动物的性行为(尽管柏拉图对动物的食欲本能宁可进行负面评价)。[1] 基于当时的认识水平，动物对同性性关系是陌生的(836c)。[2] 直到配对生活前他们都是压制着性欲的。配对后雄性和雌性动物一起生活并且对对方一直忠诚(840d)。

(2) 立法者认为道德准则要高于自然准则。[3] 因此一项针对德性的法律法规是绝对不会容忍同性性交，因为这既非支持克己也非促进英勇(ἀνδρεία, 男子气概)，这些在《法义》中都是邦民德性；因为普遍的定罪证明性伴侣中主动的那方并不克己，而是缺少对乐

---

[1] 参见 VII, 807a；VIII, 831d – e；X, 906b, 909a. 动物行为在身体和 Nomos 对立间的评价，同样参见 Heinimann, Nomos und Physis, Basel 1945, 145 – 6。

[2] 亚里士多德也认为动物间的异性性关系是 KaTU 4JUO'lV, 例如, Ethica Nicomachea VIII, 14, 1162a16 – 20；科恩 Cohen, 前揭, 188 及以下几页 。针对动物"同性性行为"请见 Dover, *Greek homosexuality*, London 1978, 99 Anm. 79, 105)；Buffiere, *Eros adolescent. La pédérastie dans la Grèce antique*, Paris1980, 518 及以下几页)；GOOREN (1988, 412 – 413)。

[3] 伦理道德观点在自然界的极端情况下无效；城邦一致的愿望是值得向往的，例如"一个人天生拥有的东西"(就像眼睛、耳朵和手)，无论如何都是共同的财产；V, 739c。

趣的抵抗力,另一方面被动的那方没有得到男子气概,而是因为扮演女性角色使其丧失名誉(836d-e)。

但是引用普遍的理念作为论证是不够的。雅典人持着普遍的理念,以自己的评价为准,影响了古希腊多立斯人对同性恋的评价。① 雅典人通过哲学分析(同性间的)亲密关系,有力地论证了他对同性恋的评价,并分析阐明了如何解释和区分立法前某个范围内的概念的方法要求(参 I.638d-e; IX.861d-867b; XI.918c,932e; XII.943e)。人们会像分析舞蹈(VII.814d 及以下几页)、狩猎(VII.823a-d)以及出现不当行为(IX.863b-d)或武器损失(XII.943e)的原因那样分析性爱的不同形式,以便找出哪些是被允许的,哪些不是。此外,立法者必须明确自己内心的目标,即"他们以什么为目的"(参照 vom Tanz ὅτι βούλεται; VII.815c)。分析结果表明,只有指向心上人的灵魂、而不是只求肉体满足的性爱才能提升爱人以及求爱者的德性,这样的邦民才能留在城邦。但是灵魂与肉体的渴求交织在一起的性爱是被城邦唾弃的,因为人们无法识别这种混合形式的爱人究竟"要"什么(837b5)。

怎样才有可能实现目标呢? 此处,雅典人在 VI.752b 以及 779e 中明显提出了普遍质疑——邦民是否会欣然接受对他们的

---

① 参见 Cohen,前揭,186 及以下几页)。在雅典这个同性恋泛滥的地方,男性性交中被动的那方被认为是可耻的,而且作为一个自由人是有失身份的(参考 Cohen, 前揭,183 Anm. 31-32; Price, *Love and friendship in Plato and Aristotle*, Oxford 1989, 234 Anm. 20; Cantarella, "L'omosessualità nel diritto ateniese", Thuer (ed.), *Symposion 1985. Vortraege zur griechischen und hellenistischen Rechtsgeschichte*, Koeln-Wien 1989, 172-174)。对于和男童已发生的性交,因其罪孽家人可以提出控诉(Cohen,前揭,176 及以下几页)参照 Detel, Macht, Moral, Wissen. *Foucault und die klassische Antike*, Frankfurt 1998, 164 及以下几页)。

整顿呢？克里特和斯巴达的宪法为立法者在某些问题上提供了可以参照的可能，例如在 Syssitien 和许多其他的惯例上，立法者在与同性恋的斗争中不期望多立斯人的城邦的帮助(836b)，而是置身于较他们而言不相容的对立面(836c；另参 I.636c)。① 当然，立法者现在需要面对的不仅是多立斯人的习俗，还有同性恋(参照例如 Smp. 182a－b)普遍传播的希腊习俗。如同 835c 中庄严声明的那样，立法者在这个问题上是形单影只的，在"堕落"的灵魂前宣布理性要求是不会得到任何支持的，实际上这是一项只有上帝才能完成的任务。

鉴于这些困难，立法者提出一项特殊的对策($τέχνη$)即引进正确的性道德准则。② 对这项对策的描述即是组成当前段落的两大主要部分。

雅典人首先确定的是，引入性道德标准的过程一方面十分容易，另一方面又很难。容易的原因主要是就作为立法者而言，只局限于禁忌或者在柏拉图的语言里"不成文法"(838b1)禁止父母与子女及兄弟姐妹之间的性交是容易的。人们借宗教的权威($καθιεροῦν$；838d6；839c3－4；另参 II.657b6 和 VII.799a4)来说明"普遍的信念"($φήμη$；838c8，d6)中神所厌恶的事情，即乱伦③

---

① 斯巴达的同性恋 参见 *Aristophanes Fragmenta*，338；Lysistrata 1105，1148，1174；色诺芬，《希腊志》2，12－14；Plutarchus Lycurgus 17，1；18，8；25，1；Agesilaus 2，1；Moralia 761d，西塞罗，《论共和国》IV 4；Aelianus Varia historia 3，10；从 Cartledge，"The politics of Spartan pederasty"，*Proceedings of the Cambridge Philological Society 27*，1981，22 的普鲁塔克和色诺芬中得出的鸡奸的制度化必须用 Macdowell，*Spartan law*，Edinburg 1986，64 及下一页好好考虑。
② 参照 VII 799a2：埃及人使用特殊的方法 TEXVTJ 来进行整顿。
③ 参见色诺芬，《回忆录》IV 4，20 及以下几页；参见 Karabélias，"Inceste, mariage et stratégies matrimoniales dans l'Athènes classique"，G. Thuer (ed.)，*Symposion 1985. Vortraege zur griechischen und hellenistischen* （转下页）

也是同性性关系的延伸。① 这项对策足以让邦民接受法律；因为他们的灵魂将不再受危险的欲望所奴役（δουλουμένων；838d5），而是受到了神的禁忌力量所掌控（δουλώσεσθαι；839c4；参照838d4），这样一来人们就会因内心的恐惧而服从法律（839c3 – 6）。可能是这样发生的：邦民应从孩童时期起，像学习音乐、诗词一样被告知针对乱伦或同性性关系时应采取怎样的正确行为（840bc；参照 II.664a；X.887d 及以下几页）。

在这点上论证能结束就好了。因为雅典人现在作为立法者不仅对他的目标（正确的性行为）进行了概述而且对实现目标的途径也进行了说明。现在柏拉图让一个青年，持狂暴的态度指责立法者的法律要求不合理也不可行（ἀπιστεῖται；839b5），同时指责我们不仅清楚地看到雅典人已经说过的引入的艰难性，而且立法者法义学的实际知识也被提出质疑。因为就像在第五卷中明确指出的，一位明智的立法者想要的只是可能，而不是"在无结果的愿望中的不可能"（V.742d – e）。

此外我们可以看到的是，不可能（ἀδύνατον）这个概念有两层含义。它能表明内部的不可能，这是基于逻辑上的不合理性以及事实上的不可行性。一个邦民很富有同时也有很好的道德品行，在这个方面上柏拉图觉得是不可能的；所以我们需要一位明智的立法者杜绝将财富作为立法的目的（V.742e 及以下几页）。如果某些可能发生的事情因为缺少一定程度的外在条件而无法被实现，或者在实现目标的道路上有外在阻碍，那么这种情况称为外在的

（接上页注③）*Rechtsgeschichte*，Koeln-Wien 1989，236 及下一页，关于雅典的乱伦禁忌参见 Cohen，前揭，225 及以下几页）。

① 根据色诺芬，《希腊志》2，13 – 14 斯巴达立法者莱克格斯应当确定同性性关系的尺度为父母与子女或者兄弟姐妹间的乱伦关系（Macdowell，前揭，62，当然这被怀疑是莱克格斯的不切实际的理想化）。

不可能。从这层含义上来说,柏拉图认为例如没收每个人的私有土地之类的事情是无论如何都值得好好考虑的,柏拉图甚至把这作为值得向往的理想,但如今在这样的统治下这种理想是不可能实现的(740a)。

这两种不可能与性行为的准则都是有关联的。客观地说,柏拉图无法将以下两者相互协调:以德性作为立法的目标,同时把同性性关系提升到法律高度(VIII,836d)。年轻人的抗议仅仅旨在反对他们强烈的性欲受到限制而产生的外在困难,而这些困难正是在实施法律要求的禁性欲时产生的。

这样一来立法者就被迫走一条新的论证道路。他必须证明,法律对人们进行性约束并非过分的要求,另外,普遍的法律公理足以说明,法律受益人不用承担任何他不可能遵守的准则(另参讲解 XI.925e-926a)。

雅典人开始证明所谓的不可能首先归因于大众的堕落(VI-II.839c;参照 840dl),而这些大众应该是思想落后的人,他们不相信实现目标的可能性(ἀπιστεῖται;839c8)。ἀπιστία的指责(梅吉卢斯(Megillos)持怀疑态度插入对话并表达了同样的看法)更多的是指向怯懦的立法者,而邦民相比则要被指责的少些,雅典人的建议指出了对妇女建立共同饮食制度的相关问题。因为这里的人们也不相信其可能性,就像第六卷里说的,人们在堕落的道路上走得太远了;这种堕落的外在表现方式就是"背后议论"(781d2;VIII.839b6),这是男人还有女人对雅典人的建议产生的反应。ἀπιστία的对立面是第二卷里要求的"信任"(θαρρεῖν;657a-b),一旦立法者意识到自己的介绍被认可了,他们就必须以信任的态度开始立法。

我们可以通过类比推理法——以小推大(a minore ad maius)对实现正确性行为的可能性以及驳倒ἀπιστία从正面进行

"证明"(λόγον 839d8):如果志在比赛中获胜的运动员能过禁欲的生活,那么玛格尼西亚的邦民应当也能过这样的生活。因为他们追求的是更美好的胜利,即性欲之上的胜利。多亏了对邦民灵魂上的教导,才使得他们比自豪于体力的运动员更有能力取得胜利。除此之外,邦民对宗教的敬畏使他们能很好地控制性欲,从而证明了他们不比动物差,我们知道动物在和异性一夫一妻生活前对性是有节制的。

参考836c中提到的动物行为虽使论证回到了原点,却因此得出了肯定的结论。

令我们惊讶的是雅典人预计玛格尼西亚的邦民因为"被野蛮掌控的放纵的阿芙洛狄特(Aphrodite)"也就是说一夫多妻的习俗①而会变得堕落,并且无力(μὴ δυνατοί;840e5-6)抵抗乐趣的诱惑继而无法遵守法律,尽管如此,马格尼西亚的邦民还是愿意降低众人的标准。因此要是雅典人忽视了立法的前提条件,将会导致本来可以论证其可行性的法律现在被真的证明为无法实现了(也作 ἀδύνατον)。其原因归于它要求得太难了(参照V.746c)。这种情况下怎么办呢?依照第五卷里有条理的阐述,在这样的情况下人们应放弃不可能实现的法律,然后用最次但可以实现的因素替换掉立法中不能实现的因素。

在上述事例中雅典人遵循了这一原则,即在最佳性行为不能实现的情况下建议实施第二套法律。第二套法律沿袭了第一套法律中的准则,同时包含了次好的准则,只要不是针对伴侣灵魂的同性间性爱都是被禁止的。次好的准则较第一准则而言只稍有不同,即异性性交不再公然与生育挂钩,甚至允许与外邦人秘

---

① 希腊实行一夫一妻制,一夫多妻制被认为是粗野的社会行为:例如EURIPIDES Andromache 177. 213,465;AELIANUS Varia historia 12,1;参见 Becker, *Platons Gesetze und das griechische Familienrecht*, Müchen 1932,83)。

密保持的非正当关系;①但是如果事情败露的话,当事人则必须服从于 Atimie,这也就是说,被剥夺邦民权。

乍一看异性关系确实不禁产生了问题。第二套法律究竟如何干预正在变化的现实?因为如果这一切都要保持秘密状态的话,那么第二套法(有别于第一套法)甚至允许与"买来的或以其他任何方式得来的"女人之间的不正当关系。关于这个问题章程里有明显的答案,首先男女之间的这种关系仍然必须保持秘密进行;这是因为和一个妾室在一起只生活一段时间是不可能现实的,但是这曾在雅典是被允许的(参照 HARRISON 1968, 13 - 15)。与妾室秘密通奸是不被惩罚的,这也许就证明了,一方面和外邦人通奸比和邦民通奸对信仰伤害的少些,因为只有与邦民在宗教仪式下缔结的婚姻才受到保护;由于这样的联系成果从未被市民阶层接受过,所以从另一方面而言与外邦人通奸并不损害城邦(930d - e)。

在雅典人的言语中较好的准则享有"第二级别正确性"的位置($ὀρθότητα\ δευτέραν$; 841b6)。当人们想要把这套准则填入第五卷 739a1 - e7 的表格中,以确定这套准则到底属于按先进程度区分的三份宪法草案中的哪一等级,这时,较好的法律规章降到了

---

① 显然,柏拉图考虑了与$παλλακή$(参见 841d3)发生性交这一情况,通常是女奴与男主人有一段持续的关系;他们所生的孩子称为$νόθοι$,参见 Mossé , "La place de la pallake dans la famille athénienne, M. Gagarin (ed.), Symposion 1990. Vortraege zur griechischen und hellenistischen Rechtsgeschichte, Koeln-Wien 1991, 273 - 279; Patterson, "Response to Claude Mossé", M. Gagarin (ed.), Symposion 1990. Vortraege zur griechischen und hellenistischen Rechtsgeschichte, Koeln-Wien 1991, 281 - 287)。妻妾同室而居对于传统的雅典人而言当然是不可以的(Patterson,前揭,284)。关于"购买"(841d7):购买女人被认为是粗野的社会行为;参见 Modrzejewski, "La structure juridique du mariage grec", P. Dimakis (ed.), Symposion 1979. Vortraege zur griechischen und hellenistischen Rechtsgeschichte, Koein-Wien 1983, 45)。

第三个宪法的水平,这恰好是《王制》(*Politeia*)中的理想主义,同时第三套宪法也更多的考虑了现实因素。①

实现"第二等级正确性"并不只是逐渐减轻第一套准则的要求,而是以原则性的改变对策为基础的。第一套准则指望能实现正确的性行为,而且尝试着通过劝告和教化增强个人对性欲的抵抗力。第二套准则以更加悲观的推测作为出发点,即因为人类"在最深的本质上早就堕落了"(841b7),所以他们不再有能力抵抗性欲。因为加强个人对性欲的抵抗力变得毫无希望,立法者只好用不同的办法,即减轻性欲对个人的影响力。② 有一种办法可能实现这个目标,即人们通过身体其他部位的努力来掌控产生性欲的动力以及性欲的注入(84Ia6-8;参照 VI. 783bl))。③ 当性交与羞愧联系在一起时,性欲的影响力就会被削弱,这是因为,人们因羞愧会很少然后隐秘地做这些事情(84Ia8-b2)。也许是因为受以吕库古(Lykurg)为代表的观点的影响,④使得雅典人要求秘密的性交。

---

① II,674;V 737a,744b;VI799a-b 中出现了达到"第三套宪法"水平的类似章程,参见 SCHÖPSDAU (1991,146 及以下几页)。
② 如 II,673e 及以下几页提到的,针对下述情况雅典人颁布了一套类似的法律:当人们因缺少克己的品质而无力克制饮酒时,只能通过完全禁止饮酒来支持有关饮酒的法律。
③ 主导思想是明确的:通过身体其他部位的努力分散注意力,避免形成精液或营养素。目前还无法确定,这个思想是否涉及到柏拉图《蒂迈欧》(91a-b)中分析提出的有关精子形成的医学理论以及亚里士多德(例如 De generatione animalium I 18, 725b29 及以下几页,19, 726b9-11)为代表提出的造血理论(参见 Thivel, "Die Zeugungslehren bei Hippokrates", R. Wittern-P. Pellegrin (ed.), *Hippokratische Medizin Und antike philosophie. Verhandlungen des VIII. Internationalen Hippokrates-Kolloquiums 1996*, 3-13。
④ 根据色诺芬《希腊史》1,5 莱克格斯规定:新郎在踏入或离开新娘房间时应当害羞;另参 Plutarchus Lycurgus 15, 8 年轻的斯巴达小伙子出于"羞耻感"和恐惧"隐秘的、很小心的"拜访其未婚妻,以防住户发现(参见 Macdowell,前揭,79,但是按照色诺芬的说法来看,他并不赞成这一行为)。

当第一套法律被证实无法贯彻实施时,第二套法律的执行被雅典人委任给在玛格尼西亚(Magnesia)的执法者,这么做是必须的。第一套法律在测试期间受到实践的检验,通常来说这与《法义》里推荐的方法相符,即确定的法律(如与祭礼相关的法律)首先要测试一段时间,然后如有需要应当根据经验进行相关的改进或补充(参照 VI.769c-d),直到法律条文最终被确定下来。① 对于与祭礼相关的法律法则,其测试期一般定为 10 年是比较合适的。但根据前面提到的情况,存在特殊的地方——雅典人并没有把次好的而是把完善的法案委任于执法者。

当我们根据上文得到雅典人最后执行的法案,并且他们向人们证明了其法案应该可以做出正确的判决,据此我们发现了三种方法,雅典人用这三种方法同样也可以确保其他法律的可行性。

(1) 最具说服力的方法是通过参照已经实现的案例来证明法律的可行性;另参 805c3-4(有关为两性提供同等教育的要求):"当它通过事实不足以证明自己的可行性,也许人们会反抗我们的提案。"如果历史上禁欲的运动员获得成功可以作为凭证,那么对玛格尼西亚的邦民指定的性道德准则并不过分。在玛格尼西亚能够实现的史实案例里还提供了关于音乐的讨论,从埃及艺术的例子能够得出结论,发现正确的音乐标准是有可能的,而且可以通过"圣化"修改标准(II.656d-e;VII 799a-b)。同样 Skythen 证明全面发展也能作为教育的目标(VII.795a);Sauroman 女人的生活方式证明了女人也应像男人一样拥有接受军事教育的权利,她们是为国防而培养的人才。这些历史事例可以也

---

① 针对这一调整补充参见《法义》VI 772a-d, 779c-d;VII. 816c;VIII. 828b, 846c;IX. 855d;XI. 917e-918a, 920b;XII. 957a-b。

应当给立法者以勇气,使他们把自己认为正确的判决通过实例在法律上证明它的可行性(ϑαρρεῖν 在 II.657a－c 中作为中心词出现了不少于 3 次)。

(2) 接下来将阐述的这个方法是上述方法的变体,没有可以借鉴的相似或有关联的历史先例,但却可以延伸至适于需要讨论的领域。自愿禁止乱伦关系显示了乱伦禁忌足以拥有抑制性欲的影响力,接着立法者只需把宗教禁忌的范围由乱伦扩展到同性性交就可以了。同样根据 Syssitien 的要求,柏拉图通过 Syssitien 的历史真实存在性为斯巴达人和克里特岛人表明了用餐共同体也能提供给妇女的可能性,从而为妇女争取权益。

(3) 除了这两种方法,根据历史上的先例和类似的情况,在雅典人的阐述中明显还有一种方法来确保法律的可行性。法律伴随着"配套措施"实施,应当让邦民接受法律的实施变得更容易。如果以这些措施为前提,希腊人可以在他们论证结束时对多数邦民和玛格尼西亚的邦民间作出区别,多数邦民因为他们的堕落给立法者带来困难,而玛格尼西亚的邦民的性道德准则被期待为如动物一般。在这个区别中我们可以看到,雅典人要求的性道德准则不是普遍的,而是只在一个城邦里得到贯彻实施的。这个城邦里的邦民通过合适的教育措施获得道德上的品质,所以对于性道德准则的实施是必须的。这些措施起始于聚居生活建立时,对未来的邦民是否合乎伦理道德标准的能力的检查(参照 V.735a－736c),继续延伸到为邦民所安排的教育中。

除了普遍措施以外,在第六卷末尾提到的旨在克制性欲的特别措施也首次间接联系上了前面的段落。因为如果雅典人在对三大欲望讨论后向对话人要求,要在脑海中记住他们所说过的话,因为"我们也许还会再一次需要这些说过的话",这样他们肯定能在后面看到有关性行为的段落。三大欲望即吃、喝以及性。①第七卷和第八卷②书中有关这三大欲望的散乱文字使三者之间在意识上具有相同属性。这里所说的相同属性指的是三大欲望是以共同的欲望结构为基础的。相同属性的含义在语言上所表达的意思一方面是,性渴望被当作"对青年热血的饥渴"(VIII. 837c2),③另一方面吃、喝也要求被当作"性爱"(VI. 782e3,这在柏拉图全集中是罕见的),因为这三大由性爱特征组成的欲望的基本结构都是由于缺少或完全缺失"填充"($\dot{\varepsilon}\mu\pi\lambda\eta\sigma\vartheta\tilde{\eta}\nu\alpha\iota$; 837c2, $\pi\lambda\eta\sigma\mu o\nu\acute{\eta}$; 1e2, 837c6)而产生相应的需求。放纵是这些欲望中与生俱来的能力,它们是以多种形式和标志(如以美食、酗酒、性爱)出现的罪孽。所以这也就并不稀奇,柏拉图期盼和要求的性道德准则不仅能影响到对性的节制,也影响到对吃、喝的节制(839a)。与之相反的是,食物过剩导致的罪孽,这也就是说,导致了失去对能量的节制,④而能量失控的表现形式为由于渴望的膨胀导致肆无忌惮的纵欲无度(参照 837c2-3)。

为了使三大欲望变得无害,雅典人在第六卷 783a 中推荐了互补的两种方法:一方面,人们必须借助恐惧($\varphi\acute{o}\beta o\varsigma$),法律($\nu\acute{o}\mu o\varsigma$)以及正义的判断力($\dot{\alpha}\lambda\eta\vartheta\acute{\eta}\varsigma$ $\lambda\acute{o}\gamma o\varsigma$)抑制已经变得强大的欲望;⑤另一方面,人们借助缪斯和诸神扼杀三大欲望的"汇合",从而事先

---

① 吃、喝、性是人类基本的欲望;柏拉图 Phd. 64d, 81b; Prt. 353c; R. IX, 580e; Ep. VII 335b。三大欲望合在一起 如 德谟克利特(Democritus) B 235DK;色诺芬《论居鲁士的教育》V, I, II;亚里士多德的《论问题(Problemata)》IV, 27 等等。
② VII, 789a, 797e, 807a, 807d; VIII, 831e1-2。
③ 比喻饥饿,另参 VIII, 832a5。
④ 罪孽是不羁的精力的一种形式。参见 Cairns, "Hybris, dishonour, and thinking big", *The Journal of Hellentic Studies*, 1996, 24;滋养物与罪孽之间的关系除了参见 III,691c 和 VIII,841a,同样可以参见 VIII, 835d 和 VII, 788e-789a。
⑤ 参见色诺芬《论居鲁士的教育》V, 1, 10: 恐惧和法律/规矩($\nu\acute{o}\mu o\varsigma$)足以杜绝兄弟姐妹间以及父女间的性爱要求。

避免欲望变强大的可能。我们不难在立法者调整性行为的策略中发现上述方法：

（a）立法者利用人们对神的敬畏把类似乱伦的同性性关系描写成诸神厌恶的行为。这种宗教敬畏帮助他"征服"人们的灵魂（δουλώσεσθαι；839c），从而使这种敬畏发展成为对抗同样奴役灵魂的欲望力量的方法（838d）。

（b）合乎实际的理念首先介绍的是灵魂结构中正义的判断力以及随后产生的作用力（I.645b），同时也介绍了性爱的本质及其与德性之间的关系。如木偶寓言中所说的，一个邦民能够在理想状态下自我总结合乎实际的理念，以求循规蹈矩的生活。当然他也能从别人那里接受这个理念，这就得通过合唱队迷人的曲调（参照 838d；II.660a 及以下几页）或者理性的论证来理解何为正义的判断力。这样的论据被称为"有说服力的论据"，用以论证如第 836c6 中对在动物身上看到的自然法则的提示，同时这些论据也可以用以小推大（a minore ad maius）的论证方法适用于运动员。

（c）最重要的是"理念要变成法律"（835e4-5；参照 I.645b；II.659d；IV.719e5）；相应地，"合乎实际的理念"应具体化为"合乎实际的法律"（836e4），邦民必须依照合乎实际的法律规范自己的行为。真正的法律在内容上有关性案件的方面与"Laios 前的有效法律"一致（836c1）。从 νόμος 的词义上看，无疑更多指的是不成文的法规而不是正式的刑事处罚法，当然，立法者在社会承认这是非法行为后方可设立法规，并使这项法规变成邦民自愿遵守的习俗（841b）。

（d）缪斯和诸神利用艺术和运动的教育效果作为补充措施。正如前面提到过的，缪斯阐明了补充措施的影响不仅是通过合唱队在诗词和歌谣中向邦民讲解正确的行为，或通过建立公共舆论从而利用舆论压力(参照 838a–d)影响邦民的行为(840c),而是更多地通过邦民自主参加合唱表演,用均匀有序的节奏影响他们调节克制自己的灵魂。如 841a 所言,运动项目从另一方面可以使欲望的营养素通过身体其他部分的努力而得到控制。①

如果研究法义领域下的柏拉图性准则而没有将其中的文学形式列入考虑范围,那么这样的研究肯定是不完整的。

(a) 对话与辩论的大部分内容即是立法者有关立法程序的方法讨论。这里我们仿佛身处原法律(meta-gesetzlichen)的水平。雅典人和柏拉图此处最重要的目的是使对话者梅吉卢斯(Megillos)和克莱尼阿斯(其他任何人都有可能执行法律)相信整顿性生活的必要性和可能性。

(b) 此外辩论还包含了一套原是针对玛格尼西亚的邦民提出的想法,即邦民应当被教导直至采取合乎准则的行为。这套想法虽未以法律导言的形式出现,但却已经拥有了法律导言的功能。导言中引入了诸如"法律规定……","一个字就足以……"之类的表达,从这里我们不难看出这是一篇针对邦民的导言。在导言中列举的例子——运动员和动物(特别参照 840d)都是作为告诫邦民的一种形式而出现的。

(c) 三位交谈者的对话至少在功能上很大程度与法律导言相符,然而,部分法律还是缺少典型的法律风格。在这里法律因素被整合在方法论的阐述中和导言中。就此而言,第四卷721b–d 中草拟的"双法"在一定程度上存在副本,相反,副本在法律导言部分可以作为一个整体。当然值得注意的是,关于最隐私的行为这块领域,更多的是特定用途的制裁以及不成文的法

---

① 另一方面,节日里进行圆舞和体操的地点充满了性爱的诱惑(VIII, 835d; I 636b)。也许这就是上帝说的,应当避免这些负面影响。

则,而非正式法律的导言(希腊语νόμος可以说明这一切)。为此实施的适当方法不是用处罚来进行威胁而是教导和告诫(VII.788a-c),即采取影响的方式,其文学形式是法律导言而不是法律。

柏拉图把掌控性行为的必要性清楚地记录在他起草的草案中,因为它为城市提供"千种善"(tausendfältige Güter),也就是说提供实现幸福健康生活方式的方法,这样一来,柏拉图必须怀疑在这种条件下草案的可行性。无论如何雅典人期盼他们的提案(包括较好的准则)仍保持简单的愿望(841c6-8)。在这个问题上我们想到了词语άποστία(难以置信)。这个名词在《普罗塔戈拉》和《法义》中仅出现了三次:其中,在《普罗塔戈拉》中讲解妇女和儿童群体时出现了两次(V.450c7,457d4),而且提出了"这是否是可行的,这是否是最好的(450c-d)"的疑问。《法义》里唯一出现的地方是在讲解针对约束性的性道德准则(以及 Syssitien 对妇女的安排)处。柏拉图同样期盼,这里能唤起同时代人对《普罗塔戈拉》里有关妇女和儿童群体的疑惑。对话中自然地出现了质疑,因为只有梅吉卢斯(Megillos)对雅典人分析性爱及由此延伸出的法律草案无条件地赞成,而本提倡执行这项法律的克莱尼阿斯保留了自己的意见,打算以后再提出(842a7-9;参照 837e)。在第七卷 805b 中有一个类似的情况,克莱尼阿斯反对两性获得同等教育权利的提案,因为"大部分人反对传统的宪法"。又因为克莱尼阿斯作为立法委员会的成员有特权接受这样的他们自己满意的法律章程(参照 III.702c-d;V.739b;VII.820d-e),所以最后他有可能在克里特岛建立起"第三国"(V.739e),完全放弃柏拉图为性行为提出的准则。尽管如此,正如 837e5-6 中预示的,雅典人最后还是通过他言语的魔力说服了克莱尼阿斯。

《法义》和《王制》中的正义与性别

桑塔斯(Gerasimos Santas)
蒋海松 译 梁建东 校

在《法义》和《王制》中，柏拉图对妇女的教育和平等问题都提出了建议，这些观点在他所处的文明阶段以及其他与之同时代的社会当中都是颇具革命性的。对于这些提议，已经有一些比较出色的标准论述了①。然而，要想去发现柏拉图是否对这些性别问题做过系统的论述是有难度的；这样的系统性做法会为读者揭示出以下三点：首先，哪些伦理或政治的理论或原则构成了他的论点；其次，在运用这些理论以实现他的上述提议时，需要使用哪些经验性的前提；最后，在论证这些前提是否符合实际时，他可能会用到哪些证据。

在《王制》中，我们所遇到的这些困难中有一些是很容易得到解决的，因为，他的那些提议明确地以他的正义理论为基础，并且他的论点也清楚明白地告诉我们，他需要用什么样的经验性前提来推导出他的结论；以及为什么他认为这些前提是很难被发现的。而另一方面，在《法义》中，我们却很难发现它的理论部分；我

---

① 关于《法义》，请参见莫罗，*Plato's Cretan city, A Historical Interpretation of the Laws*, Princeton 1960a, 以及斯泰雷，《柏拉图〈法义〉导读》(*An Introduction to Plato's Laws*, Oxford 1983)中的实例。

们只能在这部著作里找到一些与他关于妇女天生能力的经验性看法有关的证据,以及其他的一些零碎的材料,我们只能用它们来拼凑出整个论证。

在本文前面三分之一的内容中,本人非常简短地重新勾勒了柏拉图在《王制》中的论点,该论点有一个清晰的两分结构,它既可以为我们在《法义》中探寻相关的论点提供指引,也可用来与我们在《法义》中找到的论点进行比较。然后,我还试图重组《法义》中的相关论点。

柏拉图在《王制》中的论点

在《王制》(卷五)中,柏拉图对妇女平等所提的革命性建议,严格地基于他关于社会正义的理论。根据这个理论(卷二、卷三、卷四,尤其是在 370 – 74,429 – 33),一个城邦只有做如此安排时,这个城邦才可以说是合乎正义的,即城邦的三大基本职能:供应、护卫和统治,都由那些最合适的人选来履行,这些人有着天生的能力并接受过适当的教育。柏拉图宣称,在人的天赋能力当中,最适合用于统治城邦的是高超的智慧;对于防卫来说,是勇气;而从事供应的工作,则需要生产和贸易方面的能力,拥有这些能力的人还要接受适当的教育。

苏格拉底在《王制》的卷四中提出妇女的教育问题,他认为如果女人与男人要从事相同的职业的话,她们就应该接受同男人一样的教育;而且,职业不同,所接受的教育也要做相应的改变。关于女人的职业,有这样一个问题"……是否女人天生就能够同男人一样从事所有的职业,或者完全不能,或者只是一部分而其他部分则不行?"(《王制》453a)

苏格拉底先是反驳了一种关于男女是否应当从事相同职业

的论证,这个论证使用的正是苏格拉底本人关于社会正义的原则。按照苏格拉底的观点,一个城邦只有在进行了如下的组织之后,它才是合乎正义的,即城邦中的每个人(公民)都是依据他们最适合从事什么样的职业的天赋来分配社会职务的;男人和女人生而不同;因此,在苏格拉底的正义之城中,男人和女人应该从事不同的工作。(《王制》453b,假设让男人从事城邦事务,让女人做家务活,就像米诺在《米诺》中说的那样)。苏格拉底用一种适当的方式驳斥了这种论证,他区分了不同的天赋之间的差异,如智慧、勇气、生产才能,这些是与城邦职能相关的天赋,它们和头发的颜色、秃头这些与城邦职能无关的天赋是不同的。"我们没有设定天赋的相同与不同有着具体的含义……而只关注那些与职业本身相关的天赋;……比如说,一个男人和一个女人都有一颗医生的心灵,我们就说他们具有相同的天赋……而一个男医生和一个男木匠则有着不同的天赋。"(《王制》453d)

苏格拉底承认在男女之间存在一些天赋上的不同,比如男性授精而女性受精生子的差异,以及一些体力上的不同(尽管第一种是普遍存在的差异,而第二种仅仅是大多数的差异)。但是对于统治、护卫以及供应等职能来说,这些并不是差异。他认为,智力、勇气以及各种从事艺术的才能,在男女身上,并没有什么系统性的差异。某些女人比某些男人更聪明,更勇敢,更有天分,有些甚至更强壮。因此,当公民的三大职责即统治、防御和为城邦提供供应,被分配给每个公民,而不必顾虑这个人的性别如何的时候,这个城邦就是合乎正义的;女人被分配去从事与男人相同的工作是因为她们有着与男人一样的天赋。"那么,没有任何一项管理城邦的工作,因为她是女性而专属于她,或者因为他是男性而专属于他。……各种天赋才能同样存在于男女两性的身上,女性可以做任何事情,男性也可以做任何事情……"。(《王制》

455e)

如果女人在同样的能力基础上,同男人一样从事同样的职业,那么他们所接受的教育也应相同,即接受与其职业相适应的教育。

这个论点的两分结构是清晰的。它由社会正义理论和一些经验性的命题组成,这些命题包括什么样的天赋能力最适合什么样的社会职能,以及这些相关的能力在男女之间的实际分布之类的看法。①

但是,为什么柏拉图会相信这个经验性的假设,即男女都拥有这些天赋的能力呢?在《王制》中,他没有为这个假设拿出什么论据来;由于在大部分的古代社会中,妇女是不被允许从事与男人一样的职业的,因此,几乎就找不出什么证据来。如果妇女被局限在家务活当中,我们又该如何才能断定,她们身上是否具有参加作战、管理好城邦或者成为杰出的建筑师的能力呢?(有这样的一种推测,即柏拉图关于人类灵魂的形而上学观点促使他产生了这些看法,尤其是,他认为身体有性别的差异,但灵魂没有;并且,毫无疑问,他认为这些与职业相关的天性禀赋只是一些心灵的属性而已。(参见史密斯[1983]。但是,在《法义》中有一段话,讨论了男女之间在内在心灵上的差异,这些内容无法很好地用前面的推测来进行解释。)

柏拉图在《法义》中的论点

在《法义》中,我们也发现了一些不同寻常的提议,即应该用

---

① 对于柏拉图的社会正义理,以及对这种理论在性别问题上的应用所作的广义论述,请参见斯泰雷著作第三章。

一种更平等的态度来对待妇女。但是,《法义》与《王制》截然相反的是,它的理论论述显然比较简短,而关于立法的论述却很冗长。所以,我们很难揭示出这些提议的理论基础。

我们从这个来自雅典的异乡人关于妇女的立法建议开始吧,这个建议可被划分到三个领域里:教育、邦民身份和家庭法。

体育(以健康、力量和美貌为目标)和音乐(以德性为目标)是教育的两个分支,这个建议认为男女应该平等地参加训练。在徒步赛跑、骑马和赛马中,甚至在摔角和模仿战争的攻击性游戏中,我们被反复告知要对男女使用相同的法律和规章(《法义》804-5,833,834d,882)。音乐教育明确地把男性和女性都包括了在内(《法义》764-66)。此外,教育的监督人既有男性也有女性(《法义》795d)。管理教育的主管或者大臣看来是男性,但是,可能同时有男人和女人协助他开展工作。在竞赛当中,杰出的男人和女人都可以平等地去接受圣歌和赞美诗的荣誉。

但是,关于妇女参加军事训练和军事行动及其重大的后果,出现了最具争议性的建议和最明显的争论。(《法义》804c-06c)雅典人首先明确地作了一个关于平等的声明:"我们的法律也将为了妇女制定同男人一样的规则,而且妇女要参加与男人一样的训练。"(《法义》804d, tr. Bury)这些训练指的是骑马、体操、掌握武器以及实际的战斗……(同样参见《法义》813-15)。

克莱尼阿斯说,雅典人的这些建议"与一般的政治学相抵触",然后,他提及了斯巴达、克里特和雅典的政治。因此,雅典人感到有必要为自己的建议作出论证。

他为此所给出的这个论证包含两个部分,一部分关于(平等的)可能性(possibility),另一个部分则是关于(平等的)可欲性(desirability)。首先,他说在古代的传说中,并且他自己完全相信,"有成千上万称作萨玛提仆人的妇女生活在黑海周围,她们不仅精通骑术,而且弓箭娴熟,使用起各种武器来决不亚于她们的丈夫"(《法义》805)。如果这些传说是真的话,那么,只允许男人从事这些职业就是不合理的,因为男人只能组成半个城邦而非全部;那些支持这种习俗或惯例(只允许男人参加与战斗有关的训练)的立法者犯了一个多么令人吃惊的错误啊!(《法义》805a)而且,如果妇女能够在实际生活中与男人一样地从事这些工作,是事实的话,那么"女性就必然要尽可能地、平等地参与教育和别的事务"。(《法义》805cd)

雅典人评论了同时代的色雷斯人和拉科尼亚人的习俗,以此来增强他的论证中的这两个部分的说服力。他指出,在这些城邦里,在一些极端的情况下,妇女不能同阿玛宗女战士那样娴熟地射箭或投标枪,甚至不能模仿雅典娜女神那样拿着长枪和盾牌,作为一个英勇的武士去保卫自己的国家和孩子。他在结束自己的论证的时候,呼吁建立一种能够促进整个城邦,而非半个城邦的幸福的制度,"法者应当全心全意,而不能半心半意,否则,(如果他只为男性的训练制定法律的话)他这样做的结果必然会使整个城邦的幸福生活只剩下一半。"《法义》806c,根据 Bury 的翻译,并有所修改)。

这个论证的经验性内容是显而易见的:在一些社会里,女人被允许与男人一样去参加体育、战争游戏以及真实的格斗,这些都是有证据拿来证明的。(他还举例说,雌性动物会为了它们的幼崽去战斗)。因此,柏拉图在《法义》中,给出了一些他在《王制》中没有给出的证据。

但理论部分并非同样清楚,并至少存在两种解释的可能。

第一种解释:从其他段落中我们知道城邦的安全和自由(以及内部的友谊),被包括在立法的目标之中(《法义》693,701),而妇女能够助力于这些目标的实现。因为,她们几乎占了人口的一半,她们能够为实现她们的城邦的自由和安全做出实质性的贡献,因此,无论是在法律还是在实践上,都应该允许她们去为城邦做这些贡献。

第二种解释:我们将第二次谈到部分与整体的关系,从而得出第二种解释;这里提到的部分和整体,并不是指城邦成员(公民)人口的一半或者全部,也不是把他们当作实现城邦的共同目标的贡献者,而只是就整个城邦的幸福和半个城邦的幸福而言的。在《法义》中,如同在《王制》中一样,柏拉图都坚持一个原则,这个原则也是他的正义理论的一部分,即法律应该以实现整个城邦的幸福为目标,而不是只为少数人的幸福,就像色拉绪马霍斯所认为的——统治者的幸福。在《王制》中,该原则被争论不休(《王制》341-3,420-21),在《政治学》中,该原则被亚里士多德所推崇(卷三),在《法义》中,该原则至少被重提过(《法义》714-5,742-3)。如果妇女们参加了所有教育活动,如体操、游戏和城邦的防御的话,这将有助于增进了她们个人的幸福,那么,剥夺妇女参加这些活动的权利,这就像色拉绪马霍斯所论述的政治体制那样,为了实现统治者的幸福而剥夺被统治的人的所有好处,这是不公正的。

上述的这个原则,认为法律应以所有公民的幸福为目标,是一种公认的、不以个人为目的的伦理理论,在这种理论当中,正义,因而也是公正,被定义为是让每个人得到其最大的好处,不能只为了某一部分人,而忽视或者排除了其他人。

在我看来,这种让妇女平等地参与教育,尤其是军事训练和城邦防御的论点有着意义深远的影响。对柏拉图来说,就像在绝大多数社会中一样,参与城邦的防御则意味着他(或她)拥有了公民的身份(雇佣军除外)。在《法义》中,一个人为军队服务,就会获得参加公民集会的资格(《法义》753b);既然妇女被允许,实际上是被要求去为军队提供服务并参与军事行动(《法义》785b,805a,c),那么,她们就有资格参加集会,因此,她们就是享有完全权利的公民。

尽管柏拉图在论述中没有明确地得出这个结论,①但支持它的这两个假设的证据是一目了然的。在一段文章中(《法义》814c),柏拉图谈到了男公民和女公民(*politai kai politides*),他可能为女性公民杜撰了这个新词——*politides*。

我们也可以诉诸于他关于政治正义的理论,即"恰如其分的平等"(而不是算术意义上的比例)来理解这个问题,根据这种理论,一个人被授予的官职应该与他所具有的德性相称,此外,还要与这个人的身体条件、经济属性以及他所掌握的经济资源相称,(《法义》744-6,814c,Morrow[1960],第十章)。但与《王制》不同,柏拉图在这里没有提及这一正义理论是否有可能运用于对女性问题的讨论。

对所有这些,我们还可以附带说明一下让妇女参加公餐这样的新制度(《法义》780-81),这一制度在《法义》中受到了高度关注,因为,它有利于城邦的安全以及城邦内的公民之间的和谐相处(《法义》633);并且,这种制度在所有其他已知的城邦和宪法当中,是专为男人而设的。假定这一制度也适应于妇女的话,它也同样可以进一步保证城邦的安全并增进城邦内的和谐。在此,我们必须注意到柏拉图提出了平等的,但又与公餐制有所不同的制度。

最后,我们可能注意到在家庭法中,尤其是结婚和离婚中,柏拉图所提出的立法建议比雅典的法律更加照顾女性(《法义》925,

---

① 如莫罗, Plato's Cretan city, *A Historical Interpretation of the Laws*, Princeton 1960a, 157 所评论的。

929-30,937)。任何年过四十的妇女都可以在法庭上担任证人,寡妇或者离婚的妇女有权力去打官司,并且,在某些情况下,女继承人能自己选择丈夫。在丈夫与妻子之间的家庭争端中,夫妻双方可以向数量相当的男女法律顾问寻求帮助。

但是,《法义》的理想城邦里的女人们是拥有全部权利的城邦公民吗?在公民才有资格担任的官职中,除了参加集会、担任婚姻顾问以及监管教育的官员之外,她们还有资格担任其他哪些官职呢?柏拉图没有说妇女是否有资格参加法律委员会,或担任法律的监督者,或参加夜间的议事会。(有一些官职,妇女要到四十后才有资格担任,而男人只要过三十岁就行了;推测起来,可能是因为考虑到妇女们在二十岁这段时间里,需要生育并照顾小孩吧。)这一不同之处在《法义》中可能已有所暗示,因为来自雅典的异乡人建议——妇女们将参加体育运动,直到适婚年龄。(《法义》834a)

为什么在获取更高级官职的资格上,就会有这么多明显的不平等呢?对此,我们只能作出猜测,也许研究一下柏拉图对男女之间的内在差异的有关看法,我们或许能得知一二。

在《法义》的卷六中有一段文章,雅典人在对与歌曲有关的法律作提议的过程当中,系统地论述了教育中所使用的歌曲(《法义》802—803a)。

> 立法者还有必要进一步粗略划分两种类型的歌曲:适宜女性的歌曲和适宜男性的歌曲。我们也必须给这两种歌曲提供恰当的音调与节奏。……把什么样的歌曲指定给女性或男性,是由这两种性别之间的内在差异来决定的,因此这种内在的差异应当成为我们区分两种歌曲的基础。据此,我们要把倾向于雄伟庄严的歌曲归于勇敢无畏的男性,而在我

们的法律和谈话当中,则把倾向于优美有序的歌曲归于温和节制的女性。(根据 Bury 的翻译,有所修改)

这段文章的内容,至少可以说是晦涩难懂的,因为它并没有为这些内在的差异提供任何证据或者论据,也没有解释这种内在的差异与为男女规定不同的歌曲之间有何关联,也没有解释它们与其他法律之间的关联是什么。与另外一些德性相关的其他的内在差异,在这里并没有被提及,既然如此,我们就只好猜测这种内在差异是如何影响那些由雅典异乡人提出的其他法规的。

前面所提到的差异,在于德性,或者在于获得德性的能力,因此,我们能够到《法义》的德性理论中寻求一些理解上的帮助(《法义》630-33):智慧排在第一,接下来是节制和正义,勇气排第四。同时,法律的目的之一就是让公民接受这些德性方面的教育,因此,法律必须反映出德性之间的这种等级次序。也许,柏拉图认为男人天生就更善于获取智慧,这至少还可以解释,他为何对女人是否有资格担任更高的官职保持沉默,他可能认为智慧是这种职位的基本要求,当然,这只是他的一种貌视合理的假设而已。

然而,值得关注的是,这种解释与《王制》中的观点不相符,也与柏拉图在《会饮》中的观点相抵触,他在这部著作中提到,有一个叫第俄提玛(Diotima)的女人曾经给苏格拉底解释过关于美的形式的高度抽象化的本质。

另外,节制是一种在《法义》中受到高度颂扬的德性,因为它确保了在城邦和个人身上,低劣的部分处于更好的部分的控制之下;而且,除了这种控制以外,它还提升人的精神境界、促进了城邦内的和谐、增进公民之间的友谊,对于个人与城邦而言,这都是一种伟大的善(《法义》660-64,743-4)。再进一步说,最高的智慧融合了节制或和谐(《法义》689-90,696c),"内心对于喜悦和痛苦的感受与正当理性的指引相一致"的人，就拥有这种智慧。不管我们前面引用的段落多么隐晦难懂，它仍然清楚地指出——女人天生就比男人更善于遵守次序和保持节制，这种能力将使女人成为理想城邦中非常有价值的成员。

总之，我们可以说，柏拉图在《法义》中提出与两性平等有关的建议时，并没有像他在《王制》中讨论正义的根基时那样大胆或清晰。但是，关于人的天赋平等的论点，柏拉图在《法义》中拿出了比《王制》中更多的证据。在我们看来，尽管他在《法义》中的建议并没有得到足够的深化，但它们仍然有着非同一般的前瞻性，而且，对于他那个时代的几乎所有的文明来说，这些建议仍然是富有革命性的，甚至对我们今天的社会来说亦复如是。

作为法律与经济学基础的《法义》

德雷克斯勒(Wolfgang Drechsler)
刘 宇 译

1

本文要论证:半个世纪以来最重要的法律和经济学上的学术话语范式之一,法律与经济学(Law & Economics,简写为 L&E)的基础,就是柏拉图的《法义》——不是因为当前的 L&E 版本实际上脱胎于《法义》,而是因为,L&E 的关键原则在这里首次得到阐明,以及(更重要的是)应用。

因此,说 L&E 不是开始于 20 世纪 50 年代后期的芝加哥,而是开始于约 2300 年前的雅典,并且是开始于那时的柏拉图,这意味着要冒不小的风险。首先,这似乎是投合有教养的资产阶级那种言必称希腊的陈词滥调。其次,选择柏拉图作为建立明显现实主义的 L&E 研究路径之父,似乎尤为奇怪,特别是因为正是亚里士多德常被作为第一个经济学家,也被作为最初的现实主义者。尽管如此,本文将可望证明,第一点可以可靠地得出来(在下文第 4);第二点只是基于对柏拉图的完全误解,这一点读者也将会看到。但是,既然这是一篇跨学科的论文,首先要就教于诸位柏拉图研究专家,所以必须先简要说明一下 L&E 的概念。

2

被称作 L&E 的(各种)学派、方法或者研究程序,最简单地说,指的就是对法律的经济分析,或者(反过来讲),指的是研究法律对经济问题的影响,此处的法律做最宽泛的理解,有时甚至一般地包括了各种制度。这个研究路径的动机明显是现实主义的,也就是说,它的主张和目标所专注于考察的——类似于众所周知的形而上学与物理学的关系——不是所是者(what is),而是实际所是者(what really is)。① 在二战之后的 L&E 版本中,通过使用特殊的当代经济分析方法而获得这一识见。

因此,我自己认为 L&E 的首要方面是,它是一种法律现实主义,也就是说,它关注的是法律实际上有什么影响,而不关注法律应该具有或引导什么影响。然而,与一般关于 L&E 的设想相反的是,用来发现这些影响的方法不一定基于新古典的/数学的(neoclassical/mathematical)经济学。我甚至会论证,情况刚好相反,因为 L&E 的现实主义本质上是系统性的,而新古典的/数学的经济学则明显地缺乏系统性。(见 Drechsler [2000a])

对于很多非 L&E 支持者而言,L&E 具有意识形态的嫌疑(*Idologieverdacht*),其实很多 L&E 的支持者都属于中左翼的政治阵营,只要这个谱系仍然有效,并且他们的确倾向于成为"商业伙伴"(business-friendly)和"前资本主义者"(pro-capitalist)。因此,第一步,我们应该说,L&E 严格来讲不是一种意识形态,而是一种方法;不必计较它如何使用及如何应用;也不及计较它在何

---

① 因为这种特别的看法,所以一开始就不会出现"形而上学实在论"的问题。

种动力之下而形成当前在芝加哥的形态。①

第二步,我们可以说,"方法"也不是一个足够好的术语;至少,对法律的经济分析并不在于一种特殊的经济学方法,而在于使用一切切实可行的经济分析工具。

当然,任何定义,或至少大部分定义都是一个权力的问题,或至少是一个支配的问题,这对于像 L&E 这样的概念来说千真万确,这个概念更是"被建构的",而非"被发现的"。在这个意义上讲,是否可以将《法义》作为 L&E 的基础,要看这样一个建议是否被任何参照群所接受,而人们正是依据于此来衡量这一接受。另一方面,如伽达默尔所云,"词语试图表示的东西,已经在时间的进程中形成于(宛如)人类所流淌出的经验与想象的巨流。"([1995],136)特别是像"L&E"这一定义性名词,必须在一定程度上贴近于实际上所强调的东西,也就是使其不同于任何其他现象的东西,否则这个名词就变得毫无意义。但我们可以说,前所概述的这样一个相当宽泛的定义当然至少是可行的。②

3

《法义》是寻找 L&E 诸原则的合理之所,因为它是一部实践

---

① 也就是说,除非坚持认为实在论在意识形态上或事实上就是一种保守的研究路径,而不是一种(在美国的意义上的)自由的研究路径。

② 我在德雷克斯勒(Drechsler) "Plato", in J. G. Backhaus, (ed.), *The Elgar Companion to Law and Economics*, Cheltenham/Northampton[MA]1999;"On the possibility of quantitative-mathematical social science, chiefy economics, some preliminary consideration", *Journal of Economic Studies 27* 2000b;"On the viability of the concept of staatswissenschaften", *European Journal of Law and Economics 12* 2001 明确指出了这一点,比如,这些文章的出版次序应该支持这一主张。

性的著作,同样人们也都会注意谁积极地参与了立法。该书对于规整一些现象提供了诸多主旨与基础,也提供了系统性的最终立法方案目录,而那些现象在我们今天、在几乎所有重要的现代法律秩序的领域内也常常要予以规整。它也是柏拉图最为现实主义的作品——这不是因为它并非一部乌托邦的作品,而是因为,那是一个具有现实主义目标的乌托邦;不过这些目标是以某些特殊的方式来表达的①。按我的看法,《法义》就是柏拉图的古典乌托邦(classical utopia,详细论证见 Drechsler [1998]),这一点只是由于人们长期将这一角色错置于《王制》之上(或更糟的是,将《王制》视为一部实践性的作品)而晦暗不明。

人们往往将这两部著作的巨大差异解释为柏拉图思想的发展。然而,尽管的确柏拉图发展了他的思想并常常改变某些观点,但依然存在另一种解释:像柏拉图整个作品那样的政治对话,处于有目的的相互构成的关系之中,它们以不同的书写形式、不同的视角以及不同的侧重点展现了同一个概念。

视《王制》为乌托邦,认为其中个人无足轻重,并将其视为早期的集权主义(totalitarianism)模式,波普强烈地持有这种观点(1996[5])。这种观点首先就忽略了柏拉图政治思想的一个最重要的(即使不是核心的那一个)主旨,那就是抵御危险的僭政(Koyre [1962],97,152)。然而,理解《王制》的钥匙就在于,伽达默尔将对话解释为一个启发式的乌托邦,也就是,这个乌托邦是为了展示一个永远莫要期望它实现的不存在的王制家;其实,它甚至是不可接近的。②《王制》中最为激进的段落(其中最著名或臭名昭

---

① 参布洛赫,"Akrasia and Utopien", in Gesellschaft, *Recht und Politik*, FS Abedroth 60, Neuwied-Berlin 1968。

② 伽达默尔(1991a)。伽达默尔自己并未明确区分启发式的和古典的乌托邦,并把这些范畴分配给《王制》和《法义》;那是我对他思想的解释,但他同意这是一个合乎逻辑的可能性。

著的就是关于诗人那部分,《王制》,377b-398b,595a-608b;伽达默尔[1934]①)恰恰被这样解释:这对于某些目标而言是必要的,但也是不可能的,而且是不符合王制家的,也是不值得欲求的。②

在这个语境之下,强调柏拉图的书写技巧就极为重要;他的对话尤其接近阿里斯托芬的喜剧,也接近Epicharm(见伽达默尔[1991a],275-278;[1991b],230)。柏拉图的反讽与讽刺是其风格核心手段,如果忽略了这些因素,就会丢掉理解《王制》之启发式-乌托邦特征的表征。波普等人忽略的正是这一方面(见伽达默尔[1991a])。

然而,没有哪一个"现代政治家或政治理论家会建议按照《法义》中的规定来改造加拿大,或者比如说俄罗斯或加纳——或者甚至回顾性地改造马其顿或罗马。"毕竟《法义》是一个"想要用于实践的计划"③。正确的答案就是:《法义》也是,如伽达默尔所云,"一个非常好的乌托邦",恰如《王制》是"一个用于教育的国家"(伽达默尔[1991a],288-289)。更确切地说,在柏拉图的全部作品中,《法义》才是(理论上)最好的可能国家及其法律意义上的古典乌托邦。

当然,对《法义》可以做另一种解读;当然,《法义》比《王制》更加"现实主义"——但严格来讲不是作为柏拉图的理论与实际之

---

① 伽达默尔, *Plato and die Dichter*, Frankfurt/Main 1934 [and in Griechische Philosophie 1 1934。
② 见《王制》,592b,《法义》,739d;其次,对于伽达默尔,也见 Jaeger(1944),290;Herter(1962),177;Koyre(1945),105(但也见133-135)。此外,按照包含在《王制》之中的原样,《王制》的这种模式十分符合柏拉图的理念概念,人们可以在 Natorp(1994). 207 那里看到。
③ 赖尔,"Plato", in *The Encyclopedia of philosophy 6*, New York/London 1967. 332。

间的桥梁,而是作为一个补充性的作品,将《王制》中以及通过《王制》得到的识见加以应用。将其描述为一个其实大部分都可以为之而努力的乌托邦——这个乌托邦具有当下所必要的法律,但仍旧是一个乌托邦。

因此,《法义》的现实主义,甚至《王制》的现实主义都变得更加显而易见。只有将前者归之于古典乌托邦,我们才能将许多原则和条款视为(实际上是)乌托邦的。这一点反过来使我们更容易理解《法义》强烈的现实主义,这是它应用于 L&E 的前提。

4

"立法者必须经常自问:我们的目的是什么? 我实际上达到了这个目的,还是没有达到?"(744a)。柏拉图在《法义》第五卷中如是说。这两个问题总体而言可以很好地作为 L&E 的座右铭。我们上面所说的就是 L&E 的重要关注点(之一),它关注与法律目的相悖的结果,所以它实际上是由柏拉图在《法义》中首次阐明的。

这个关注点在全书中都是作为一个原则,而新国家的整个法律秩序似乎就建立在这个原则之上。它甚至包括了程序,也就是,根据正义实际之实现方式而规定的法律条款。这个关注点在柏拉图在该书中讨论了之后两千年之际甚至更远的时期仍然被忽视。

但是,《法义》的经济学体系怎样呢? 从今天的视角来看,似乎它非常地反商业、反贸易和反金融。① Pohlmann(简而言之)

---

① 比如著名的《法义》849e – 850a,后面或 921d(禁止利息)也这一点;Pohlmann, *Geschichte der sozialen Frage und des Sozialismus 2*, Munchen 1925,185 – 187,238 – 241 的经典表述。

谈到的它的"反资本主义贸易和商业政策"①,并非无稽之谈。

但那只是意识形态罢了。在《法义》中经济学占据突出地位——甚至可以说刑事法律中的那些条款也有着经济上的动因,因为它们旨在保障《法义》的经济学体系。② 更重要的是,尽管《法义》中的经济学体系事实上是"反资本主义"的,柏拉图构建以及保障它的方式绝对是基于 L & E 的原则,这才是问题所在。正如 George Stigler 在一篇重要的 L & E 论文中所言,在此语境下经常提到的作为自由市场路径之基础的效率,"只能就人们所追求的目标来判断。"([1992],459)③

(1) 比如,在《法义》915d - e,颁布了这样的法令:一切销售必须在官方市场上进行,卖主要在分配给他的地方做生意。销售在国家的特殊保护之下发生,这样,买主就会受到保护,而不会(比如说)在购买商品的时候吃暗亏。这里重要的不是保护消费者的问题,而是,该市场之外的销售并不禁止:如果买主选择信任卖主,他就可以在他希望的任何地方购买;只不过那样便没有了法律的保护。换言之,自由市场(按照该词的原始意义)并不被禁止,但对于保护所必需的那种控制,或许也是大多数买主希望的那种控制,就会被买主所放弃。因此,契约自由得到保证。但是,只有在能够轻易实施控制的特定地方进行的买卖,国家才对质量

---

① *Geschichte der sozialen Frage und des Sozialismus 2*, Munchen 1925, 189.
② Bisinger, Der Agrarstaat in Platons Gesetzen = Klio, Beih. 27 (NF4) 1925, 102 - 105.
③ 也见 Coase, "The problem of social cost", *Journal of Law and Economics 3*, 1960, 44(关于科斯,参见下文(4),页 220); Campbell, "The free market for goods and the free market for ideas in the platonic dialogues", *History of political Economy 7*, 1985, 196。无论如何,经济效率也可以被看作集体主义的原则。

控制负责。①

(2) 根据《法义》916a–d，如果一个被出售的奴隶被证明在身体或精神上有毛病，该出售便无效——除非买主在识人方面是专家，比如他是个医生或者运动员教练。这就很清楚了，契约的各方当事人并不都是一样的——这是我们环境中的一个有趣特征，而不是在奴隶贸易中。因此，十九世纪所坚持的契约各方虚幻的平等，就被专业知识上的现实主义区别所取代了，而且责任由最容易掌握该知识的那一方来承担。在当代的德国私法中，比如 BGB 第 459 章及以下，并未做这样的区别。在这个意义上，《法义》（从 L & E 的角度来看）比两千三百年之后的法典更先进，因为柏拉图更好地确保了该条款的目的（telos），即最终为贸易消除障碍。

(3)《法义》937d–938c 讨论"起诉要求赔偿"的律师，他们即使在没有好案件的情况下，也要说服人们去打官司。对这种行为最温和的惩罚是禁止其在某一段时期内打官司。如果该律师是公民，并且如果法官发现他曾两次只是出于好玩，或一次出于贪婪而进行虚妄的诉讼，甚至会判处死刑。这在今天看起来过于严酷，但就这项惩罚的严酷性而言，人们的确应该在这一点上想起《法义》的乌托邦性质。这个条款是一个必要的现实主义的矫正，因为《法义》有这样一套惩罚性损失赔偿体系：获胜方可以获得两倍或（更罕见的）三倍于诉讼标的价值的赔偿（参见，比如《法义》916b–d，921c，928b）。所以进行虚妄诉讼的诱惑是很高的；如果没有这一条款的纠正，那个体系就可能无法良好运行。这里值得注意的是上述柏拉图对程序的兴趣，以及程序对实质的影响；

---

① 前揭，190。

这是 L&E 的一个重要特征。

（4）在《法义》844a－d,关于供水问题的那部分——或许是基于历史的实例,如其明确宣称的那样(844a)①——法令这样颁布:如果谁的田地高过其邻居的田地,下雨的时候他的田地里积水过多,那么他就必须同意在排水问题上与后者达成一致,以便将对双方的损害降低到最小(844c)。② 只有当不能达成一致时,才请求官员来决定怎么做(844c－d)——这项条款很明显不是历史上的,而是柏拉图的。

1960 年科斯(Ronald H. Coase)在《法律与经济学杂志》发表了一篇论文,题为"社会成本问题"(The Problem of Social Cost),"它成为该领域,或许还是整个经济学文献中被引用最多的文献"。③ 它是科斯获得 1991 年诺贝尔经济学奖的原因之一。该论文的核心贡献之一是证明了,将外部性内部化的庇古税(Pigouvian tax),比如通过对污染工厂收费作为污染的代价,它在经济上并不必然有效率,因为"以相应于外部性制造者的私人成本与社会成本之差来对其征税,这[并未]考虑潜在受害者们行为之结果"④

所以,《法义》844c 的动机很明显就是科斯式的,也就是,在柏拉图的例子中,较低田地的主人不是,或不仅仅是一个受害者,因为如果没有他就根本不会有问题。"问题就是如何避开更为严重的损失",如科斯所言⑤,那一定也是柏拉图的动机。

---

① Haliste , "Das Servitut der Wasserleitung in Platons Gesetzen", *Eranos* 48 [1950], 143－144.
② 另参前揭, 147－149。
③ Stigler, "Law or Economics?", *Journal of Law and Economics* 35, 1992,457.
④ Coase , "The problem of social cost", *Journal of Law and Economics* 3, 1960, 2.
⑤ 前揭,2。

在以前的一本书中,我写道,"很明显,其实柏拉图并没有发展出一个科斯定理的早期形式",①也就是,1960 年那篇论文之抽象概念的早期形式。现在,我想说这个论断明显是错的。

(5) 最后,前述《法义》849e-850a,主要以禁止(国内)贸易收入闻名,且常常被冠以"反资本主义",也可以做相反的解释,即解释为近乎科斯所关注的政府干涉之外的市场的有效调节,即使其目标是"反资本主义"的。在这部分,柏拉图想把赊销从城邦中排除出去:"人们不应该提前给别人任何东西"(844e;关于柏拉图与赊欠,见 Klingenberg [1982])。然而,与上述第(1)部分相似的是,这并非通过国家调节或干涉来达到,而是相反,通过在未付款债务的情况下排除国家干涉来达到:"或者,如果他一定要对他人赊卖,不管他是否收到他的东西,他都必须满意,因为这种行为是不受法律保护的"(849e-850a)。这样剩下的就是卖主的选择。因此,最终根本不存在"国家专制"(*Staatliche Bevormundung*)②;情况恰恰相反。

5

综上所述,《法义》是历史上关于当今 L&E 思想学派——或者不如说一种追求这种思想与"方法"的方式——的最早的文献,而且还是第一个对按照 L&E 原则运行的法律体系的(全面地而非顺带地)阐明和详述。一旦人们意识到《法义》作为古典乌托邦的现实主义特征和此类文献的所有特征,以及相反的,《王制》作

---

① Drechsler,"Plato", in J. G. Backhaus,(ed.), *The Elgar Companion to Law and Economics*, Cheltenham/Northampton [MA] 1999, 121.
② Pohlmann, *Geschichte der sozialen Frage und des Sozialismus 2*, Munchen 1925, 195.

为启发式(heuristic)乌托邦的特征,这一点就特别显而易见了。柏拉图的想象甚或他的目标不应该妨碍L&E学者或哲学家看到:《法义》中的国家有着现实主义的动因,而且现实主义就意味着正视现实及人类行为的诸多事实。柏拉图是否使用L&E原则来达到"反资本主义"的目标,这并不重要。因此,事实上可以认为《法义》就是L&E的基础。证明结束。

《法义》中劳动和商业的道德危险

梅耶尔（Eduard Meyer）

刘 宇 译

玛格尼西亚新殖民地的法律明确禁止公民①从事商业：

任何持有五千零四十份户产之一的居民，不论自愿还是非自愿，都不得成为商人（κάπηλος）或买卖人（ἔμπορος），也不得为任何与其地位不对等的人服务——除非是一个自由人（ἐλεύθερος）完全是为父母亲、祖宗以及长辈进行的服务。诚然，在立法中精确地规定什么活动适合自由人（ἐλευθερικόν）什么不适合（ἀνελεύθερον）殊为不易，……如果有人以任何方式参与了粗鄙的贸易活动（καπηλείας τῆς ἀνελευθέπου），就要控告他辱没了他的家族。（《法义》第十一卷，919d4－e8）②

---

① 《法义》中很少使用"公民"（πολίτης）这一名词，而常用诸如γεωμόρος（地主，919d4）或ἐπιχώριος（居民，846d2）这样的名词来指代5040户拥有土地的人，但很明显他们就是公民（πολῖται），不同于移居于该殖民地的各种 metics、奴隶和仆役：743c7,846d5, 643e5；参考667a1。

② 这些都是我的翻译，但很大程度上借鉴了桑德斯, Plato, *The Laws, Translation and Commentary*, Hardmonswoth 1970.

这条法令夹杂在第十一卷各种五花八门的问题中被提出来，但它并非该著作事后的思想，更非另类。其实从一开始，雅典异方人就赞成将新殖民地设于完全不适合商业贸易的位置(794a-705b)，并且，反对从事贸易或商业(ἐμπορία, ναυκληρία, καπηλεία)的禁令这个主题在整个讨论中反复出现。①

这并不是说商业在玛格尼西亚经济中不发挥作用。贸易(特别是用商品换取货币)具有平衡或促进资源分配的功能(918a)。但它要维持在一个必要的最小值内(919c)，而且只允许外邦人和非公民从事(920a-c)。首先土地就不准买卖(741b)。土地上的产品不能过多，以至出现可用于出口的剩余产品(705b)。土地的产物要在任何市场之外在公民及其家庭之间进行分配。只有外邦人和非公民才需要(或被允许)购买食物及其他市场上供应的东西(848a-b)，市场本身要由国家官员严格控制在可允许的利润范围内(849a-850a;920c)。公民可使用的唯一货币出了玛格尼西亚就毫无价值，它在城邦内唯一的用处就是支付给工匠、雇工，以及此类人等(他们也必须是非公民,742a-b)。如果需要从该殖民地边界之外进口资源，就会有国家官员来联系外国卖主，而且这种交易不能发生在公共市场中(847b-d)。当这类外国商人自行取道抵达玛格尼西亚港口，就会有国家官员在城邦之外接待他们，而且他们的活动要受到严格监管和限制(952d-953a)。

雅典人从一开始就声明，必须严格限制商业，并禁止公民从事商业，因为它会为经商者的灵魂造成道德上的危险。雅典人在赞许阻碍商业贸易的地理位置的各种特征时，解释道：

> 如果它建在海边，有着良好的港口和土地，但所必需的

---

① 《法义》842c-d, 847b-d;参考742a-b; 831e-832a。

谷物并非自给自足,那么它就需要一个大救星和一个神圣的立法者来防止出现形形色色的恶劣人格。所以,我们的位置距海八十斯塔德,这是令人欣慰的……

临海而筑使得国家盛行买卖($ἐμπορίας$)来进行贸易($καπηλείας$)与赚钱,而且会造就善变及不可信赖之人,使得公民们相互猜疑并充满敌意($ἄφιλον$),而国家对其他人民也会同样如此……如果生产出可供出口的剩余产品,国家就会有大量金银流通,这对城邦而言最坏不过,它会妨碍城邦造就高贵与正义之士。

雅典人认为,运转得当的城邦以及正当的公民,必须既不贫困也不富裕。① 因此,商业的明确目标(利润最大化)就与教养居民的理想相互抵牾。尽管有着在第一和第二卷详细阐述的严格的公民道德教育程序,但大多数人民仍然易于受到超额利润的诱惑:

很少有人具备那样自然禀赋或高度教养,使其在需求与欲望的斗争中洁身自好并保持中道($τὸ\ μέτριον$),当面对发财的机会,他却能保持清醒而选择较少而适中的数量。大多数人与此完全背道而驰……当可能获得适中的利益时,他们却宁愿选择大发横财。这就是为什么商人($καπηλείαν$)、买卖人($ἐμπορίαν$)和旅店主这个阶层声名狼藉的原因。(《法义》第十一卷,918c9 - d8)

雅典人例举了一个诚实的店主,拿他与其贪婪的同行进行对

---

① 《法义》,728e5 - 729b2, 742d2 - 743a1, 919b4 - c1.

比,以此来阐明他进一步的主张(705a6-7-上面引用的):一个盛行商业的社会将使其成员相互猜疑而充满敌意:

> 现在,如果有人迫使德性完备的男子暂做旅店主,(当然这不可能)……我们可能会觉得这种职业十分友善而怡人,……但是,事情的真相是,有人在一个荒凉的地方建起了旅店,欢迎饥寒交迫或餐风露宿的旅人前来投宿……然而,他并非待那些旅人为朋友,用待客之礼表达善意(pilikaenia)而倾力招待。相反,他待其如寇仇、如囚犯,他拘禁他们以换取过分的、不公正的以及不合理的赎金。(《法义》第十一卷,918d8-919b1)

此处,这个处于垄断地位的旅店主选择市场可以容忍的要价,这与受社会赞誉的待客(ξένος)之道背道而驰,后者以种种方式表达出友好与善意(φιλία;参见 919a5)。此处,philia 要求主人向客人赠送礼品(因为后者需要),只是最后才指望报偿,而且要在适当的环境下以相称的方式。朋友之间(以及彼此有φιλία的公民同畴)彼此助益并能有求必应。而进行商业交易的人群之间并不维持此种关系。只要是条件便利(根据供求规律),他们无不向他人索求支付高过非市场条件下正常可得的报偿。恶意与猜疑自然继之而起。"货物出门概不退换"之类的说法集中表现了市场活动中人人为敌(all-against-all)的本性,而不是公民之间彼此善意的关系,而后者正是雅典人所念念不忘的立法者事业的目标。①所以雅典人主张,商人这个职业体现了反社会的牟利冲动,与盗窃、抢劫寺庙以及其他犯罪活动所体现的冲动一样,只不过前者

---

① 《法义》,628a-d; 61e-672a; 693b-d; 743c-d;参考《王制》,378b-d。

性质较为温和,而后者更加激烈罢了(831e-832a)。

上面给出的雅典人禁止公民从事商业的第三个理由,就是指责它是一种服务活动(διακονία, 919d6),因此是"奴性的"或"粗鄙的"(ἀνελεύθερον, 919e3)。这是在指责这种职业不符合公民的自由(ἐλεύθερος)身份,[1]他们并不从事服务,除非出于虔诚或孝行:对父母、老人以及诸神(919d6-e1)。表面上看,对奴性的指责与前面对剥削性奸商的指责之间存在张力。但是,如果我们意识到,指责仆役而反对商业的那段文本是由阐述商业的正当功能来引出的,那么这两个指责就可以协调一致了:

> 在这个国家,商业(καπηλεία)的自然功能不是制造危害,而恰恰相反。当资源分配失衡且不均匀时使其均匀而平衡,不是一件好事吗?这也是货币之所为,而商人(τὸν ἔμπορον)也被导向于此目标。受雇的劳动者、旅店主及其他此类职业均是如此——不论他们事实上是否真的被导引于此——他们都具备便利资源分配和满足城邦需要的功能。《法义》第十一卷,918a8-c3)

κάπηλος(商人)的真正功能不是通过交换使其利益最大化,而是通过促进适宜的资源分配而尽力满足共同体的需要。在治理失当的城邦中,κάπηλος可能成为与公民们为敌的剥削者。但在一个运转得当的城邦,他将是一个从属者,为那些享有组织城邦之益的人们服务。[2]

与禁止商业密切相关的是限制玛格尼西亚公民所从事的职

---

[1] 公民的ἐλευθερία:《法义》,720a-e, 741e, 817e, 823e, 842d, 919e;参考693b-c。
[2] 《王制》(371c-e)相应的段落明确了 kapelos 作为 diakonos 的地位。

业:"任何公民不得在任何技术行业中劳作,也不得做任何公民的奴隶"(《法义》第八卷,846d2-3)。

禁止公民从事的职业,统括在 δημιουργία(做工)这个标题之下,它就是整个生产性技术行业(比如农业、建筑业、纺织业、修理业和冶金业),这些行业在《王制》第二卷(369b-371e)是由原始公民所从事。这些职业典型地被柏拉图及其同代人贴上 βάναυσος("体力劳动的")这个轻蔑的标签,① 他们中许多人认可这样的社会偏见:βάναυσια 不符合公民身份。② 在《法义》中对公民技工(craftsmen)的规定只在于表达这种社会偏见吗?③ 还是说有着

---

① 亚里士多德,《政治学》,1291a1,1289b33,1321a6;1337b8-15;色诺芬,《经济论》四2,六5;柏拉图,《王制》,495d7-e2,《法义》,644a4。关于名词 δημιουργός 及其与 βάναυσος 的关系,参见 Brisson , le même et l'autre dans la structure ontologique du timée de Platon 1974 86-97, 以及 Chantraine , "Trois noms grecs de l'artisan" Mélanges de philosophie grecque offerts à Mgr. A. Diès, Paris 1956)。

② 柏拉图,《高尔吉亚》,512b-513c, 亚里士多德,《政治学》,1328b39-1329a2;参考1278a20-21;色诺芬,《经济论》,四2-3。关于此偏见的程度,见莫罗,*Plato's Cretan city*, *A Historical Interpretation of the* Laws, Princeton 1960a, 142-3, Burford, *Craftsmen in Greek and Roman Society*, Ithaca [NY] 1972, 25-6, Ste. Croix (1981), 274-5。

③ Wood and Wood, *Class Ideology and Ancient Political Theory*, Oxford 1978 认为这是偏见的表达;Stalley, *An introduction to Plato's "Laws"* Oxford: Blackwell, 1983, 110-111 对此有所批评。关于《法义》中的 demiourgoi, 见 Vidal-Naquet, *le chasseur noir: formes de pensée et formes de société dans le monde grec*, Paris 1981; *The Black Hunter: Forms of Thought and Forms of Society in the Greek World*, translation by Andrew Szegedy-Maszak, Baltimore 1986, 224-245;莫罗, *Plato's Cretan city*, *A Historical Interpretation of the* Laws, Princeton 1960a, 138-148; Pierart, *Platon et la cité grecque: Théorie et réalité dans la constitution des Lois* 1974, 41-47; Cambiano, *Platone e le tecniche* 1971, 244; Whitehead, The Ideology of the Athenian Metic, Cambridge 1977 129-135, 桑德斯, "Artisans in the city-planning of Plato's Magnesia", Bulletin of the Institute of Classical Studies of the University of London 29 1982, 在 Vidal-Naquet,前揭,中得到讨论;也见 Brisson, *le même et l'autre dans la structure ontologique du timée de Platon* 1974, 98-101。

内在于该书内容与论证的哲学理由呢？我们来考察一下柏拉图让雅典人详述这一规定的原因。

根据雅典人，βαναυσία 与商业一样，是奴性的或粗鄙的：

> 没有必要也没有机会从任何奴役性的营生（ἀνελευθέρων χρηματισμῶν）中赚钱——那种称为"体力劳动"的营生名声败坏且会腐蚀自由人的品质——人们不应认为通过干这种事情来积聚财富是正确的。(《法义》第五卷，741e1-6)

> 在城邦中不应该有黄金或白银，也不应通过手艺（βαναυσίας）来发财，不应有高利贷和皮条客。人们应该只赚取与种地一样的钱财……(《法义》第五卷，743d2-e1)

为了避免我们看到后面这段而产生错误的想法，以为公民们会把种植业（farming）当作一项技艺来从事，雅典人直接把我们带到第七卷。现实的种植由奴隶或仆役来做，这样，拥有土地的公民就可以免于一切劳动(806d7-e2)。

这些段落为禁止公民从事生产性技艺提供了两个理由。第一个理由是，这些技艺是一种"赚钱"方式（χρηματισμός，741e1-6,743d3,5），[1]从而把技术工作归于商业之中，因此就以对后者同样的理由来禁止前者。如果我们了解柏拉图时代技术工人的经济与物质条件，[2]或许会感到奇怪，这些段落似乎把各种体力劳动

---

[1] 《王制》也把手工业归为一种"赚钱"行业（xdematistike）(434a9, 434c7-10, 441a1)。

[2] 见 Croix (1981), 179-204, 269-275；Burford, 前揭, 70-78, 92-3, 124-44. 也见 Francote, *L'industrie dans la Grèce ancienne*, 2 Vols, Brussels 1900-01, Guiaud, 1900, 以及 Glotz, *Le travail dans la Grèce ancienne*, Paris 1920。

的技艺描述成了发财的手段。但是,雅典人试图取消的一个行业是这样的,其中一个雇主雇佣了许多技术工人(846e5-6),这个行业更利于赚钱。甚至在公共市场上出售自己产品的独立的工匠,也是在从事一种商业。在供给不足的条件下,他可以像第十一卷(918d-919b)里的旅店主一样,可以开高价收取超额的费用。这就是为什么第十一卷中所概述的规整商业的法律要提出明确的规定,来限制个体工匠收取的价格(921a-b)。

这样,雅典人就为将技术工作归之于商业提供了某种理由,也为设想两种活动都具有某种道德危险提供了理由。然而,诸种技艺所潜在的商业用途并不充分证明对公民 δημιουργοί(做工)开出禁令的有效性。毕竟,种植业也有成为商业的潜质;但玛格尼西亚的公民即使不从事实际的种植劳动,也被允许(其实是被要求)以土地来谋生(743d)。雅典毫不费力拟定了一些法律标准来确定种植业不是一个商业性的(也就是赚取利润的)职业(837e-848c)。第十一卷(921a-c)所概述的对个体工匠的价格控制,有效地肃清了这些行业赚取"超额收益"的潜力(918d6),而这正是认为商业具有道德危险的首要原因。因此,商业的道德危险不能用来解释,为什么公民不可以通过技术劳动来谋生。

如果《法义》中禁止公民从事生产性技艺的禁令具有一个哲学理由,而不仅是体现一种常见的持久社会偏见,那么,它就必须源于以上所阐明的(741e1-6)的第二个批评:这些职业是"粗鄙的"或奴性的(ἀνελεύθερον)。柏拉图有时用 ἀνελεύθερος(奴性)这个蔑称来描述一种品质缺陷(为聚拢财富而损害高贵志向目标的倾向)。① 但在玛格尼西亚的控制经济中,工匠们的谋生活动并不比

---

① 《法义》,635d4-5,747b7;《王制》,395c,422a,589c-d;参考亚里士多德,《尼各马可伦理学》1095b19-21。

公民从事种植具有更大的道德危险。最好是用一个不同的概念来表达玛格尼西亚工匠的奴性(slavishness)。这个概念就是政治或社会关系中的从属地位(subordination)——合法奴隶以及仆役(διάκονος)的地位。① 有了这个解释,对工匠具有奴性的指责也就相当于对于商业具有奴隶性(διακονία, servility)的指责(参见919d6 - e6)。

雅典人所设想的城邦中的技术工人,很明显处于被奴役的地位。城邦是为了 5040 个拥有土地的家庭的利益而组织起来的,而那些被明确等同于奴隶和仆役的工匠,只不过是作为在公民成员中公平分配的一种资源:②

> 剩下的地区应该分给工匠们,他们要分成十三个团体——一个住在城邦中心,其余的分别住在周围的十二个地区,每个村庄居住一种技术工人为农民服务。他们由农业部长监管,按照当地所需的数量和种类,居住在对农民危害最小而利益最大的地方。(《法义》第八卷,848e2 - 10)

然而,这种从属地位是社会安排的结果,而禁止公民从事技术工作的规定似乎暗示这种安排理据充分。为什么我们要同意工匠在政治上必须从属于公民呢?

在柏拉图前期作品中常见的那些主题,也在《法义》中用论证呈现出来,这些主题可以证明那个主张:生产性技艺要从属于公民的政治事业。早期对话所考察的 arete(德性)一直被看作是政

---

① 参考亚里士多德,《修辞学》1367a33;《尼各马可伦理学》1124b31 - 1125a2;《政治学》1337b11 - 17; Ste Croix (1981), 117, 558n5。
② 关于玛格尼西亚中工匠的从属地位,更为充分的讨论见 Vidal-Naquet,前揭,229 - 32。桑德斯 前揭,44 - 6 在具体细节上有所争论。

治的或社会的(πολιτική) arete,①它表现为知道如何正当使用生产性技艺所生产出的好东西(the goods)。② 这个观点在《法义》中依然存在,表现为神圣的诸善(诸德性)和人类诸善(比如健康、财富、物质上的安逸)之间的区别,以及后者相对于前者的偶然性。③ 按照这种观点,公民的德性(表现在政治技艺中)就是主人技艺(the master craft),而诸生产技艺从属于它,因为后者所追求的诸善是有条件的,具有"人类的"多样性。

但此处有两种不同类型的从属关系尚待厘清。政治作为"主人技艺"这样的观念表明,生产性技艺在规范性上(normatively)从属于政治技艺。然而,这并不表明一个拥有并操持生产性技艺的人在政治上(politically)必须从属于具有德性的人。只有政治上的从属地位才与自由公民的身份不相称,从而在我们目前所关注的意义上它是"粗鄙的"。但我们所考察的这个观点只是表明了规范上的从属性,因为它并未消除这种可能性:同一个人可以同时从事生产性技艺和公民的政治技艺。所以,雅典人对公民技工的禁令的要害之处是,必须假设同一个人不能同时从事这两种技艺。

在第八卷雅典人陈述了这个假设,并为之做了辩护:

> 一个公民在支持和保障城邦公共秩序方面具有足够的"技艺"(这需要很多时间与大量学习),所以就没有时间来追求那些旁枝末节。因为要在两种不同的行业或技艺中同时

---

① 《申辩》,20b4-5;《普罗塔戈拉》,319a;《卡尔米德》,170b,171e。
② 《欧绪弗洛》中把这种知识界定为政治的知识。290d-291d,而在《卡尔米德》173a-175a中则界定为"使用性"的技艺;《拉凯斯》,195a-196c;《米诺》,78c-79d;《治邦者》,305d-e。
③ 《法义》,631b-d;660e-661d;参考726a-728d。

达到成功——或者自己从事一种,并监管别人做另一种,这完全超出了人类的自然能力。(《法义》第八卷,846d-e2)

如果一个公民的职责是促进城邦的良好秩序,那么,他从事木工行业就相当于一个冶金工人想要同时从事冶金与木工(846e3-5)。所以雅典人援引了与《王制》(369e-370c,374b-d,433a)中正义城邦的结构很相似的一个专业化的原则(一人一艺)。

但这种专业化原则的相似性不该成为对其免于批评审查的理由。《王制》中引入这个原则是要证明在构成原始城邦的工匠之间进行社会劳动分化的合理性(369e-379c)。它似乎也言之有理。但如果这个原则所涵盖的职业等级扩大到公民的等级,就会有很多争议。因为这暗示,《王制》中的原始公民(据信城邦是为了他们的利益而组织的)实际上都不是公民。事实上,它甚至超出了古代对手工劳动的偏见所隐含的意义,因为它会将所有从事一种需要不断注意、实践以及发展才能之专业的人从公民中排除出去。按照对专业化原则的这种扩展版本,管理及参与公共事务将是专家的本分,而所有从事其他行业的人在规范上以及政治上都从属于他们。

这样,关键问题就是:雅典人为何认为公民职责如此耗时,以至于要排除其他职业呢?他的意思不只是从事公民职责的活动("支持与保障城邦的公共秩序",846d5-6)排除了技艺生产的活动,[1]而是说,促进公民能力的活动(包括"许多实践和大量学习",846d4-5)独占了他的时间和心思。公民的特有能力就是德性(arete,847a4-6)。因为培育德性十分耗时,以至于公民职责就

---

[1] 莫罗,前揭,143强调这种活动本质上很耗时。

属于专业化原则的范围:①

> 有一项职能留给过这种生活的人(也就是脱离了技艺生产的人),它绝非微不足道。事实上它是正义法律任命给他们的最伟大的职责。那种生活占据了他摆脱其他差事之后的所有闲暇,其目标在于培育身体和灵魂上的德性,这种生活比起在奥林匹克或皮提亚赛会中获胜的运动员的训练来,需要至少两倍于此的闲暇时间。切勿旁及任何杂务以免妨碍适于改善身体的锻炼与滋养,或适于改善灵魂的学习与养性。即使日以继夜也几乎不够……(《法义》第七卷,807c1-d5;参考 807d6-808d1)

因此,雅典人否定公民身份并非生产性工人的理由是这个观点(这同样对现代哲学的感觉而言是惊世骇俗的):品格的德性超越了任何从事这类职业的人的能力范围。而这个观点又是基于这样一个论题:发展与维持德性究竟要花费多少时间与精力。我来考察雅典人提出后一个观点的理由,以此作为总结。

玛格尼西亚公民应该通过某些活动来培育其卓越性,这些活动在此处主要分为两种。"改善身体所适合的锻炼与滋养"(807d2-3)包括军事训练和要求他们参与的日常锻炼(830d-831a)——每月携带武器进行大规模的操练(829b)。这些他们独立完成的常备的军事义务会妨碍他们实践一种手艺。但这些并非公民训练的全部,甚至不是最重要的部分。除非它们再加上适当的"学习与养性"(807d3),雅典人把这些活动统归于 pideia

---

① 这里讨论的 arete 不必是包括智慧($φρόνησις$,653a5-c4)在内的完整德性,而是包括节制、勇敢与正义(630a-b,631c-d,632c),这些德性都是受体现于法律中的智慧所指导(644d,645b,649d;参考 625a5)。

(教化，cultivation)名下。那种训练至多能养成军事上的勇敢(632e – 633d)，而不会产生出真正公民的卓越来(666e1 – 667a1)。Paideia 教化了公民的好与恶(653a – c)，从而使他欣然希望成为一个完整的($τέλεον$)公民，"知道如何正义地统治与被统治"(643e5 – 6)。

第二卷详细阐述了文化教育的主要方式，那就是合唱表演(653c – 654b)，它在表演者的灵魂中植入了有德者和谐的旋律，特别是对于良好公民至关重要的社会合作的美好旋律。几乎所有年龄的公民都在三个合唱队之一进行唱歌和跳舞——超过八十岁人的在缪斯(Muses)的合唱队，在三十到八十岁之间的人在阿波罗(Apollo)的合唱队，三十到六十的人在狄奥尼修斯(Dionysus)的合唱队(653d3 – 4；664b3 – 665d4；参考 666a – c)。

充分讨论这三个合唱队及其在 paideia 中的作用是其他场合的任务。对我们当前的目的而言，有两点值得注意。首先，在宗教节庆上进行的合唱表演(653d2 – 3)，应该在公民生活中占主要地位："他应该耗费他的整个生命来做表演：献祭、歌唱和舞蹈"(803e1 – 2)。① 其次，明确地这些定期的宗教节庆安排为从日常生活的辛劳($πόνων$)中的必要的暂时解脱($ἀναπαύλας$)，而这种辛劳不可避免地会损害 paideia：

> 正确养成的快乐和痛苦性情(disposition)，就是 paideia，它会被人们生活中的很多事情削弱和损毁。但诸神怜悯人类负担沉重，安排了对诸神的节庆作为报偿来缓解我们的负担。它们赐予我们缪斯、他们的领袖阿波罗以及狄奥尼修

---

① 毫无疑问，这里雅典人夸大其辞了(莫罗，前揭，353 – 4)。任何情况下，像军事训练那样的节庆会每日举行(828a – b)，而那些规模最为完整的节庆(像大型的军事操练)差不多每月举行一次(828b – d)。

斯来让我们庆祝,这样我们才可以复原……(《法义》第二卷,653c7－d5)

为什么公民的日常生活要为培养正当性情定下这样的基调,这超出了本文的范围。对我们此项研究而言,注意到这一点就够了:即使公民的生活脱离了生产性活动和商业的烦劳,而主要从事运动与精神的锻炼,他们是否能铸就一个有德性的性情仍非十拿九稳,而且还须勤加修正。

对于德性面对人们日常生活的各种需求时能否岿然不动,这种十分悲观的评价为禁止公民从事商业和手工业提供了一个根据,这个根据深深地扎根于《法义》的道德心理学之中。

《法义》中的死刑

卡尔弗特（Brian Calvert）
李中良 译

1981年，麦肯齐氏（Mary Margaret MacKenzie）出版了她的《柏拉图论惩罚》一书。随之，两年后斯泰雷（R. F. Stalley）的《柏拉图〈法义〉导论》问世，其中两章讨论了柏拉图的刑罚理论。稍近，在1991年，桑德斯（Trevor Saunders）出版了《柏拉图的刑法典》，随后斯泰雷对此书加以评论并提出了批判①。虽然所有这些作者都论及了柏拉图对死刑的使用，但往往都是一笔带过，且没有展开讨论柏拉图所提出的针对死刑执行这一问题的正当性。就我目前所知，没有哪部研究作品单独集中于这一专门主题。这就是我想要填补的空白，而我这样做的目的是双重的。我会解释柏拉图的立场，还有他持有这种观点的理由，我的解释要尽可能地做到清晰且和柏拉图保持一致。同时，我对柏拉图的兴趣不仅仅是象一个智识考古学家（intellectual archaeologist）一样；对于我们现代对这个话题的讨论，我还想探索他的观点还有多少益处和价值。这就意味着在某种程度上，我会利用惩罚主义

---

① 斯泰雷，"柏拉图和惩罚理论"（Plato and the Theory of Punishment），见 *Polis* 10 (1992)：页113-28以及斯泰雷，"柏拉图中的惩罚"（Punishment in Plato's *Laws*），见 *History of Political Thought* 15 (1995)：页469-87。

(retributivism)和功利主义(utilitarianism)理论,对他的叙述予以评价,尽管我并不认为这些理论的应用会对他的观点产生任何不当的歪曲。这也同样意味着有时候我会不拘泥于我们在文本中找到的观点,用以表明他的论述也许和现代思想有千丝万缕的联系。虽然这些深入的思考中有些将可能会是推断性的,但我相信它们不会是毫无意义的推断,从我们实际在他作品里面所发现的,它们至少也是可信的推断。

虽然在好些对话里都提到了死刑,但就目前而言,对其最详尽的论述还是在《法义》里,我也会把我的探讨限制在这部作品的范围之内。在简要回顾《法义》里面描述的死刑的罪行后,我会转而讨论实行死刑的正当性。柏拉图对他观点的辩护包括几个不同的特征,其中一些在现代的讨论中还可以找到。柏拉图没有直接讨论其他吸引现代人兴趣的论点;但是至少在一些情况下,他都饶有兴趣地触及到这些论点,并且打下一个重要的思想基础。不仅如此——甚至这还产生了一个潜在的结果,这更加让人饶有兴味。尽管柏拉图提倡在种类繁多的犯罪中使用死刑,但我们要是更深入地探讨柏拉图所给出的关于施加死刑的正当理由,我们就会发现一些出人意料的寓意,这些寓意也许表明,按他自己的条件,对于他所赞同的使用死刑的范围,柏拉图应该比他自己认识到的要更忧心得多。

死刑犯罪——回顾

在这一部分,我将对柏拉图主张的应该接受死刑的主要违法行为种类做一个简单回顾。虽然柏拉图自己没有采取这个步骤,但把死刑违法行为分为两个主要范畴,即针对国家或者共同体的犯罪行为和针对个人有关的犯罪行为,这样做有助于我们的理解。

第一个范畴可以再分为两部分。一是宗教犯罪,如抢劫庙宇(854c),拒绝悔改的无神论(909a),参与秘教(910d)。柏拉图似乎把这些犯罪看作是针对国家的违法行为的子类,因为宗教被看作是社会结构的主要部分,任何暗中破坏宗教都被看作是试图颠覆共同体。因为这个原因,他把对寺庙的抢劫看作是一些"导致城邦毁灭的不敬的行为"(854c)①之一。还有许多其他的反城邦的死刑犯罪,这些我们可以清楚地将其看作是政治性的。其中包括煽动叛乱的言论或行动(856),叛国(856-57),私下的和平调停或者制造战争(955b-c),担任公职人员职位时受贿(955c-d)。试图暗中破坏法律程序(958c)也要判死刑,例如阻碍法庭做出决定(958c)、对正义予以诡辩歪曲(938c),多次做伪证等等(937b-c)。

至于针对个人的死刑犯罪,柏拉图介绍了一个复杂的系列。他按照当时雅典的惯例,区分了故意和非故意杀人,并把故意杀害公民看作是他所认为的最严重的触犯死刑的犯罪行为。他遵循了当时的雅典惯例,其遵循方式也许让现代的读者感到古怪和荒唐。比如,如果某人被动物或者无生命的的物体杀死,就要开庭,而如果动物被发现有罪,就要被执以死刑(873e)。然而,麦克道威尔(D. M. MacDowell)②却警告我们不要鲁莽地认为这种惯例是荒唐且不值一提。相反他认为我们看待这些事情应该象看待现代验尸官的法庭一样,在那里,其目的就是确定死因以便采取各样措施防止同样的事情发生。另一个明显有些奇特

---

① 此处和其他地方我使用桑德斯(T.J.桑德斯)翻译的《法义》(Harmonds-worth, Eng.: Penguin Books, 1970)。
② D.M. MacDowell,《雅典的杀人律》(*Athenian Homicide Law*, Manchester, Eng.: Manchester University Press, 1966),页85-69。

的例子出现在869，柏拉图在此处说如果某人在一怒之下杀死了双亲之一，死刑就是最低的处罚了——实际上该杀人犯该死好多次。但如果这个父亲或者母亲在弥留之际原谅了这个杀人犯，该违法行为就被看作是无意谋杀，这样就要用到较轻的刑罚。柏拉图这里似乎再一次只是在遵循当时雅典人的惯例。麦克道威尔①告诉我们德谟斯梯尼（Demosthenes）提到过这个法则，虽然麦克道威尔补充说未曾有过这类获得原谅的例子的记载。虽然这种法规在西方人看来也许完全是奇怪的，但胡德（Roger Hood）指出有一个非常类似的规则仍然保留在伊斯兰教的法律里。

> 死亡是对有预谋的杀人犯的惩罚，如果受害人的家庭寻求报复的话。但是他们也可能会原谅这个杀手或者接受"血酬（blood money）"——做出赔偿或者放弃继承权。古兰经呼吁这种原谅，承诺对给予宽恕的人赦免其罪恶。②

其他的针对个人的死刑违法行为取决于受害人和攻击者的地位。如果某人伤了其双亲，兄弟，或者姐妹，而他本意是要杀他们，那么就要判死刑（877b-c）。然而，如果一个邦民伤害了另一个血缘关系较远的邦民，但也带有杀他的意图，判决就要轻些。对社会地位的考虑在好些场合也表现明显，在这些情境下柏拉图对奴隶比对自由民更严厉。

柏拉图没有提及将使用何种方式执行死刑。然而，他在某些情形下推荐使用相当野蛮的残忍行径时一点都不含糊。例如，如

---

① MacDowell，《杀人律》（*Homicide Law*，8）。
② Roger Hood，《死刑》（*The Death Penalty*. Oxford：Clarendon Press，1989），页18。

果一个奴隶故意杀死了一个自由民,原告盼咐要鞭打多少次数,他就要被鞭打这么多次。接着柏拉图补充说,"如果这个杀人犯没有被鞭打致死,就要被处死。"(872b-c)

前面的简要回顾已经说明了柏拉图大量地使用死刑。但这种使用的程序是基于什么呢?我们将参考文本中的三个部分,开始对这个问题进行回答。

(1) 在描述非邦民(和邦民不一样,非邦民犯这种罪将不被处死)抢劫寺庙的适当惩罚后,柏拉图接着说:"也许让他这样受苦将让他学会克制,而使他成为一个更完好的人;毕竟,法律施加的惩罚是没有恶意的,但大体上达到两个效果中的一个:它让这个受惩罚的人变得更加有道德或者没这么邪恶"(854d)。这段话表明了柏拉图理论的一个重要因素,设计惩罚的目的就是通过治疗他们受到非正义因素感染的灵魂,从而让罪犯受益。这一关于惩罚的目的的理论在许多对话中都将能找到。MacKenzie 称之为"人道主义",这个术语是用来强调该理论是目的论的。然而,跟功利主义不一样,功利主义强调惩罚的目的是为了共同体的利益,而人道主义理论是关心的单个犯罪者的幸福。

(2) 相同的主题可以在后几页的一个更长的段落中找到。

当任何人做出了不公正的行为,不管是严重还是微小,法律将结合教导和管制,这样在将来要么该罪犯将永远不会再敢主动犯此罪行,要么他犯罪的次数将要大大降低,此外,他还将为自己造成的损害做出赔偿。我们只有通过最高质量的法律才能达成这一目的。我们也许会采取行动,或者只是跟罪犯谈谈;我们也许准予他以快乐,或者让他受罪。我们也许会缓其以荣誉,也许会让他颜面尽失,我们可以罚他款,或者赠他以礼物。我们也许会毫无条件地使用任何方式让他憎恨不正义的行为,并拥抱真正的正义——或者无论如何也不会憎恨正义。但是假设立法者发现某人已经不可救药——这种情况下法律惩罚将给他提供什么呢?他会认识到对于此类人,最好的事情就是让他终止生命——甚至对他们自己也是最好的。通过这种宣判,他们也将有助于他人:首先,他们将对非正义形成一种警告,其次,他们将使城邦清除恶棍。这就是为什么立法人应该规定在这种情况下应该施以死刑,通过对他们犯罪的惩罚——但其他情况绝不会这样。(862d – 863a)

在随后的篇章中,我们可以对柏拉图提到的净化犯罪者灵魂的方式,做出一个初步的考察。他谈到让罪犯"憎恨非正义,拥抱正义"的时候,有时候他的话表明其目的就是为了对犯罪者产生实质的改造。其他时候他显得没那么雄心勃勃;当他说"罪犯将再也不敢犯这种罪行……或者少犯一些……"他似乎认为,至少对于部分人来说,我们能抱最大的希望就是对其行为的改变。当他谈到让犯罪者"没那么邪恶"时,似乎他的意图是让犯罪者在今后会有所克制。

第二段也介绍了一些其他需要考虑的事情。受害者的损失要得到补偿或者赔偿。但这种赔偿不应该看作是一种惩罚。例如,那些因为精神病而可以免除刑事责任的人,仍然必须为其造成的损失予以赔偿。除此以外,作为一个促进社会和谐的手段,设计赔偿的目的是为了让犯罪和受害者成为"朋友而不是敌人"(862c)。

然而,更接近于我们目的的,是柏拉图的一个论断,他认为并非所有的犯罪者都能被治愈。有些人将是不可治愈的,在这种情况下,对这些人来说最好就是被处死。这样不仅对他们自己有利,而且在这种情况下,也只有在这些情况下,死刑将起到其他两个作用,那就是杀鸡儆猴,震慑他人不可仿效,并清除此类恶人,以保护社会并确保他们永远不会再犯。

(3) 最后一段出现在 933e-34c。我们再次被告知要做出赔偿,赔偿的多少要和造成破坏的大小成比例,而犯罪者必须还要支付罚款"以鼓励其洗心革面"(934a)。这个惩罚,柏拉图补偿说,"不是因为其罪行才施予的(已做的事情不能更改)"而是为以后着想:我们希望罪犯自己以及那些目睹惩罚的人将因此而毫无保留地憎恨不正义之举,或者不管怎样能从其灾难性的疾病中可观地恢复过来。"(934a-b)除了我们前面所看到的,这一段还进一步补充了一点。那就是任何对惩罚的施加的正当性必须着眼于其将来的效果。柏拉图暗示,复仇被摈弃是基于"做过的事情无法更改。"另一方面,柏拉图坚持认为损失可以被补偿——这样说来,已经做过的事情也可以得到更改或者可以被补偿,这就表明我们应该在补偿和复仇之间做出清楚的区分。

人道主义死刑

从惩罚的目的就是为了让犯罪者受益这个论点开始,现在让我们对这个问题的各个方面进行更详细地检验。总的说来,这种理论已经引起了很多注意,我也不想就这个讨论[1]再说什么东西。我想着力关注柏拉图所声称的,一个显然令人诧异或者甚至是自相矛盾的观点:死刑实际上是让罪犯受益的。通常,那些提倡死

---

[1] 对这些相关问题的一个不错的评述,可以看史泰利写的,"《法义》中的惩罚(*Punishment in Laws*)" 470-75。

刑的改造作用或者让人恢复正常生活的人,他们会认为死刑和其目的是完全格格不入的。如果我们处死一个罪犯,我们将受到指控,因为这样做等于放弃了让罪洗心革面或者从头再来的所有希望。①

然而,柏拉图确实对这一批判做出了回应,该回应依赖于其对非正义和精神疾病之间所做的一个类比。不正义的人是在遭受一种疾病,他们需要治愈。任何时候罪犯的疾病都有可能治愈,惩罚的目的就是带来这种治愈。但如果治愈被证明是不可能的,那还不如让受病者即罪犯了结此生,因为生命已经不再值得继续下去了。那么这样就存在着一个关键的区分:可治愈者要继续生存因为惩罚对他们有好处,而对于不可救药者,有益的治疗在此生都不起作用了。他们就像患晚期疾病的人,为了帮助他们,死是使其从痛苦中解脱,这样更好。

柏拉图告诉我们,在某些情况下,基于以上所说境况的人应该去自杀。他让我们去考虑那些因为具有偷窃寺庙的冲动而遭受折磨的人。这些不幸的人们被告知要尽一切努力,使用一切可能的手段去把自己从这种冲动中摆脱出来。然后他补充说,"如果这样做你发现你的疾病有所缓解,那很好;如果没有的话,你就应该把死亡看作是更可取的选择并结束自己的生命"(854c)。

在这一段中显然有一些值得注意的地方,因为柏拉图给了个人相当程度的自主,这点是不寻常的。虽然柏拉图鼓励他们从共

---

① 这一特别的问题无疑已经让评论者糊涂了;桑德斯,《法义》(*Laws* ,181-83)努力去解决这个问题,但结果他却就死刑如何才能让罪犯受益提供好些试探性的建议。史泰利推测说,这也许能防止罪犯"陷入更低的罪恶,并帮助他们避免等着这些邪恶的人死后的惩罚"("《法义》中的惩罚" 469)。虽然对于 Stalley 的建议无疑有可信的地方,但它的确没有涵盖 870a 中所提及的那些罪犯,那些人因其这一行为将导致自己陷入无休止的犯罪循环而遭到谴责。

同体的道德领袖那里寻求帮助,他们也被认为具有足够的知识去认识到什么时候他们已不可救药,他们有对自己的境况做出诊断的力量。采取这种极端的行动应该是在我们所讨论的这种罪行被做犯了之后还是之前,这一点还没有完全搞清楚,但很显然,柏拉图把它归为正当的自杀之下(873c-d)。这种人的双手将被"一些剧烈和不可避免的不幸的压力所迫使"或者已经陷入"一些不可挽回的耻辱之中"。实际上,似乎这种自我强加的死刑惩罚也将是相对极少发生。就我们所知,更普遍的情况是,法官在经过仔细审议后,认为某个犯罪者已经无可救药,出于为他好,死刑是最恰当的刑罚。

另一个明显的问题关系到可治愈和不可治愈之间的区分。我们也许期待柏拉图制定一些详细的确定某个犯罪者的道德特性的程序。但实际上,柏拉图似乎满足于把某类事情,某种行为的发生,看作是足以准确地表明个人的心智状况。但即使在这里似乎也没有任何一致的理论。例如,在寺庙抢劫的情况下,如果邦民只犯了一次这种错误,他们将被看作是已经没有救治的希望而被处死,因为他们所受的教育和养育没有能够培养出他们对犯这种行为的憎恨。而非邦民,由于没有享受到这种教育的益处,将接受轻些的判决——他们还不是无可救药。在此的犯罪就可以看作是无可救药的邪恶特性中的一个充分可靠的迹象。在另一个情况下,一种犯罪的重犯就成了标准;一个具有基本正义的特性的无神论者,将被送到教管所呆至少五年的时间,以改造他的行为。他被释放后,如果发现他仍坚持其无神论,将被处死(908e-9a)。还有一个案例,有人宣判做伪证三次,如果第四次再犯的话,就要被处死(937c)。最后,在一个早先引用的段落中(862d-63a),在做出判定某罪犯已无可救药之前,并没有提到具体的数量。我们被告知的是,所有的犯罪者,包括那些犯了严重罪行或者"大(mega)"罪的人,都将被看作是可治的并将相应给予治疗——至少要一开始如此。这两种观点就很难得到调和,即认为再犯一次大的犯罪或者某种罪行的就要受死刑。柏拉图显然自信地认为,他自有一套区分可治愈者和不可治愈者的可靠方法,考虑到以上所说,我们也许无疑会对其自信表示怀疑。他怎么就这么肯定去判决某些人就完全无可救治了呢?

同时,我们也不应忘了,现代也有和柏拉图相似的规定。在得克萨斯州,当陪审团在决定是否要判处死刑的时候,他们必须记住其中因素——"是否有可能该被告会犯对社会造成持续威胁的暴力罪行"。① 显而易见的是,这个规定引发了大量批评,尤其是关于精神病学判断的可靠性方面,因其被指望是要预测犯罪者以后的危险的行动。我并不是要通过引用这个现代的例子来试图低估柏拉图的难题;我是想表明,一些现代的司法本身也遗传了同样的问题。

虽然如此,如果一个德克萨斯州陪审团认定该罪犯也许无力恢复正常生活,赞同判其死刑,陪审团就不可能(当然也没有这个必要)认为判处死刑的正当理由是首先为了让罪犯获益。但是对于柏拉图来说,正如我们已经看到的,一个正当的死刑必须履行其让罪犯获得益处的功能,通过让他从一种不可救药的精神负担中解脱出来,这就很自然地诱使我们把他对死刑的使用看作是一种获国家批准的安乐死。让我们继续追寻下他这一思维方式。

通常,我们发现视安乐死为合理行为的情况具有以下三个特征:

---

① Hood, *Death Penalty*, 94.

(a) 涉及到的人在遭受一种不可治愈的疾病,把他的生活质量降低到一种无法忍受的痛苦的层次。

(b) 死亡提供唯一可行的方式保证其从苦难中解脱。

(c) 患病者愿意去死。

让我们对这些特征做个简要的评论:通常我们要区分积极安乐死和消极安乐死,但目前的语境只和积极安乐死相关。如果第三个特征增加到前两个中,我们就有了通常被描述为自愿安乐死的东西。当我们无法确定遭受者的意愿的时候,自愿安乐死和非自愿安乐死的区别就显示出来了,通常要么是因为其年龄尚幼要么处于昏睡不醒状态。此外还有一个情况,有时会被提到,即便得到辩护的话,情况也极少,那就是违反意愿的安乐死。在这种情况下,所牵涉人并不想死,而且也让人们知道了他这一意愿,但死亡还是违背他的意愿被强加给了他。

现在让我们把以上几点放到我们在柏拉图计划里所描述的情形中去。

(1) 第一种死刑,我们之前描述为一种获国家批准的自杀,和自愿安乐死最相似,具有上面所提到的其全部的三个特征。

(2) 第二种也是最典型的情形是死刑由国家强加并实施。正如我们已经看到的那样,根据柏拉图,这种情形具有安乐死特征的前两种特征,但和自愿安乐死不一样的是,这是由国家而不是个人主动提出做此决定。然而,如果我们假设至少有时候罪犯会同意这个裁决因为他也认同这个判断,即他的非正义和悲惨的生活不值得再继续下去了,这个情形就和自愿安乐死更加相似了,而在实际上也就很接近第一个情形了。

(3) 让我们想象下第三种可能的情形。国家宣判一个罪犯死刑,相信此人的不正义已无可救治,但这次该罪犯不同意这个决定,因为他并不认为自己不可救治,也不想死。这里国家会坚持要采用安乐死的前面两个特征,但罪犯予以否认。当国家在这些情形下实施一个死刑因为法官坚持认为这是为罪犯自己好,这个情形就和违反意愿的安乐死相似了。

值得注意的是,柏拉图并没有讨论这种冲突可能会发生的情景,虽然他的规划中无疑存在导致这种冲突的情形。例如,某个基本上正义但不悔改的无神论者也许完全可以坚持认为其灵魂并没有受到不可治愈的邪恶的烦扰之苦。说柏拉图都没有考虑过这种情形也让人很难相信。然而,他的确似乎认为,法官比罪犯本人更有资格知晓某人是否已经没有改造或者重新做人的希望了。然而如果这就是他的设想的话,这无疑会让他比实际上更加心忧。正如我们已经看到的,柏拉图完全准备授予个人以权力去了结自己的生命,如果他认为自己已无可救药的话。亦正如我们所见,这就意味着他相信该个体具有足够的知识去决定他是否没有希望了,并具有做出决定的权力。但现在,所有这些考虑都被置于一边。假如我们真能够相信柏拉图已经给予其法官以方法,让他们最能知道什么东西对个人的幸福最有助益,这点也许还是可以理解的。正如我们先前所见,柏拉图所提供的区分可治愈和不可治愈的区分远难以让人满意,也无法成为我们给予法官超级能力的信任的理由。

即使没有这些问题,第三类人道主义死刑范畴可能也好像过于家长式作风而无法获得现代思想家的赞同。违反意愿安乐死的那个类比也使其让人很容易想起一些更加野蛮的纳粹计划。对比之下,前面两类能够对现代的主张废除死刑者构成挑战;如果可以制造一个合理的情形去为具备以上所述的(a)到(c)的所有特征的自愿积极安乐死实例提供正当理由的话,我们至少可以提出这个问题,即是否相同的因素或许不会让自愿的死刑变得合理。几年前,胡克(Sidney Hook)和巴曾(Jacques Barzun)确实以纯理论的方式提出过这个问题,并赞同被判处终生监禁的罪犯应该被允许选择死刑作为替代。在其回复中,贝多(Hugo Bedau)对这些提议完全不赞同,这一点毫不奇怪。他指出,这种提议只有在安乐死被倡导为一个社会政策时才容易出现。①

在这里对此话题展开完全的讨论是不可能的。就这一点,我这里所有想要表明的是,柏拉图的这一部分对人道主义死刑的讨论并不象其开始显示的那样古怪和自相矛盾,它们可以继续刺激我们去处理一个主题,这一主题将仍在关于死刑惩罚的整个论辩中具有重要作用。同时,当然,必须承认,那些偏爱自愿安乐死以及,也许是自愿死刑的人高度重视个人选择的自由,而这一现代自由的教条根本就不是柏拉图的特征。

精神错乱的辩护的题外话

在 864d-e 有一段非常有趣和重要,值得我们给予其比总体上已引起的关注更多的注意。柏拉图为了说明某些阶级的人应该不对其行为负责,暂时中断了其死刑犯罪和惩罚的目录。"一个犯了这些罪行之一的人也许患有精神错乱(maneis),或者因为疾病(nosos)变得跟精神错乱无二,或者是因为老态年高,或者因为他尚幼年。"在这种情况下,当在法庭上能出示明确的证据,表明当犯罪行为实施的时候,某人属于这些类型的话,该人就可以对其行为不负刑事责任,也不受任何惩罚。补偿是必须要做出的,而且在谋杀的情况下,出于仪式净化的目的,一段流放也必须实施,但这些和惩罚是不一样的。

---

① Hugo Bedau 编辑《死刑在美国》(第二版)(*The Death Penalty in America*, New York: Doubleday, 1967), 146-65, 214-31。

若是对此更细加考虑：就会发现实际上有两类可区分的范畴，首先是那些精神错乱的，其次是那些和精神错乱患者并没什么区别的，而这些人出于法律的目的被分在一组，又各有不同——也就是说，有年龄很小的，有年老体衰的，还有那些受某种无名疾病所折磨的。

让我们先简要考虑下第二个范畴。虽然有关法定成年人的确切时间没有提及，但柏拉图在此处设置了一个规定，未成年人不对其行为承担责任，因此也就不会处死。可以猜测到，其理由就是他们还缺乏必要的知识，不知道其所作所为是违法的或者他们缺乏必要的自控去克制自己，做了本来会被处以死刑的事情。但因为其年龄小，他们还能够被洗心革面或者重新做人。虽然老年人也许可以因为同样的理由得到原谅，但这里似乎有一个明显的差异——老年人能够被说服去改变其行为方式这一点更令人怀疑。

现在让我们看看精神错乱者。除了几个极少以及相对琐碎的情况外，希腊法律并不把精神错乱者看作被告。多佛尔（K. J. Dover）告诉我们，希腊人对精神错乱者态度复杂，但希腊人往往不区分疯子和坏人（其理由之一是他们相信疯了的人也许是在因某一未被察觉的罪行而对某神负责）。[1] 然而，柏拉图显然把神经错乱看作是免除某人在最严重的情形下的责任的一个条件——而他也因此得到索拉吉（Richard Sorabji）的祝贺，因为他取得了一大进步，索拉吉称其进步在当时非常杰出。[2] 索拉吉也指出在这方面，他比亚里士多德要先进得多，而他也确实是第一个明确提

---

[1] K. J. Dover,《柏拉图和亚里士多德时代的希腊大众道德》(*Greek Popular Morality in the Time of Plato and Aristotle*, Clarendon press, 1974), 126-31.

[2] Richard Sorabji,《必要性，原因和责任》(*Necessity, Cause and Blame*, Ichaca: Cornell University Press, 1980), 266.

出随后被称之为对精神错乱申辩（insanity defense）的人。不幸的是，因为这段话太短，让人根本无从知道柏拉图认为是什么因素导致了神经错乱——是无知，还是无可责备的失控，或者二者兼而有之。这就使得很难让人和后来的为精神错乱制定一个令人满意的法律标准尝试做出一个有用的比较。我们只能做出推断。虽然如此，这一点确实似乎标志着一大进步，不仅如此，它还使得法官的操作给我们留下更好的印象。为了确定某个特别的个体是否应该被处死，他们现在要评定每一个案例中关于神经错乱的情形，而不是认为某人实施了某种行动，他就一定是神经错乱。

尽管如此（此处就包含着把这个题外话放在这里的原因），柏拉图所做出的重大进步却导致了另一个严肃的问题。人们很难看出按照柏拉图给出的条件如何把这些人跟那些道德上不可救药的人区分开来——尤其是柏拉图独特地以医学类比的方式看待非正义行为。表示疾病（nosos）的那个单词一直在这里被用来描述一个可以免责的条件，该词实际上和用在854c用来表明一个不可治愈的道德疾病（nosema）的术语是同一个词，而不可治愈的道德疾病却不是一个可以免责的条件。

二者一个不同的地方似乎是，那些现在道德上不可治愈的人曾经具有并非不可治愈的力量；也就是说，一度他们也有能力去改变其特性。无疑在文本中有大量的证据支撑这个观点。有许多段落（其中一些先前引用过）坚持认为惩罚的目的是为了让罪犯洗心革面，以及对其他人起到警示的作用。显然，这里有一个假设，认为有产生变换的可能。也许柏拉图和亚里士多德一样，认为在某个阶段过后，人的个性就固定下来了，当人到达这个阶段后，就没有改良或者特性改变的可能性了，而此类人就应该被看作是不可救治的了。神经错乱永远都没有导致特性状态改变的能力,与之不同,道德上不可治愈者确实一度有这个能力。①

然而,这样做是把个人特性的解释完全归为教养、教育以及抚育,并表明非正义的产生完全取决于这些原因。但柏拉图也似乎认为,一些人生来就具有"硬壳"般的特性,天性(phusei)就很难对付,以至于他们无法被法律的影响所软化(853d)。现在如果柏拉图相信至少有些人因为一些例如他们无法控制的天生缺陷可能部分(或者甚至是完全)在道德上不可治愈,那么前面用以区分道德上无可救药和精神错乱的方法就不再有用了。

还有一点:不可治愈的非正义是不幸的,既然生活对他们来说是一种折磨,死亡就更可取了。如果精神错乱者的生活也是不幸的(难道他们不是在遭受一种无法治愈的疾病吗?),为何柏拉图不出于对他们好而建议他们也应该结束自己的生命呢?因此虽然索拉吉称赞柏拉图引入了对神经错乱辩护的说法,从某种意义上说他是正确的,问题是这也成了混乱之源,因为在道德不可治愈和神经错乱之间没有一个明显的差别。

威慑力

到目前为止威慑只提到和死刑犯罪相关,此处柏拉图声称震慑作为死刑的一个附带好处在起作用。作为施加死刑的一个正当理由,震慑隐约起着重要作用。然而,在现代一直存在一个急需解决的问题,那就是死刑是否比其他形式的惩罚具有更有效的威慑力,比如监禁。现在虽然柏拉图自己没法对这个更现代的问题直接说些什么,我相信去探讨他的处理离实际上解决这个问题

---

① 更复杂的问题在来世论的一些篇章中有介绍。例如,在 870a,柏拉图给我们讲了这个故事,在来世中,谋杀者命中注定要遭受他们施加给受害者的痛苦;因此,有些人就事先注定要犯不可治愈的邪恶之行——而这个循环还将继续。

多接近，这是有些价值的。正如我希望所表明的，他确实尝试性地接近这个问题。

首先，柏拉图使用监禁作为大范围的犯罪的惩罚，看过《法义》的读者没人会对此产生丝毫怀疑。监禁的期限长度根据犯罪的严重性而定，而且他还似乎设想了不同类型刑法的制定（参看909-10,855）。正如我们应该料想的，监禁的最主要目的就是为了让罪犯受益。例如，909a处的"改造所"就是为了治愈基本上正义的无神论者的错误的信仰。同时，我们不应该认为改良是唯一的目的：监狱也起着威慑的作用。必须承认柏拉图并没有明确给出监禁的这一目的，但从他言辞中显然可以做出这一合理推断。

在第九卷开头，作为其刑法学的总体序言，柏拉图告诉我们既然不可避免会有人违背法律，惩罚的清单设计出来就是作为一个威胁去威慑潜在的罪犯不去犯罪（853b-c）。既然监禁是惩罚之一，那么监禁设计出来就是为了起到一种威慑作用。后来，在855b，他又说，如果某人无法付罚款，惩罚就将是"公开让公众参观的延长的监禁。"该惩罚的公共特征，我们也许当然会料想，是为了强调其威慑作用。

然而这只是开始回答这个更加现代的问题。即使我们承认监禁有威慑的价值，柏拉图有没有真正采取哪怕是最小作为，以询问监禁是否和死刑具有可相比的威慑力量？最有希望对此问题有所阐释的一段可以在907e-9d中找到，在这里柏拉图规定了对最糟糕的无神论者的惩罚。这种人，他告诉我们，因为其罪行活该死好多次了，但死亡事实上不是规定的惩罚。这种狡猾而危险的无神论者应该被判一辈子单独禁闭，关在这个国家的某一偏僻的特殊监狱中（909b-c）。施加这个惩罚的正当理由没有具体给出，但我们可以做些发展，通过观察柏拉图排除在考虑之外的东西,确定其打算给出的正当理由。

柏拉图显然把这类犯罪看作是最糟糕的一种,而我们也许会期待这个人被描述为其不可救药之邪恶已经昭然若揭,在这种情况下我们本来期待柏拉图继续,正如他在这类情况中通常所做的那样,规定为了这个罪犯自己好而死刑将是被规定的惩罚。然而,在这个特殊的实例中,死刑的缺席表明实际上所制定的惩罚并不是受人道主义标准所驱使。这样,我们就可以合理地确信,不管结果这个正当理由是什么,我们可以把为了让罪犯获益的考虑因素排除在外。(另一方面,基本上正义但未悔改的无神论者——在柏拉图眼里无疑这种犯罪的严重程度要小的多——要被处以死刑。可以推测人道主义关心在这个情形中扮演了其通常的角色,而这个判决部分意在为了犯罪者本人好。)

还应该注意到的是,柏拉图在这一段的语言里包含着一些报应主义因素。由最坏的无神论者犯下的十恶不赦的可恨的罪行应该(axia)或者活该死一次甚至两次以上,而他们被交付的监狱所取的名字就来自应得惩罚(timoria)这个单词。

尽管有这些因素的存在,我们有理由认为在这个情形中,威慑已经占据了首要的位置。因为柏拉图显然在看待所讨论的无神主义时,带有十分的憎恨,他特别渴望采取每一步去阻止其发生。为了达到这一目的,他就有必要集中可能最令人恐惧的威胁,而他所描述的最严厉的监禁形式也是意在达到这一目的。为什么要排除死刑呢?也许他的人道主义可以提供答案。在他的眼里,通过把罪犯从痛苦中解脱出来,死刑往往给此人带来了一些补偿性的益处。因此为了对最坏的罪犯带来最大化的威胁,柏拉图也许会设法排除包含任何想象的到的能给罪犯带来好处的因素。这种单独监禁涉及到的文明死亡,以及由极度邪恶给生命带来的痛苦没有得到一丝的解脱——这种状态也许会让柏拉图觉得比死亡(或译为"死刑")更糟。换句话说,无疑似乎柏拉图也许会认为这种监禁形式提供的威慑力比死亡更强。①

现在我们将对柏拉图自己处理的这个主题做更进一步讨论。当然,他并没有说在这种情况下监禁就是惩罚,因为他认为其威慑力可与死刑相比甚至更强。然而,虽然这个问题没有明确地得到公开处理,但需要处理该问题的所有材料都在这里隐含着,而且原则上似乎也没有理由认为柏拉图不会去讨论这个更加现代的问题。不仅如此,如果这个问题因为和某一死刑犯罪相关而可以被提出来,单从威慑的观点来看,就没有理由认为它不是因为其他死刑而被提出来的。

这里还有一个相关的问题。柏拉图并不是单单地用人道主义,或者因为死刑起到的威慑价值来作为执行死刑正当理由。它还为我们除掉了带着不可治愈的邪恶的罪犯(863a),而且通过确保这类罪犯不再重复其罪行而保护了我们的社会。相似的是,今天死刑有时候被辩护也是基于它能够给社会提供最好的保护形式。这样又产生了一个问题——监禁能否提供足够的可接受程度的保护,足以消除人们这方面的担忧?和前次一样,柏拉图并没

---

① 在这一点上,柏拉图的观点可以和密尔(J. S. Mill)的观点相比较。密尔赞同保留死刑的一个论点是,任何可以相比的其他方式,如一辈子干重活,将比死刑更残酷,这样相比起来处死就更仁慈了。虽然柏拉图同意一些形式的监禁比死刑更糟糕,对他来说,这是不处死社会最坏的罪犯的一个理由。同样值得关注的是柏拉图和现代死刑废除主义者的差异,这些人认为死刑没有独特的有效威慑或保护价值。这些死刑废除者相信,死亡确实是一个比监禁更严厉的惩罚。他们同时也主张,如果两种惩罚在严厉性程度上有差异,但在实现某些目的方面效果相当,这就没有正当理由去选择更严厉的那种。我们应该只使用实际情况所要求的那么多的威力。

如果这个解读是正确的,这也许能有助于回答桑德斯所提到的一个问题,当他说"很难看出来柏拉图还能有其他理由让更有害的罪犯继续生存,当他已经明确说他们'活该'去死许多次时"(《法义》,159)。

有直接解决这个问题；然而考虑到在 909 处的描述，他似乎展望了一个制度的建立，该制度安全措施将极度严密，而且他好像没有考虑过有任何从中逃脱的可能性。

柏拉图为什么没有更进一步探讨这个话题呢？有些人也许会试图解释说，在那时监禁作为一种惩罚并不普遍或者甚至不为人知，而正因为如此，其震慑的有效性问题就要被提出了。斯泰雷①告诉我们那时监禁还没有普遍使用，除了在人们等待审判或者宣判的时候用到外。索拉吉②对此表示赞成，并把柏拉图对监禁的使用描述为一种原创性发明，主要就是为重新教育而设计的。然而权威们并不同意，哈里森③和麦克道威尔④也持有不同观点。他们坚持认为，虽然监禁的使用也许比起现代社会来没那么普遍，但它无疑是作为一种完全可行的惩罚存在过。两人都引用了《辩护》37b-c 作为一条证据，在此处苏格拉底认为，只是反对，把监禁当作死刑的一种替代手段。然而，就我们的讨论目的来说，在这个辩论中站到哪一边并不是最重要的。

(1) 如果监禁在那时是一种已确立的做法，柏拉图接手了这一做法（也许还扩展了它），我们也许仍然希望就其震慑或者保护作用来说，他曾经提出过这个现代问题：它是否和死刑具有一样的效力？

(2) 但如果柏拉图真的是一个创新者，同样的问题又出现了。如果他只是推荐监禁作为一种惩罚来使用，他难道没有可能更彻底

---

① R. F. Stalley，《柏拉图〈法义〉入门》(*An introduction to Plato's "Laws"* Oxford: Blackwell, 1983), 138。
② Sorabji,《必要性》(*Necessity*), 295。
③ A. R. W. Harrison,《雅典的法律》(*The Laws of Athens*, Oxford, Clarendon, 1971), 177。
④ D. M. MacDowell,《古典雅典的法律》(*The Law in Classical Athens*, London: Thames and Hudson, 1978), 256-57。

地探究过其潜力,而且自问过它是否也许在某些方面行使过的功能和死刑的一样好?

应得的惩罚

在前面全部引用的一个段落(862d - 63a)中,柏拉图说,如果某人犯了一个罪行,不管是大是小(mega e smikron),就要做出一切努力去鼓励犯罪者修正他的行为方式。后来他补充说,要是我们发现某人拒绝所有的治疗方式,他就要被宣判为无可救药并被判处死刑。如果我们把这一段的两部分联接起来,其后果就显得极其严厉了,因为重复小的犯罪的就可以构成被处死的充分理由。如果某人不断违背禁止种树过于靠近邻居的地产的法律规定,或者某人多次未能管制他的牛到处乱跑(843d - e),是不是可能要被判死刑呢?如果某个顽固不化的单身汉(774a - d)拒绝服从婚姻法,是否就要因为其不可治愈的顽固而判死刑呢?这里无疑让我们觉得不恰当的是,这种惩罚对于这些犯罪者过于严重了,因为这和他们犯的过错完全不相称。正是相称这个特征,使得惩罚的严厉性和犯罪的严重性相符,这就是传统上应得的惩罚所提供的。要是柏拉图的理论在本质上完全是非应得的惩罚(此处似乎就是这个情形),这似乎就会产生相当多的问题。

人们对功利主义或者人道主义理论一个通常的不满就是,惩罚并没有必须要和所犯罪行相称。如果二者有相符,也是偶然性的——也就是说,这个相符只是碰巧满足了实用主义或者人道主义的目的。这种理论在惩罚手段上没有做出本质上的限制:正如柏拉图所言,"我们也许完全使用任何手段去让他憎恨非正义并拥抱真正的正义"(862d)。考虑到这个自由,对于相对微小的犯罪,立法者也被容许采用最严厉的惩罚。

《法义》中间接反对应得惩罚这段话并非孤立的。麦肯齐氏①详尽地辩论说,虽然报应的主题在他的末世论中相当频繁地出现,在他的"哲学"写作中柏拉图却拒绝接受报应论,不是间接地而是相当明确地拒绝。《普罗塔戈拉》中的"伟大的演讲"中的一个部分经常被引用:"……那些想要施加理性惩罚的人并不是针对过去所犯错误,因为这个已经不可更改了;他关注的是为了希望受惩罚的人,以及那些看到他受惩罚的人,也许可以受到威慑而不再重犯"(324b, trans. Ostwald)。相似的是,在《法义》(933d-34a)中,"已做的事情不能更改"的观点又重复了一遍,此处柏拉图否认任何曾经犯下的非正义的行为可以被"不犯",正如前者一般。

然而尽管有这个正式的否认,我们在《法义》中还是可以找到报应主义的痕迹,这些痕迹也不仅仅限于末世论篇章中,正如麦肯齐氏所认为的②。在好几个场合都有惩罚和行为相匹配的规定。一个很好的例子出现在对谋杀的处理部分。柏拉图认为有预谋的谋杀比在盛怒之下的一时冲动所发生的杀害要严重,而施加的惩罚就应该反映出这种差异。用他自己的话说,"类似大恶行的罪行应该得到更重的惩罚,而轻些的惩罚用于类似于小的恶行的行为"(867b-c)。③ 另一个富有启发性的段落可以在876e

---

① Mary Margaret MacKenzie,《柏拉图论惩罚》(*Plato on Punishment*, Berkeley: University of California, 1981), chs. 11, 13。
② 桑德斯指出了应得惩罚理论的一个基本特征,那就是,惩罚必须是为了某个罪犯好。"必须注意到,《法义》中没有哪一处某人仅仅因为是一个不正义的人而被惩罚:他得首先要犯下一个罪行。"《法义》,191,n. 183)。
③ 考虑到他把柏拉图理论看作是一部真正的医学刑法学,桑德斯试图对此以及类似的篇章做出解读,这些篇章只是以灵魂的非正义形式提到惩罚的合理性。虽然他不得不承认"柏拉图能够时不时以某惩罚"配得上""适合"该罪行的方式谈论惩罚手段,而不提及精神状态以便于这样看起来好像是在按应得惩罚的理论操作"(《法义》,194)。类似地,在他对无意杀人者施加的惩罚的评论中, (转下页)

中找到,在此处柏拉图告诉我们,需施加惩罚的例子已有制定,供法官去模仿,"以阻止他们超出公正的应有界限"(tou mepote bainein exo tes dikes)。要是法官们要真只是简单地按照功利主义或者人道主义要求操作的话,为了宣传这些目标,没有什么能阻止他们走向各种极端。但是这里柏拉图显然看到报复正义所要求的也许和功利主义或者人道主义考虑的并不一致。因此有必要制定一些固定的处罚,用以起到更高级别的限制,从而防止那些和犯罪的性质比例不符的惩罚被实施。

因此尽管其公开反对应得的惩罚,还是有明显的证据表明,柏拉图的思维中带有报应主义理论的重要特征。报应主义的重要作用没有作为一个限制手段更明确地得到认可,这也许是一大遗憾,要不然,作为这章一开始的那一段描述的过度行为就无疑可以避免了。

最后再说几句关于柏拉图处理应得惩罚理论的一些难处。我们已经表明《法义》中有证据说明柏拉图希望保留处罚相称原则的应得惩罚特征。但是他遇到一些问题,因为他经常无法确定,惩罚是否应该和犯罪活动的实际结果相称,还是和犯罪活动的意图相称。想想,例如,在 876e 处开头的部分,他试图去评估,在一个人伤到另一个人的情况下,应该采用什么样的惩罚才恰当。一个相当令人恼火的情形是,一个邦民故意试图去杀死另一个邦民,但结果只是伤到了他。应该怎么去惩罚呢?他说这样的袭击应该象处理有预谋的谋杀方式一样——这里意图才是重要的。但然后他马上反省了自己,说我们应该尊重到他的运气和他的"守护天使"(daimon),其从中干预,把他从彻底的灾难中拯救

(接上页注③)由于这类案件在本质上,行为的犯事者是不存在非正义的,桑德斯不得不采取一些特别的巧妙策略以便让我们相信:柏拉图所描述惩罚不应该真正被识解为惩罚(《法义》,223-24)。

出来。最后他规定要用比预谋谋杀更轻的惩罚,因此实际的结果成了决定性的因素。如果我们发现柏拉图在这个问题上不满意的话,我们今天也有同样的问题。在一些司法中,对有预谋的谋杀的惩罚是死刑,但未遂的谋杀接受的惩罚就要轻。我们很有可能会自问,是否运气或者甚至罪犯仅仅是无能应该起到其所起的作用。

结　语

桑德斯在氏著的最后一页,做了一些相当富有启发的评述。通过为我们提供一个对柏拉图的刑法学和法典的前后一致的陈述,他把自己描述为已经尝试"为了柏拉图"尽了最大的努力。但是他继续补充说:

> 一致性,然而,并不能保护其免于批评。任何刑法学主要缺陷,例如柏拉图的刑法学,就是允许使用"任何"能阻止罪犯再犯的惩罚手段,这对罪犯的作为一个有责任的人的地位是一种不合理的侵害……这种极端的改良观必须用一些容忍观予以缓和,这种容忍观允许只有施加的痛苦和犯罪的严重性构成合理的关系时才能被施加。①

桑德斯继续总结说,即使柏拉图的理论严格排除了任何这些特征,因为他的语言和概念听起来很像那些传统的报应主义(或者译为"应得惩罚主义"?)语言和概念,那么,就非常有可能,至少在马格尼西亚城邦早期阶段的运行时期,是通过给予处罚的比例

---

① 桑德斯,《法义》(*Laws*),356。

性和容忍以应有的考虑,以缓和根据这种极端功利主义的规定方式而进行的操作。但是,人们也许会回应桑德斯说,这个自相矛盾的结果将似乎是,随着马格尼西亚的官员变得越来越和柏拉图哲学一致,这种缓和因素将逐渐消失,这样使得这个新的城邦更加不能免除批评了。

然而,正如我们先前所见,可以避免这种绝望的运作,倘若我们放弃这种姿态,即为了排除报应主义的特征,柏拉图的理论需要如此这般被解读。虽然假若柏拉图对于这些特征给出一个更加明确的承认的话,无疑会更加可取。这种承认将会意味着,他的叙述将可以免除一个明显的受责难之源,那就是把死刑用于惩罚那些重复性的无足轻重的犯罪。惩罚相称性原则将能确保死刑被限制在只有非常严重的犯罪上。在其自身中这种修正(或译为"限定")将要求一个非常微小的改变,并将继续使对报应的考虑在其整个理论中处于补充性的地位。

当我们评估其在威慑和保护社会的方面所起的作用的时候,就可以发现这种具有极其重要意义的改变所具备的潜力。正如我们所见,在柏拉图看来是极其严重的犯罪的情形中,他似乎认为,一种特别严厉形式的监禁将会比死刑的威慑效果更好。如果在一个严重犯罪情形中真是这样的话,似乎就没有理由为什么监禁的使用不能对所有严重的犯罪达到相同的威慑目的。无疑这是一个令人感到奇怪的发展,但没有明显被排除在他所采纳的观点的逻辑之外。

然而,也许是自相矛盾吧,显然会对柏拉图保留死刑产生重大影响的一个特征就是他的人道主义。给不可治愈者做出一个令人满意的定义涉及到各种困难,我们假设他都能够予以克服,只要他相信那些具有不可救治的非正义之人因为其所遭的痛苦还不如一死了之,就很难看出来在这一点上他会改变其观点。当然，认为非正义的人还不如一死了之，他这一主张确实有些奇怪。苏格拉底在《申辩》结尾所提出的一个观点，那就是死亡是意识的彻底毁灭，假如柏拉图还持有这个观点的话，那么也许他就更容易相信这种状况对于受精神折磨的生命来说，死亡更可取。然而他的末世论的很大部分都强调非正义的痛苦在死后还会继续。根据《高尔吉亚》的信条，死后的非正义的人会比那些活着的非正义的人稍微好些，因为在来世中，他们不再制造痛苦，而只遭受痛苦。然而，在《法义》(870e)中，正如我们所见，故事就是，某些作恶者注定要遭受他们施加给他人的相同的恶行，因此，尽管他们也不情愿，他们参与了导致一个无尽恶行的进程。

从现代读者的角度看，柏拉图理论的这一方面也许似乎是最难言之成理的。虽然有罪犯要求处以死刑的例外情况，即我们先前提到过的一种可能性，很难看出死刑是如何可以如其声称的那样让犯人获益，虽然这种理论在柏拉图的叙述中无可否认很惹人注目，但很难能赢得多少赞同。

然而，如果他的理论的另一些因素以我所建议的方式去看的话，其结果就很有可能相当引人入胜。虽然表面上柏拉图支持高频度地使用死刑，对报应主义施加的控制的应有的认可将会严厉限制它的应用。不过话又说回来，如果他当初要是更彻底地探索监禁能行使的另一个功能，即以其作为一个相当的或者更有效的威慑和保护社会的手段——他确实在之前一个情形中这样做了——他也许可能已经得出一些令人惊异的不同的结论。当然如果暗示柏拉图可能曾经是一个死刑废除主义者，这就未免过于夸张了，但是他的部分理论把他往这个方向往前推进的比他似乎已经意识到的要更远些。

图书在版编目(CIP)数据

柏拉图的次好政制：柏拉图《法义》发微 / 程志敏，方旭选编. ---上海：华东师范大学出版社，2013.3
（经典与解释. 柏拉图注疏集）
ISBN 978-7-5675-0016-7

I. ①柏… II. ①程…②方… III. ①柏拉图（前 427～前 347）—法的理论—思想评论 IV. ①B502.232②D90

中国版本图书馆 CIP 数据核字（2012）第 248428 号

华东师范大学出版社六点分社
企划人 倪为国

本书著作权、版式和装帧设计受世界版权公约和中华人民共和国著作权法保护

柏拉图的次好政制：柏拉图《法义》发微

编　　者	程志敏　方　旭
审读编辑	肖家兰
责任编辑	万　骏
封面设计	童赞赞
出版发行	华东师范大学出版社
社　　址	上海市中山北路3663号　邮编　200062
网　　址	www.ecnupress.com.cn
电　　话	021－60821666　行政传真　021－62572105
客服电话	021－62865537
门市（邮购）	电话　021－62869887
地　　址	上海市中山北路3663号华东师范大学校内先锋路口
网　　店	http：//hdsdcbs.tmall.com
印　刷　者	上海景条印刷有限公司
开　　本	890×1240　1/32
插　　页	2
印　　张	10
字　　数	240千字
版　　次	2013年3月第1版
印　　次	2013年3月第1次
书　　号	ISBN 978-7-5675-0016-7/B · 740
定　　价	38.00元
出　版　人	朱杰人

（如发现本版图书有印订质量问题，请寄回本社客服中心调换或者电话021-62865537联系）